CORRESPONDANCE

DU MÊME AUTEUR

AUX ÉDITIONS
LA TABLE RONDE

Rroû, 2010.
La Mort de près, 2011.
La Ferveur du souvenir, 2013.

AUX ÉDITIONS PLON

Images pour un jardin sans murs, 1955.
Le Roman de Renard, 1958.
Route de l'aventure, 1959.
Au cadran de mon clocher, 1960.
La Loire, Agnès et les garçons, 1962.
Derrière les collines, 1963.
Beau François, 1965.
La Forêt perdue, 1967.
Tendre bestiaire, 1969.
Bestiaire enchanté, 1969.
Bestiaire sans oubli, 1971.
La Grèce de Caramanlis, 1972.

AUX ÉDITIONS GRASSET

Raboliot, 1925. Prix Goncourt.
La Boîte à pêche, 1926.
Les Mains vides, 1928.

AUX ÉDITIONS FLAMMARION

Nuits de guerre (Hauts de Meuse), 1917.
Au seuil des guitounes, 1918.
Jeanne Robelin, 1920.
La Boue, 1921.
Rémi des Rauches, 1922.
Les Éparges, 1923.
Euthymos, vainqueur olympique, 1924.
La Joie, 1924.
Cyrille, 1929.
L'Assassin, 1930.
Gai-l'amour, 1932.
Rroû, 1933.
Forêt voisine, 1933.
Un homme et sa vie (tome 1, *Marche-loup* ; tome 2, *Tête baissée* ; tome 3, *Bernard*), 1934-1938.
Le Jardin dans l'île, 1936.
La Dernière Harde, 1938.
L'hirondelle qui fit le printemps, 1942.
La Framboise et Bellehumeur, 1942.
Canada, 1943.
Eva Charlebois, 1944.
Sanglar, 1946.
L'Écureuil du Bois-Bourru, 1947.
Afrique blanche, Afrique noire, 1949.
Ceux de 14, 1950.
L'aventure est en nous, 1952.
Fatou Cissé, 1954.
Vlaminck, 1954.

Suite des œuvres de Maurice Genevoix en fin d'ouvrage.

MAURICE GENEVOIX – PAUL DUPUY

CORRESPONDANCE

28 AOÛT 1914 - 30 AVRIL 1915

Préface de Michel Bernard

LA TABLE RONDE
26, rue de Condé, Paris 6e

Cet ouvrage a reçu le label « Centenaire »
délivré par la Mission du centenaire de la Première Guerre mondiale.

Ouvrage édité avec le soutien de la Fondation d'entreprise La Poste.

La Fondation d'entreprise La Poste a pour objectif de soutenir l'expression écrite en aidant l'édition de correspondances, en favorisant les manifestations artistiques qui rendent plus vivantes la lettre et l'écriture, en encourageant les jeunes talents qui associent texte et musique et en s'engageant en faveur des exclus de la pratique, de la maîtrise et du plaisir de l'écriture. http : //www.fondationlaposte.org

ISBN 978-2-7103-7055-0.
editionslatableronde.fr

SOMMAIRE

De la rue d'Ulm aux Éparges

De la fin de la Grande Guerre jusqu'à sa mort, Maurice Genevoix porta à l'annulaire de la main droite, sa main valide, une chevalière, un anneau d'or monté d'une pierre rougeâtre usée. Elle apparaît sur toutes les photographies, tous les films qui le montrent causant, écrivant, lisant un livre ou un discours. Elle lui avait été donnée par Paul Dupuy en gage de son affection. On ne sait de qui Dupuy tenait le vénérable et viril bijou. Probablement une affaire de filiation, déjà, dont Maurice Genevoix emporta avec lui l'origine.

La première rencontre entre les deux hommes remontait au début de l'automne 1911, quand Genevoix fit son entrée à l'École normale supérieure dont Dupuy était le secrétaire général et où il vivait avec sa famille. Professeur de géographie en fin de carrière, pédagogue respecté, Dupuy était l'ami de Lucien Herr, bibliothécaire de l'École. Il avait été avec lui, aux côtés de Charles Péguy, un dreyfusard ardent, et pour la cause avait écrit deux livres de combat. Esprit indépendant, il avait imprimé à la vie dans l'École un style nouveau, à l'opposé de celui qu'il y avait connu pendant sa scolarité, d'une austère rigidité. Il était proche des élèves dont il s'attachait à favoriser l'épanouissement en débusquant les talents et favorisant la vie libre propre à les stimuler. Il avait remarqué ce petit provincial délié, au beau visage franc, aux yeux rieurs, qui se ferait bientôt connaître pour l'excellence de ses travaux et ses facéties d'étudiant blagueur. L'enfant de Châteauneuf-sur-Loire s'était coulé avec bonheur dans les mœurs de la jeunesse de la montagne Sainte-Geneviève où subsistait quelque chose de l'insolence érudite et joyeuse des escholiers de François Villon. Il était premier de sa promotion. Il en était le cacique et en même temps l'un des plus adroits et des plus assidus joueurs du billard d'un bistrot de la rue Saint-Jacques.

Au début du mois d'août 1914, revenant des maisons paternelles où ils passaient les vacances, les élèves mobilisés avaient fait le crochet par la rue d'Ulm avant de rejoindre leur corps. Ils venaient y prendre quelques affaires et sentir encore une fois autour d'eux, avant d'aller vers l'aventure de la guerre, la chaleureuse clôture de l'École et les affinités qu'elle avait révélées. À chaque élève venu lui dire au revoir, avant de se diriger vers les gares, Dupuy avait demandé d'écrire depuis le front aussi souvent que possible. Il s'était engagé de son côté à faire parvenir à chacun des nouvelles des autres élèves mobilisés. Genevoix, comme les autres, avait promis.

Genevoix plus que les autres. L'inclination que le secrétaire général avait pour ce qu'il y avait d'aimablement sauvage en lui s'était accrue après qu'il avait lu son mémoire d'étudiant sur Le Réalisme dans les romans de Maupassant. *C'est son fils, Pascal Dupuy, mobilisé quelques semaines plus tard avec la classe 14, qui accompagna sur la rive droite le jeune sous-lieutenant de réserve, attentif à sa mise, pour acheter une tunique ajustée et une culotte garance de seconde main au carreau du Temple, et, sur les Boulevards, un képi neuf. Genevoix partit ainsi vers la caserne du 106e régiment d'infanterie à Châlons-sur-Marne, avec le viatique d'une poignée de main du secrétaire général. La pudeur avait retenu le haut fonctionnaire d'embrasser le jeune homme qu'il confiait à la chance.*

À partir de la fin du mois d'août, le portier déposa chaque matin dans le bureau du secrétaire général les lettres des normaliens combattants. En lui donnant une vue panoramique sur les combats, de la mer du Nord aux Vosges, elles feraient de lui un des Parisiens les mieux informés sur les réalités du front. Il répondait à tous le jour même, en s'efforçant de repérer sur les cartes, dont, par métier, il était bien fourni et qu'il savait faire parler, la position géographique de chacun. Il faisait des recoupements entre les informations données par ses correspondants et la science acquise au cours d'une longue carrière. Malgré la censure postale, par des indications sur les aspects du relief, l'étendue de la forêt et les caractéristiques de la boue où ils s'enlisaient, il devina que Genevoix et un de ses condisciples se trouvaient dans la Woëvre aux glaises visqueuses et profondes. Aux combattants de première ligne, chichement informés par le commandement sur le déroulement de la guerre, Dupuy brossait le panorama des opérations tel qu'il apparaissait depuis l'arrière. Il tenait aussi pour eux la chronique de l'École, mélancolique et vide, puis aménagée en hôpital pour les blessés qui affluaient. Il donnait surtout à chacun, comme promis, des nouvelles de ses camarades. Elles furent tout de suite dramatiques, imprimant à la correspondance le rythme d'une litanie nécrologique et traumatologique où paraissait, encadrée de deuils, toute la variété des supplices que la mitraille et la canonnade pouvaient infliger à de jeunes corps.

De chacun des normaliens au front, la vive sensibilité de Dupuy se représentait la peur et l'angoisse dans les combats. Il voyait les misères de la vie en campagne, les hommes exposés au froid, à la pluie et à la neige. Il sentait jusqu'à l'ennui de la guerre qui s'installait. À l'arrière, mieux que les autres civils, le géographe sut imaginer dès les premiers brouillards de l'automne 1914 la souffrance des soldats et trouver les mots pour exprimer une sympathie qui s'excusait de n'être que cela. Il envoyait aussi objets et vêtements de nature à rendre moins dure l'existence des combattants. Genevoix, comme les autres, bénéficia du réconfort que les lettres et paquets de Dupuy pouvaient apporter, tout en goûtant la préférence inavouée pour le fils élu.

Au début de l'hiver, les lettres de Dupuy à Genevoix devinrent plus longues et laissèrent s'épancher une tendresse dont toute virile pudeur paraissait abolie. C'est qu'il venait de recevoir à l'École, sur quelques feuillets, le texte de son carnet de route recopié par le jeune officier. Lorsqu'il était parti à la guerre, Genevoix, comme des milliers d'autres, avait glissé dans son sac deux carnets couverts de tissu noir. Sur le premier, il avait jeté ses notes et observations quotidiennes sur la guerre. Le second lui avait servi à les mettre au propre, c'est-à-dire à faire le récit de sa vie au front depuis la mobilisation, à fixer pour l'avenir cet enchaînement de « choses vues » et cette collection de figures humaines autour de lui, ses camarades de guerre. C'est ce texte, une trentaine de pages manuscrites, que Dupuy reçut par petits paquets à partir du mois de novembre 1914.

Ce que le secrétaire général présageait des aptitudes supérieures montrées à l'École par le normalien de la section lettres, ce qu'il avait lu dans les lettres brèves et expressives du combattant, le récit du jeune homme qui revoyait les premières semaines de sa guerre, saturées de visions surprenantes, pittoresques et horribles, et d'émotions profondes, le confirmait. Il y avait chez lui quelque chose de rare, quelque chose de souverain qui le distinguait encore de l'élite intellectuelle à laquelle il appartenait. Ces liasses de pages manuscrites le révélaient : le petit Genevoix, le charmant et malicieux Genevoix, était un écrivain-né. Et Dupuy constatait que ce talent littéraire de premier ordre avait été donné à un garçon dont la sensibilité, tout entière tournée vers le monde et les hommes, était exceptionnellement réceptive et aimante. Le vieux Dupuy voyait aussi que le jeune homme, s'il avait senti la grâce chanter en lui, n'avait pas encore pris la mesure du don qui se révélait. Le sous-lieutenant Maurice Genevoix ne savait pas qu'il venait de commencer le livre de la Grande Guerre. Dans ce récit écrit sur les genoux, blotti dans l'épaisseur de la terre, ou accoudé à la table du presbytère d'un village meusien dévasté, dans les nuits d'automne, à la lueur d'une bougie, sous le grondement des canons traversé de temps à autre par la déchirure d'un coup de fusil, nous reconnaissons le début de ce qui est maintenant nommé Ceux de 14.

Dupuy, après l'ami que la guerre avait donné à Genevoix, son frère d'armes, le sous-lieutenant Porchon, fut le premier lecteur du commencement de Ceux de 14. *Il le lut quand il n'était encore qu'une transcription à chaud, vibrante de réalité, de ce qui était vécu dans la guerre par son correspondant préféré. Dupuy saisit d'emblée la portée de ce qui lui était révélé ; il devina dès le début de l'hiver 1914, au rythme des phrases, à la précision des mots, à leur force d'évidence, à une certaine manière, indéfinissable, de leur faire dire ce que l'on croyait ne pouvoir que sentir : le chaud du soleil, le blond de la lumière, le bruit de la pluie sur les feuilles et les bruits de la guerre ; il sut avant tous ce qui était à l'œuvre dans ce coin étroit du front de Meuse, aux Éparges, et ne manquerait pas de s'accomplir si la vie durait dans le sous-lieutenant Genevoix. Alors il fit dactylographier les feuillets et commença de réunir les éléments – lettres, notes, cartes, photographies des sites évoqués – qui, plus tard, faciliteraient la rédaction du livre. Il sollicita de son correspondant des précisions, des informations complémentaires, des descriptions qui seraient utiles à la composition du livre. Chaque semaine, il vérifiait sur ses élèves, les jeunes filles de l'École normale de Fontenay-aux-Roses, la force d'évocation des textes de Genevoix. Le maître s'était fait le zélé et minutieux secrétaire de l'élève.*

Dupuy écrivait remarquablement bien. Mieux encore que les universitaires de son temps, qui fut une des époques du beau français, parce que son goût de la poésie, de la musique, de la peinture et de l'architecture, sa curiosité de toutes choses avaient ajouté de la liberté à la perfection formelle d'une langue maîtrisée. Il avait publié, en plus de ses travaux de géographe, au moment de l'Affaire, ces deux livres pour réfuter les accusateurs du capitaine Dreyfus et soutenir le colonel Picquart. Il était un intellectuel, et presque un artiste. Pourtant, dès la première liasse adressée par son correspondant des

Éparges, il s'inclina et reconnut avec une admirable simplicité la supériorité du jeune écrivain qui n'avait rien écrit, rien prouvé. Dupuy aimait admirer, il aimait aimer. Ses lettres exprimaient la joie d'une grande âme quand elle en découvre une autre.

Rajeuni, il joua avec le débutant. Le talent de Genevoix stimulait le sien. Il se souvint que lui aussi savait peindre le ciel au couchant et ses reflets sur la Seine, l'animation d'une rue de Paris, le visage d'un homme et l'air d'une femme. Il le montrait avec gourmandise au correspondant qui, en quelques mots, venait de lui faire voir le brillant de la neige sur les bois des côtes de Meuse. Et c'est avec une joie bonne et généreuse qu'il s'effaçait devant une écriture qui ne devait rien que le nécessaire à l'apprentissage, pas grand-chose à l'expérience et tout à son enfance, d'où vient l'univers. Il le taquinait aussi. Quand Genevoix désigna l'église de Rembercourt-aux-Pots, qu'il avait vue brûler dans la nuit du 7 au 8 septembre 1914, la veille de la bataille de la Vaux-Marie, comme une grande église romane, sous l'impression persistante, sans doute, de la basilique romane de Saint-Benoît-sur-Loire, dans son pays natal, Dupuy, après avoir acquis chez un bouquiniste des quais une photographie de l'édifice, le corrigea : « C'est en effet une chose très intéressante, mais pas du tout romane, mon petit. Plein quinzième pour le chœur et la nef ; fin du quinzième pour la façade. »

Dupuy avait compris qu'à la survie du sous-lieutenant Genevoix était attaché, beaucoup plus que les promesses d'une carrière prestigieuse, plus même que l'harmonie d'une vie belle et bonne et la douceur des liens d'une amitié grandissante, mais un livre à écrire, le livre de cette guerre. Si Genevoix mourait, quelque chose de vrai et de grand, qui devait être, ne serait pas. L'angoisse de Dupuy s'en trouva accrue. Elle s'affola après la première phase du combat des Éparges, du 17 au 21 février 1915, quand Genevoix et son bataillon, après avoir conquis la hauteur, furent soumis plusieurs jours durant à un bombardement intense à l'artillerie lourde. Il en était réchappé par miracle, quand tant d'hommes autour de lui étaient morts et, parmi eux, Robert Porchon, la poitrine ouverte par un éclat d'obus, le 19 février 1915, au pied de la butte meurtrière. Dupuy préparait à distance l'accouchement d'un écrivain que la guerre, il en avait une conscience aiguë, pouvait à tout instant écraser dans ses monstrueux remuements.

C'est à ce moment, à la fin de l'hiver 1915, que le secrétaire général fit le compte des élèves tués depuis le 2 août 1914. Au 1er mars 1915, ils étaient 43 sur la liste. Ils seraient 239 à la signature de l'armistice. Sur les 240 partis de l'École à la mobilisation, 120, la moitié exactement, furent tués, 97, blessés. Les noms des tués couvrent un mur du hall d'entrée, rue d'Ulm. L'hécatombe était massive dans la section des lettres dont les élèves étaient officiers ou sous-officiers dans l'infanterie. À ceux-là, le service aux tranchées et les attaques faisaient courir les risques les plus élevés. Dupuy se représentait d'autant mieux l'irréparable de la saignée qu'il visitait chaque jour les blessés soignés dans les bâtiments de l'École, parfois ses élèves, partis jeunes et forts, revenus défigurés, aveugles ou amputés. Il y recevait aussi, parfois, une veuve de vingt ans. La pire effusion de sang qu'ait connue la France, aggravée par la décimation républicaine du meilleur de sa jeune élite, avait donné une intensité dramatique inouïe à la relation entre le maître et l'élève. Ce qui avait été une sympathie spontanée était devenu une affection profonde, exacerbée par la menace permanente de la mort du plus jeune.

Le 25 avril 1915, Maurice Genevoix fut à son tour blessé par trois balles, deux dans le bras gauche, une dans l'épaule, à la tranchée de Calonne. Entre la vie et la mort, dans la nuit, il fut emmené en ambulance automobile des sous-bois où l'on se battait aux draps blancs de l'hôpital de Verdun. Dupuy, muni des autorisations procurées par ses relations, se précipita aussitôt vers la petite ville meusienne. Le bombardement de la gare de Sainte-Menehould l'obligea à rebrousser chemin à quelques kilomètres du but. Il revint peu après, cette fois avec Gabriel Genevoix, le père du blessé. Maurice Genevoix, dans Trente mille jours, *a peint la scène des retrouvailles à l'hôpital militaire de Verdun. Tout au long de sa convalescence, dans les différents établissements sanitaires où le progrès des soins et de la rééducation douloureuse de son bras mutilé le conduisit, Genevoix reçut des lettres et parfois la visite de Dupuy. Chaque fois, le secrétaire général avait pressé le jeune homme meurtri, traumatisé, de se mettre à écrire.*

En agissant ainsi, Dupuy visait autant à drainer le pus de la guerre hors d'un esprit malade de trop de violence et de trop de chagrin, qu'à obliger le jeune homme à donner le grand livre qu'il portait, ce témoignage sur la guerre qui dirait la vérité, et la ferait voir et entendre. Dès la fin de sa convalescence, installé dans une chambre de l'École par Dupuy, tenu par un contrat chez Hachette signé à l'instigation de Dupuy, vieil ami de son directeur littéraire, Genevoix finit par se mettre au travail. En deux mois, Sous Verdun *était écrit. En mai 1916, il était publié, abondamment coupé par la censure militaire, mais avec une préface d'Ernest Lavisse, toujours directeur de l'École normale supérieure. À l'automne, il était cité pour le prix Goncourt, finalement donné, au bénéfice du roman et de la notabilité littéraire, à Henri Barbusse pour* Le Feu.

En janvier 1919, Genevoix, fraîchement démobilisé, avait brutalement coupé avec l'École, l'Université et l'Administration, lorsqu'on avait prétendu faire passer l'agrégation aux élèves anciens combattants. Le mutilé de vingt-huit ans, réformé à cent pour cent, avait publiquement protesté contre la pensée administrative qui s'était proposée de rassembler dans une salle de concours, sous la surveillance de pions, des hommes qui avaient laissé une partie de leur corps et toute leur âme à Verdun, à Notre-Dame-de-Lorette et au Chemin des Dames. Il avait dit ce qu'il en pensait à la direction de l'École, sans détour, devant tout le monde, et il était parti, ayant lu dans les yeux de Dupuy sa jubilante approbation. Le ministère de l'Instruction publique n'osa pas lui réclamer le remboursement de sa scolarité, pas plus qu'il ne la réclama à Javal tué dès août 1914, à Hermand tué en 15, à Bouvyer mort de sa blessure à la tête à l'hôpital 103, nom donné par l'armée à l'École ainsi transformée. Ces trois-là et Gainsette, revenu mutilé de la guerre, partageaient avec Genevoix la même turne en 1914. Il quitta Paris pour retourner au bord de la Loire, chez son père, avant de s'établir dans la maison des Vernelles achetée plus tard, grâce au prix Goncourt décerné pour Raboliot *en 1925.*

Genevoix et Dupuy continuèrent de correspondre jusqu'à la mort du maître en 1948. Dupuy envoyait une lettre quotidienne vers la Loire. À chacun de ses séjours à Paris, Genevoix passait voir Dupuy, installé au bout de la rue d'Ulm. Plusieurs fois, ils se retrouvèrent le 11 novembre dans le hall de l'École, devant la plaque des élèves morts pour la France où la direction venait déposer des fleurs, accompagnée des officiels et des élèves, de moins en moins nombreux chaque année, à mesure que la Grande Guerre s'éloignait et que d'autres préoccupations s'affirmaient. La nouvelle montée des périls, la radicalisation des antagonismes politiques, l'expansion des idéologies mortifères leur furent à tous deux un amer spectacle. Ils partagèrent l'humiliation de la défaite en 1940. Dupuy en fut définitivement dévasté, au point de détruire les lettres que lui avaient envoyées les normaliens mobilisés pendant la guerre. « Ils sont morts pour rien », dit-il, désespéré, à un ancien élève croisé quelque temps après à Paris. Du panorama prodigieux que ces centaines de lettres brossaient de la Grande Guerre, seules subsistent, vraisemblablement, les lettres envoyées du front par Genevoix, et celles de Marcel Étévé. De ce normalien tué en 1916, Dupuy avait fait publier les lettres l'année suivante, toujours chez Hachette, et les avait préfacées.

Genevoix n'était pas né pour oublier. Les morts de la guerre, les jeunes et beaux visages de ses amis de l'École, ceux, salis, livides et saignants de ses frères d'armes, officiers subalternes, sous-

officiers et soldats du 106e, ne quittèrent jamais les avant-postes de sa mémoire. Dupuy passe parmi eux dans Ceux de 14, *ombre attentive et silencieuse, douloureuse d'une vaine sagesse et d'une joie sans emploi. Il est la présence invisible auprès du sous-lieutenant Genevoix, l'ami, cette âme où le combattant verse, depuis le champ de bataille, le trop-plein d'angoisse et d'horreur. En entendant cette voix bouleversante monter de la Grande Guerre, nous nous rappellerons que Paul Dupuy, vieux maître de la République, l'a tournée vers nous.*

Ce que la fidélité et la probité de Maurice Genevoix devaient à un équilibre personnel, à la Loire, son pays et ses gens, à leur sens de la mesure, à son éducation familiale, tendre et exigeante, était connu. Sa correspondance avec Paul Dupuy éclaire ce qu'elles doivent à sa formation, à la noble et chaleureuse fécondité du cadre intellectuel anéanti par la catastrophe de 1914. Dans la lettre du 26 avril 1915 – Dupuy ne le sait pas encore, mais Genevoix a été grièvement blessé la veille – où il raconte sa visite chez la veuve du sergent Hertz, normalien, fils d'un juif immigré d'origine allemande, après avoir décrit l'abnégation du soldat français, le courage résigné de sa veuve et sa propre tristesse, il s'épanche à son tour : « Je n'ai jamais souhaité qu'on parlât de moi après ma mort ; mais de ce que l'on en pourrait bien dire, la seule chose à laquelle je tiendrais vraiment, c'est que j'ai été un bon dreyfusard. Les jeunes gens de votre génération, mon ami, ne se doutent pas du tout de ce que ce mot peut signifier, et voici qu'une bien autre Affaire semble repousser la première dans un lointain plus profond encore. » En lisant le monumental récit de guerre que publia dans cinq livres consécutifs Maurice Genevoix entre 1916 et 1923, Dupuy reconnut le son d'un beau métal, celui de la vérité. Il comprit alors que, perdu dans le désespoir d'un deuil, il avait un instant inutilement douté du fils élu. Celui-ci aussi avait témoigné pour sa génération ; il avait dit la vérité contre ce qui est convenu, contre le mensonge, contre l'indifférence et contre l'oubli, et il l'avait fait pour tous, pour son ami Robert Porchon, pour les soldats tués près de lui, pour ses camarades de l'École qui ne la revirent jamais. Dans le chant de vérité et de fraternité que fait monter du cœur du massacre Ceux de 14, *« À la mémoire des morts et au passé des survivants », on entendra désormais, au loin, la protestation d'hommes venus avant Maurice Genevoix, héros d'une autre époque du courage, et dont il est issu, aussi.*

MICHEL BERNARD.

NOTE DE L'ÉDITEUR

Les lettres de Paul Dupuy ont été établies à partir des documents originaux, complétés par le manuscrit des « Feuillets du Journal » que Maurice Genevoix avait recopiés à son intention. Les lettres adressées par Maurice Genevoix à Paul Dupuy ont été établies à partir d'une copie dactylographiée partielle, conservée dans les archives Genevoix.

Trois livres ont été particulièrement utiles à l'édition de cette correspondance : *Carnet de route* du sous-lieutenant Robert Porchon, *Trente mille jours* de Maurice Genevoix et *Pour Genevoix* de Michel Bernard. Signalons, par ailleurs, le travail pionnier d'Élise Franque [Bourgeois], *Maurice Genevoix : la genèse d'un écrivain* (École nationale des Chartes, thèse pour le diplôme d'archiviste paléographe, 1996).

Nous tenons, enfin, à remercier Bernard Maris, Charlotte Larere-Genevoix, Julien Larere-Genevoix, Laurence Campa et la Bibliothèque de l'École normale, pour leur aide précieuse.

AOÛT 1914

1. Maurice Genevoix à Paul Dupuy.

28 août

Quelques mots en hâte, pendant que ma section creuse des tranchées : du nouveau. Je sais distinguer maintenant, à la nature du ronflement, les shrapnells des obus à mélinite (les chaudrons). – J'ai constaté autour de moi, trop souvent, les effets des uns et des autres.

Les mitrailleuses, et aussi les chaudrons, ces saletés de gros percutants, sont ce que nos fantassins redoutent le plus. – En ce moment, on n'entend guère que le canon, et relativement loin. C'est le calme.

Existence éreintante : en 5 nuits, j'ai dormi 9 heures. 4 nuits au bivouac, dont une sous la pluie. Avant-postes tout le temps. – Beaucoup d'impressions violentes. Le temps me manque pour vous les dire. – Et d'ailleurs je n'y vois plus clair : il y en a eu trop depuis quelques jours.

SEPTEMBRE 1914

Paul Dupuy en 1940.

2. Maurice Genevoix à Paul Dupuy.

4 septembre

Quelques mots en hâte, pendant un moment de tranquillité. Nous avons passé 4 jours durs, bombardés régulièrement chaque jour, bivouaquant chaque nuit dans les bois. Il y a une semaine que je ne me suis ni déchaussé ni lavé.

3. Maurice Genevoix à Paul Dupuy.

13 septembre

Je profite de quelques heures de calme dont nous jouissons en ce moment, les premières depuis 9 jours, pour vous donner de mes nouvelles. Elles sont bonnes, et de cela je puis m'estimer heureux. Car nous avons été engagés presque chaque jour depuis dimanche, et 3 fois dans des conditions terribles. Je ne puis vous dire maintenant tout ce que j'ai vu, entendu, tout ce que j'ai ressenti. Mais il est sûr que mes souvenirs ne pâliront pas de longtemps. Il est notamment certaine attaque de nuit à la baïonnette… Je crois qu'on peut difficilement imaginer mieux dans l'horrible.

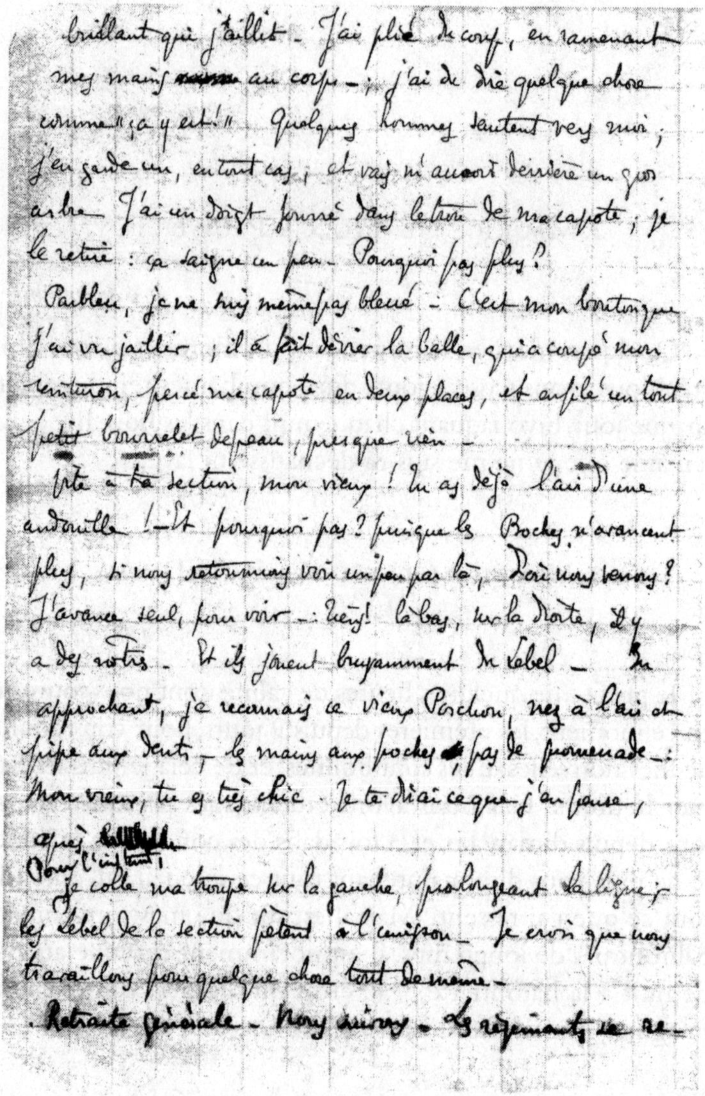
brillant qui jaillit – J'ai plié le corps, en ramenant
mes mains au corps – ; j'ai dû dire quelque chose
comme « ça y est ! » Quelques hommes sautent vers moi ;
j'en garde un, en tout cas ; et vais m'accroupir derrière un gros
arbre. J'ai un doigt fourré dans le trou de ma capote ; je
le retire : ça saigne un peu. Pourquoi pas plus ?
Parbleu, je ne suis même pas blessé – C'est mon briquet que
j'ai vu jaillir ; il a fait dévier la balle, qui a coupé mon
ceinturon, percé ma capote en deux places, et enfilé un tout
petit bourrelet de peau, presque rien –
Vite à ta section, mon vieux ! Tu as déjà l'air d'une
andouille ! – Et pourquoi pas ? puisque les Boches n'avancent
plus, si nous retournions voir un peu par là, d'où nous venons ?
J'avance seul, pour voir – : tiens ! là-bas, sur la droite, il y
a des nôtres. Et ils jouent bruyamment du Lebel – En
approchant, je reconnais ce vieux Porchon, nez à l'air et
pipe aux dents, les mains aux poches, pas de promenade – :
Mon vieux, tu es très chic. Je te dirai ce que j'en pense,
après
Pour l'instant,
je colle ma troupe sur la gauche, prolongeant la ligne ;
les Lebel de la section pètent à l'unisson – Je crois que nous
travaillons pour quelque chose tout de même –
. Retraite générale – Nous suivons – Les régiments se re-

Journal de Maurice Genevoix en date du 24 septembre.

4. Maurice Genevoix à Paul Dupuy.

14 septembre

Nous avons remarché de l'avant. Devant nous les Allemands se retirent depuis deux jours, laissant des fusils brisés, des équipements, des casques. On ne voit pas leurs morts ; ils les enterrent. Mais combien des nôtres ! Par toute la contrée flotte une odeur fade, écœurante, charriée par le vent lourd de pluie. Nous marchons ; nous sommes las, abrutis de privations, de fatigues. Ma sensibilité est assommée : les spectacles ignobles qui se succèdent sans trêve me laissent froid, comme si je ne les voyais point.

5. Maurice Genevoix à Paul Dupuy.

30 septembre

Je vais toujours bien à ce jour, pas top éreinté par l'existence très dure que nous menons. J'ai bien failli y rester le 24 : visé, une balle en plein ventre, qu'un bouton très épais de ma capote a amortie. J'en ai été quitte pour une blessure en séton, qui ne m'a pas arrêté, puisque j'ai terminé le combat[1].

---

1. « Vlan ! Un coup brutal au ventre, quelque chose de jaune et brillant qui jaillit. J'ai plié du coup, en ramenant mes mains au corps – ; j'ai dû dire quelque chose comme “ça y est !”. Quelques hommes sautent vers moi ; j'en garde un, en tout cas, et vais m'asseoir derrière un gros arbre. J'ai un doigt fourré dans le trou de ma capote ; je le retire : ça saigne un peu. Pourquoi pas plus ?

Parbleu, je ne suis même pas blessé. C'est mon bouton que j'ai vu jaillir ; il a fait dévier la balle, qui a coupé mon ceinturon, percé ma capote en deux places, et enfilé un tout petit bourrelet de peau, presque rien.

Vite à ta section, mon vieux ! Tu as déjà l'air d'une andouille ! » Voir fac-similé page 30.

OCTOBRE 1914

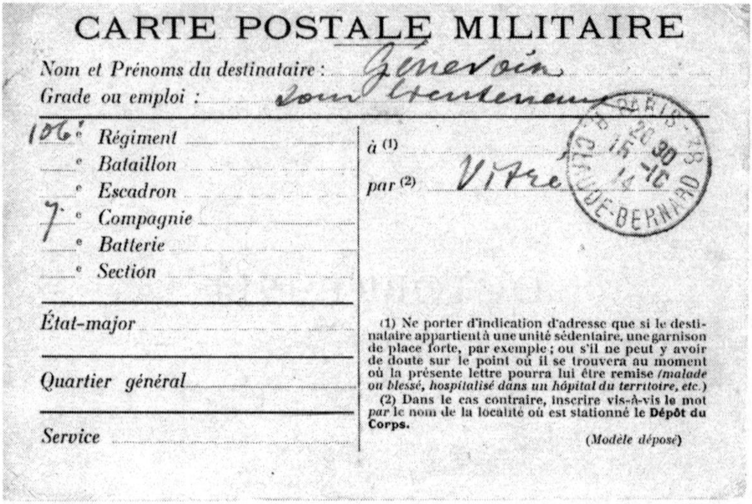

CARTE POSTALE MILITAIRE

Nom et Prénoms du destinataire : Genevoix

Grade ou emploi : sous-lieutenant

106e *Régiment*

e *Bataillon*

e *Escadron*

7e *Compagnie*

e *Batterie*

e *Section*

État-major

Quartier général

Service

à (1)

par (2) Vitré

(1) Ne porter d'indication d'adresse que si le destinataire appartient à une unité sédentaire, une garnison de place forte, par exemple ; ou s'il ne peut y avoir de doute sur le point où il se trouvera au moment où la présente lettre pourra lui être remise *(malade ou blessé, hospitalisé dans un hôpital du territoire, etc.)*

(2) Dans le cas contraire, inscrire vis-à-vis le mot *par* le nom de la localité où est stationné le **Dépôt du Corps.**

(Modèle déposé)

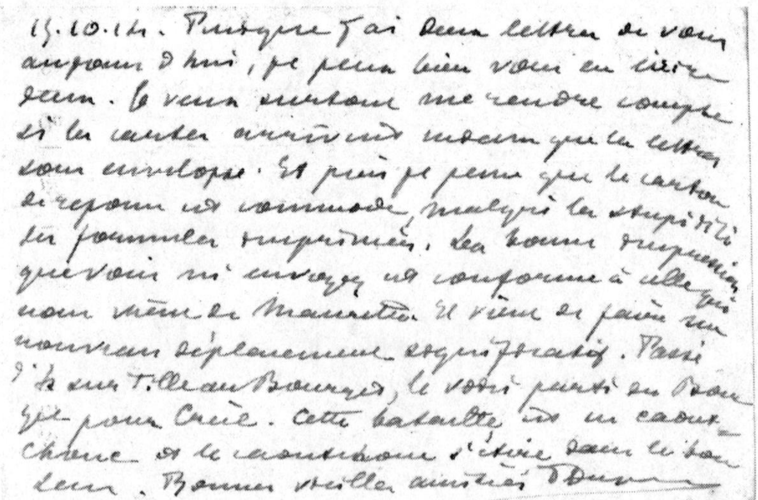

15.10.14. Puisque j'ai deux lettres de vous aujourd'hui, je peux bien vous en écrire deux. Je veux surtout me rendre compte si les cartes arrivent mieux que les lettres sous enveloppe. Et puis je pense que le carton de réponse est commode, malgré les stupidités des formules imprimées. La bonne impression que vous m'envoyez est conforme à celle qui nous vient de Monastir. Il vient de faire un nouveau déplacement significatif. [illegible] [illegible] Bourges, [illegible] [illegible] pour [illegible]. Cette [illegible] est un caoutchouc et le [illegible] s'étire dans le [illegible]. Bonnes [illegible] amitiés. P. Dupuy

Carte-lettre de Paul Dupuy du 15 octobre 1914 (recto verso).

6. Maurice Genevoix à Paul Dupuy.

7 octobre

J'ai eu de la chance, beaucoup de chance. Nous nous sommes encore battus sous bois, dimanche, vers 9 heures.

7. Paul Dupuy à Maurice Genevoix.

15-10-14

Puisque j'ai deux lettres de vous aujourd'hui, je peux bien vous en écrire deux. Je veux surtout me rendre compte si les cartes arrivent mieux que les lettres sous enveloppe. Et puis je pense que le carton de réponse est commode, malgré la stupidité des formules supprimées. La bonne impression que vous m'envoyez est conforme à celle qui nous vient de Maurette[1]. Il vient de faire un nouveau déplacement significatif. Passé 2 h sur Tille au Bourget, le voici parti au Bourget pour Creil. Cette bataille est un caoutchouc et le caoutchouc s'étire dans le bon sens. Bonnes vieilles amitiés. P. Dupuy

---

1. Fernand Maurette, agrégé d'histoire et de géographie en 1903, avait épousé Marie-Thérèse Dupuy, fille aînée de Paul Dupuy.

8. Maurice Genevoix à Paul Dupuy.

16 octobre

Peu de nouveau. La campagne devient seulement de plus en plus dure. J'ai contracté une bronchite, à force de coucher dans les tranchées humides.

9. Maurice Genevoix à Paul Dupuy.

19 octobre

D'un trou de sentinelle allemande. Nous venons de les déloger, presque sans pertes, et de prendre pied, à leur place, à la lisière d'un bois. Nous voyons leurs tranchées, formidables, à 50 mètres en plaine, en avant de nous... Intermède. Les rosses ont démasqué leurs mitrailleuses, et nous ont couverts d'une telle grêle de balles, arrivant de face et de flanc, que nous avons été obligés de lâcher la lisière. La fusillade a gagné toute la ligne et s'est prolongée la nuit entière. Et quelle nuit ! Noire, noire, à n'y pas voir même le bout de son nez. Ils ont failli nous tourner, et j'ai vu le moment où il allait falloir nous résoudre à mourir sur place. Et puis ça s'est arrangé, sans nous.

10. Paul Dupuy à Maurice Genevoix.

22 octobre 1914

Puisqu'elles vous arrivent et que vous les attendez, si je vous en écrivais une vraie au lieu d'un de ces bouts de carton comme j'en fais à peu près une cinquantaine par jour[1]. Il est cinq heures du matin ; je me suis levé pour aller ramasser *Le Figaro* sous le porche de Jean[2], où le jette une cycliste qui part du journal à 4 heures, et pour lire le bulletin de 11 heures du soir. Dans le tout petit jour gris de brouillard, je pense pour commencer ma journée à quelques-uns qui me tiennent le plus à cœur et pour qui cette heure est pénible entre l'engourdissement de la nuit et les fatigues ou les dangers du jour. Je vois, d'après les lettres publiées dans les journaux, que c'est l'heure de la distribution des vivres. Êtes-vous au moins de ce côté servis convenablement et en état d'utiliser ce qu'on vous apporte ? Dimanche sont passés à l'École ceux qu'on peut appeler les survivants du 146, quatre sur douze élèves de l'année 1913, qui, las de rester au dépôt, sans qu'on s'occupât d'eux, ont demandé le 24 août à partir pour le front. Trois sont morts ou disparus : Michel, Méthion, Rigal, cinq blessés : Castagnol, Carrère, Jourdain, Gaberel et le scientifique Janiaud. Restent Delage, Bordel, Rouget et Gardinier. On les ramène au dépôt parce qu'ils ne peuvent pas être nommés sous-lieutenants sans cela, et qu'il y eût un scandale à les laisser simples troufions pendant que les autres auraient été promus. Delage, qui n'a pas grand-force physique (ni même morale) était à bout et s'est couché, quand on l'eut débarrassé de sa vermine. « Il n'est pas fait, dit Bordel, pour les jeux de Bellonne. » Quant audit Bordel et à ses deux compagnons,

1. Dans *Trente mille jours* (Seuil, 1980), Maurice Genevoix évoque le rôle joué par Paul Dupuy en correspondant avec ses élèves mobilisés : « Depuis les premiers jours, Dupuy avait tissé entre nous tous, dispersés que nous étions "de la Mer du Nord aux Vosges", un réseau d'informations aussi serré qu'il fût possible. Grâce à lui et à lui seul, les barrières des secteurs postaux tombaient, nous savions les morts, les blessures, nous nous émouvions, nous nous révoltions avec lui. »

2. Portier de l'École normale supérieure, surnommé Louvois parce que son prédécesseur avait eu pour surnom Le Tellier.

faits comme des voleurs, ils ont des allures extraordinaires, ont gagné en force et en carrure, et, dînant avec nous, nous ont raconté leur vie de tranchée en Lorraine entre Lunéville et la frontière. Bordel arrangeait tout cela avec une verve un peu vulgaire, allant à merveille avec sa tenue ; il se frappait la poitrine et marquait les doigts de sa main sur sa capote terreuse et lâchait les mots en fusées, heureux de se sentir rire, de refaire connaissance avec le confort et les aises ; mais comme on sentait, tout en riant, ce qu'ils avaient souffert, même quand il ne s'agissait pas de risquer la peau aux balles ou aux obus. Et c'est à cela que je pense pour vous, mon ami, inquiet de cette bronchite dont vous me parlez, et à propos de laquelle je me demande quel peut bien être dans les tranchées le sens du mot soigner. Depuis que vous êtes en campagne avez-vous reçu des vêtements de renfort contre le froid ? On dit ici que rien des affaires de laine envoyées sur le front par les familles n'arrive ou presque rien. Si je trouve un gilet de papier qui ne pèse pas trop lourd et que je puisse vous l'envoyer par la poste dans une enveloppe, je ne manquerai pas de le faire.

Votre frère m'apporte vos lettres et je l'avertis, ainsi que Châteauneuf quand j'en ai. Je ne dis qu'à lui aujourd'hui la bronchite dont vous me parlez. Un mot m'a arrêté dans une des cartes qu'il m'a montrées : « vous devez en savoir plus que nous ». Détrompez-vous, les bulletins pour lesquels je descends tous les matins à 5 heures portent au plus haut degré l'art de parler pour ne rien dire, ou peu s'en faut. La bataille de l'Aisne a été gagnée sans qu'on nous en ait soufflé mot. On voyait bien l'action gagner vers le Nord, mais sans se douter que sur l'Aisne les Allemands eussent décampé. Il n'a jamais été question que de légers progrès du côté de Soissons, de Craonne ou de Berry-au-Bac, d'une tranchée prise de temps à autre, mais tout cela avec une allure telle qu'on comptait des mois pour le nettoyage des plateaux ; et puis un beau jour c'est un journal anglais ou américain qui fait un grand article pour nous dire : la bataille de l'Aisne, mais elle est finie, et elle est gagnée ; et seulement après un communiqué officiel anglais dit que les Allemands ont reculé de 30 miles vers le nord, soit tout près de 50 kilomètres. C'est bien, mais je me représente mal maintenant ce qu'il y a au centre, si même il n'est pas dégarni complètement des deux côtés, et si votre ligne de bataille n'est pas maintenant distincte de celle du nord. Ce défaut de nouvelles a eu de grands avantages pratiques pour l'État-Major ; mais sur le front comme sur l'arrière, il laisse les imaginations travailler dans le vide, il les y provoque même et fait naître les fausses nouvelles, les espérances démesurées qui ne se réalisent pas. C'est bien le cas de dire que tout est terre à terre dans cette guerre. Mais l'essentiel est qu'ils reculent réellement à peu près partout. Je n'ai pas le temps, mon petit, de bavarder plus longtemps avec vous : j'ai sous le coude un paquet de correspondance énorme, mais je suis content de vous avoir fait la bonne part et de sentir que mon affection peut vous faire quelque bien. Dire que ma pensée est près de vous, ce n'est hélas ! qu'une façon de parler, qui ne change rien à la solitude de la tranchée. C'est tout de même la vérité et que je vous suis grand ami. Vôtre. Paul Dupuy

11. Paul Dupuy à Maurice Genevoix.

25-10-14

Cher ami, même si je n'avais pas reçu ce matin votre carte du 19, je voulais vous écrire pour vous amuser avec la dernière lettre de Molinier, qui est du 21, et d'un village pas loin de Reims. Il m'écrivait auparavant sur du papier bleu de ciel d'un marchand de vins à la commission ; cette fois le papier est gris, et il s'en excuse sur le temps, qui est gris lui-même. Il a quitté la maison pour la tranchée, suivant un autre bataillon. Est-ce son bataillon, est-ce le précédent qui a fait les aménagements, je n'en sais rien, toujours est-il que, même en faisant la part large à la fantaisie et à la bonne humeur méridionale, ils doivent être épatants. « Les soldats, dit Molinier, bâtissent des gourbis invisibles avec une adresse remarquable : qu'il y ait le moindre repli de terrain et aussitôt tout le monde rivalise d'ingéniosité pour bâtir sa maison, un réfectoire, des cuisines au foyer en briques. Et s'il n'y a pas de repli de terrain, comme c'est le cas ici, les hommes creusent d'immenses trous dans le sol, qu'ils recouvrent ensuite de solides charpentes et par-dessus, on dessine de véritables jardins qui narguent les aéroplanes boches. Songez que dans mon gourbi, je couche sur 2 matelas, et qu'à 10 heures je vais à l'établissement des douches (qui fonctionnent, hein ! et à eau chaude, matin et soir) prendre mon tub quotidien. Ajoutez qu'avec qq camarades j'ai pris l'initiative de construire une salle de spectacle (100 spectateurs au moins) et que nous bâtissons la revue de circonstance. Et ça à 1 500 m des Boches, alors que chaque jour quelque balle et quelque obus viennent nous saluer. C'est épique ! Vous savez, je ne suis pas le seul à être de bonne humeur ! »

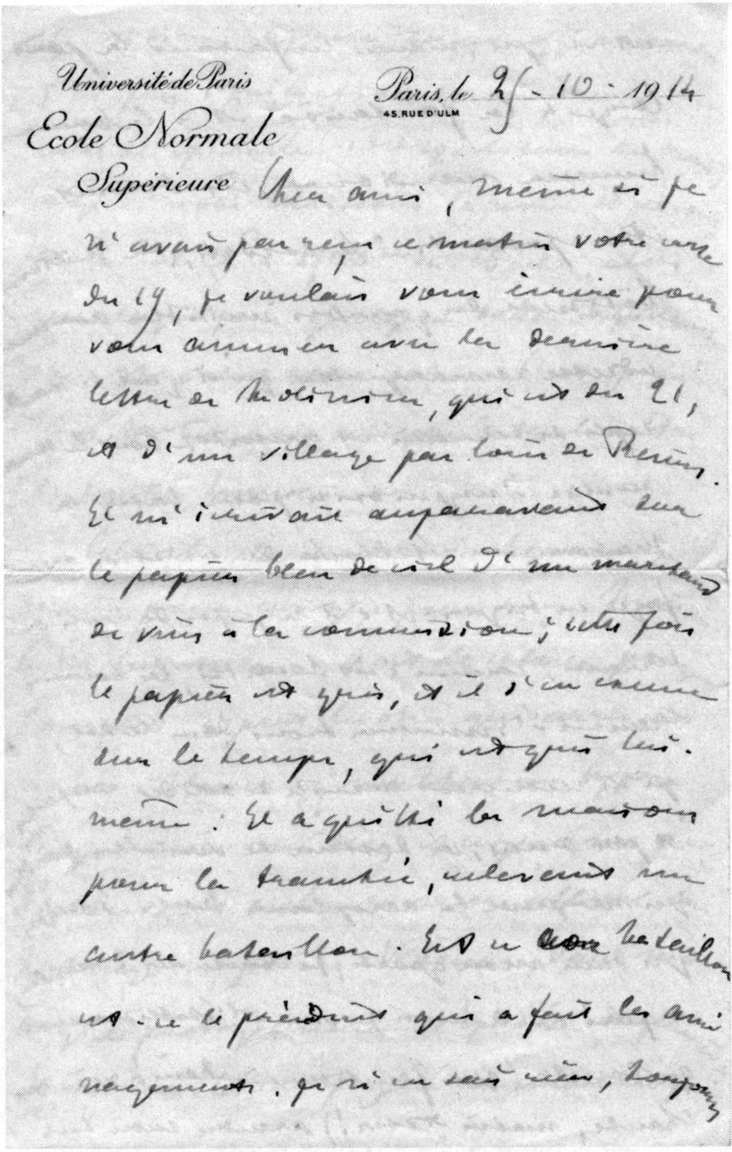
Université de Paris
École Normale Supérieure
Paris, le 25-10-1914
45, Rue d'Ulm

Cher ami, même si je n'avais pas reçu ce matin votre carte du 19, je voulais vous écrire pour vous annoncer avec la dernière lettre de [illegible], qui est du 21, et d'un village pas loin de Reims. Il m'écrivait auparavant sur le papier bleu de ciel d'un marchand de vins à la commission ; cette fois le papier est gris, et il s'en excuse dans le temps, qui est gris lui-même. Il a quitté la maison pour la tranchée, relevant un autre bataillon. Est-ce le bataillon est-ce le président qui a fait les [illegible]. Je n'en sais rien, toujours

Lettre de Paul Dupuy du 25 octobre 1914.

est-il que, même en faisant la part large à la fantaisie et à la bonne humeur méridionale, ils doivent être épatants. "Les soldats, me disait-il, bâtissent des gourbis invisibles avec une adresse remarquable : qu'il y ait le moindre repli de terrain et aussitôt tout le monde rivalise d'ingéniosité pour bâtir la maison, un réfectoire, des cuisines aux foyers en briques. Et s'il n'y a pas de repli de terrain, comme c'est le cas ici, les hommes creusent d'immenses trous dans le sol, qu'ils recouvrent ensuite de solides charpentes et par-dessus, on dessine de véritables jardins qui trompent les aéroplanes boches. Songez que dans mon gourbi, je couche sur 2 matelas et qu'à 10 heures je vais à l'établissement de douches (qui fonctionnent, hein ! et à eau chaude, matin et soir !) prendre mon tub.

quotidien. Figurez-vous qu'avec qq camarades j'ai pris l'initiative de construire une salle de spectacle (100 spectateurs au moins) et que nous bâtissons la revue de circonstance. Et ça à 1500 m des Boches, alors que chaque jour quelques balles et quelques obus viennent nous saluer. C'est épique ! Vous voyez, je ne suis pas le seul à être de bonne humeur !"

Cela change, il est vrai, beaucoup moins pour eux que pour vous. Motilin le dit lui-même, c'est le calme presque complet, à part les obus qui arrivent encore à blesser qq malheureux types. Ce que vous me dites et ce que me dit Tarkine est de toute autre allure. Lui patauge en pleine Woëvre, dans une argile prodigieusement épaisse et gluante. Il est dans la compagnie commandée par

Lavisse. Dis encore je cite : ça en vaut la peine. "Vraiment et décidément le Lieutenant Lavisse ne me plaît pas. C'est un beau jeune homme vigoureux, qui songe plus à son estomac qu'à ses hommes. Toute question pour lui s'efface devant celle-ci : aura-t-il au prochain repas du pâté et du poulet ? Il en a. Le cycliste de la compagnie s'écrime par les chemins défoncés à courir jusqu'à l'arrière à la recherche de (mots illisibles) Quelle cuisine et menu !" Ça ne vous surprend pas, hein ! – Vous ne m'avez jamais dit si vous commandiez votre compagnie. L'avis d'où vous achetiez votre carte d'où il y avait de l'encre valant à celle de malice. Et pouvez-vous soigner votre bronchite autrement qu'en couchant dans la paille ? Je suis curieux de savoir si mon gâteau de papier vous sera parvenu.

Je vous embrasse. Merci pour la nouvelle adresse.

Cela chauffe, il est vrai, beaucoup moins pour eux que pour vous. Molinier le dit lui-même, c'est le calme presque complet, à part les obus qui arrivent encore à blesser qq malheureux types. Ce que vous me dites et ce que dit Pachtère est de tout autre allure. Lui patauge en pleine Woëvre, dans une argile prodigieusement épaisse et gluante. Il est dans la compagnie commandée par Laveine. Ici encore je cite, ça vaut la peine : « Vraiment et décidément le lieutenant Laveine ne me plaît pas. C'est un beau jeune homme vigoureux, qui songe plus à son estomac qu'à ses hommes. Toute question pour lui s'efface devant celle-ci : aura-t-il au prochain repas du pâté ou du poulet ? Il en a. Le cycliste de la compagnie s'escrime par les chemins défoncés à courir jusqu'à Verdun à la recherche du (mot illisible). Quelle constance il [*illisible*] ! » Ça ne vous surprend pas, hein ! Vous ne m'avez jamais dit si vous commandiez votre compagnie[1]. L'abri d'où vous acheviez votre carte et où il y avait de l'encre valait-il ceux de Molinier, et pourrez-vous soigner votre bronchite autrement qu'en couchant dans la paille ? Je suis curieux de savoir si mon gilet en papier vous sera parvenu. Je vous embrasse. Paul Dupuy

Merci pour la nouvelle adresse.

12. Maurice Genevoix à Paul Dupuy.

30 octobre

Je vous assure, allez, que la bonne humeur ne règne guère chez nous. Est-ce la faute de cette Woëvre fangeuse, où les

1. Maurice Genevoix, sous-lieutenant de réserve, attendra février 1915 pour être nommé commandant de compagnie. Voir lettre 101.

pieds pataugent et s'engluent, où le brouillard des nuits alourdit les capotes et raidit les pantalons rouges, où l'horizon rouge demeure immuablement sali par le maussade automne ? Est-ce la lassitude grandissante de tous ces hommes, dont beaucoup sont là depuis trois mois, qui ont vu leurs camarades tomber ou disparaître, et qui depuis six semaines déjà reçoivent des obus et des balles sans y pouvoir rien, passent des heures et des heures mornes et déprimantes au fond de leurs tranchées glaiseuses, face aux tranchées proches où les Allemands se terrent, et laissent parfois percevoir la pointe de leur casque ?

Car il ne s'agit pas, ici, de kilomètres : nous sommes littéralement nez à nez, sous bois, sentinelles souvent à 20 mètres les unes des autres. C'est au point qu'en certaine ligne d'avant-postes où nous sommes revenus plusieurs fois, nous connaissions et reconnaissions comme visages familiers les officiers allemands qui régnaient sur les sections adverses. Mes hommes les avaient même baptisés : il y avait « le père Noël », un grand à barbe blonde, et qu'on aurait crue blanche ; et puis « Résurrection », un petit rouge à moustache flamboyante (« Résurrection » ? Je n'ai pu comprendre).

La chute des feuilles a amené des surprises : un matin, après une nuit froide où le vent a soufflé dur, on s'est regardé dans les yeux ; et puis, naturellement, cogné ; ça a duré toute la journée, et la nuit après la journée. Ma foi, nous leur avons bien pris trente mètres, et là-dedans les tranchées de leurs petits postes. Ils sont revenus cinq fois à la charge, dans la nuit, cinq fois pour rien. La cinquième fois tout le monde blaguait et riait dans la tranchée.

Écoutez, je suis patient, très patient. Mais franchement, il y a des moments où je me sens exaspéré par cette attente de chaque jour, et vaine à perpétuité ; et d'autres moments où je suis las, las de cette pluie, de cette grisaille, de cette boue, de cette crasse, de cet abrutissement au tabac et à l'eau-de-vie, cette infecte eau-de-vie des distributions, que les popotes d'officiers me condamnent trop souvent à boire. Je voudrais sortir des bois, sauter sur les Hauts-de-Meuse où ils ont masqué leurs batteries, et puis courir comme un fou, avec tous mes hommes, baïonnette au canon, jusqu'au bout de cette plaine que ferment les hauteurs de Metz. Dix-huit kilomètres au plus, et ils ne seraient plus chez nous. Mais ils s'accrochent, ils se cramponnent. Solides, c'est entendu, mais il faudra bien qu'ils calent. Un peu plus tôt, un peu plus tard, ils caleront. Ça branle déjà, il me semble…

NOVEMBRE 1914

13. Paul Dupuy à Maurice Genevoix.

4-11-1914

Cher ami, dans la joie de votre grande lettre. J'avais un soupçon d'inquiétude hier matin en revenant du Mans quand, dans le gros paquet qui m'attendait, j'avais cherché votre écriture sans la trouver. Ce matin quand je l'ai aperçue sous la petite fenêtre miroitante de l'enveloppe, avec le nom respectable de M. Miquet, je n'ai pas compris tout d'abord, et comme Molinier m'écrivait de chez Andrieux père et fils, vins à la commission à Pouillon (Marne), je me suis imaginé que vous aussi, vous aviez un établissement fixe à Châlons, où vous pourriez soigner votre rhume. Votre première ligne même a prolongé un instant l'illusion ; mais j'ai vite reconnu la boue des lettres de Pachtère. Ces glaises de la Woëvre sont un de mes thèmes familiers de la géographie du Bassin parisien ; nous en réalisons seulement maintenant par l'imagination toute l'épaisseur et tout le gluant. Il est certain qu'il y a tranchées et tranchées, et que les vôtres sont de l'espèce la plus dégoûtante. Mais je suis content de voir que votre fond de bonne humeur survit aux jours de dépression et que quatre jours de cantonnement dans les lieux habitables suffisent pour que le vrai Genevoix se retrouve avec lui-même. Vous vous rappelez combien m'a turlupiné l'idée que vous puissiez ne plus être parfaitement sain ; je me tourmenterais bien davantage encore à l'idée que vos ressources de gaîté fussent épuisées. Je n'aime pas en vous que le gosse joyeux et un peu fou, mais je l'aime et j'y tiens beaucoup ; ce sera de mon côté un vrai bonheur de le revoir, comme ses lettres sont aussi une de mes vraies et meilleures joies dans ces jours où trop souvent les inquiétudes se changent en tristesse et où le dessous des paupières est toujours plus ou moins cuisant.

Je suis content de mon voyage au Mans ; je ne le faisais pas sans appréhension, sur le rapport que m'avait fait ma femme de l'état où elle avait trouvé Pascal[1]. Quinze jours passés ont beaucoup amélioré son état. Sa gorge est guérie, et il la soigne plus régulièrement qu'il n'avait jamais consenti à le faire ici : c'est qu'il a peur de l'infirmerie. Au régiment, je crois que c'est le commencement de la sagesse. Il a bien encore les yeux un peu creux, et sa figure n'est pas moins maigre qu'autrefois ; mais il a le teint clair et une allure générale de santé et de force. Et le moral est meilleur. Il prend tout ce qu'il fait au grand sérieux : je l'ai vu défiler, les yeux fixés sur le bout de son grand nez comme un point de direction, et sans s'apercevoir que j'étais à deux pas de lui. Son lieutenant en pense et m'en a dit beaucoup de bien. La situation au Mans est un peu fausse, parce qu'il est du 5e à pied, et qu'il se trouve au 31e d'artillerie montée. Je pense que tout va s'arranger avec une affectation définitive au Mans qui lui permettra de passer brigadier et d'être admis comme aspirant officier. Outre lui, j'ai vu au Mans un archicube[2] blessé que vous n'avez pas connu et 5 normaliens du peloton des St-Cyriens du 119e, Haas, Bourgeois, Prenant et 2 conscrits. On a naturellement beaucoup parlé de ceux qui sont au feu. Pascal m'a chargé de ses amitiés pour vous. Il écrit peu, vous savez. C'est de sa

1. Le fils de Paul Dupuy était hospitalisé au Mans pour une scarlatine.

2. Un ancien élève de l'École normale.

nature d'abord, et c'est aussi de son métier qui ne lui laisse aucun loisir. Il a maintenant étude tous les soirs de 6 à 9 dans le cabinet du lieutenant et il y potasse d'arrache-pied. Enfin je suis content de lui.

Nous avons eu ici aujourd'hui une grande peine : la mort du lieutenant-colonel Duruy. C'était pour M. Lavisse[1] un véritable fils, avec une confiance d'amitié comme il s'en réalise rarement entre père et fils. Cette année il avait passé quelques mois au ministère comme commandant, et, chargé de nos affaires, il les avait toujours rendues simples et faciles. Nommé lieutenant-colonel il a été prendre possession de son régiment dans les tranchées de Flandre, et en les inspectant, probablement sans prudence, il a reçu deux balles qui l'ont tué net.

Vous ai-je dit le mot de Pachtère sur Laveine : un *beau jeune homme vigoureux*, qui pense plus à son estomac qu'à ses hommes, et fait chercher des macaronis à Verdun par le cycliste de sa compagnie. Il est sans doute moins près que vous de la poussière.

À bientôt, n'est-ce pas, cher ami. Heureux de me sentir un échange d'affection si profond avec vous.

Paul Dupuy

14. Maurice Genevoix à Paul Dupuy.

9 novembre

J'ai retrouvé, hier, cette « maison » des Éparges, dont les parois d'argile semblent taillées au couteau. Le poêle minuscule

1. Ernest Lavisse, directeur de l'École normale supérieure de 1904 à 1919.

ronfle toujours dans le même coin ; le mobilier s'est enrichi d'une horloge à poids, d'une glace et de deux escabeaux[1]...

15. Paul Dupuy à Maurice Genevoix.

19-11-1914

Cher ami, je recommence à trouver le temps long. Votre frère m'a bien dit qu'il avait reçu votre carte du 1er novembre et que votre bronchite prenait bonne tournure ; mais il y a huit jours de cela et les nouvelles officielles ne sont pas en ce moment de nature à rendre plus facile l'attente des nouvelles. C'est tous les jours la même chose dans le Nord où la lutte dite décisive s'obstine à ne pas l'être. Les bulletins de leurs côtés peuvent être identiques : chacun tient. Je sais bien qu'on nous a annoncé une grande victoire russe en Pologne et en Galicie et il semble bien qu'en effet le recul austro-allemand vers l'ouest ait été sérieux. Mais, même en attendant que les Autrichiens aient été aussi fortement pilés qu'on le dit de Petrograd, ils auront nécessairement le temps de souffler avant que les Russes aient le moyen d'entamer une action nouvelle, et il serait bien surprenant que l'Allemagne n'ait pas préparé un solide cran d'arrêt sur la frontière. Voilà donc de ce côté une nouvelle période d'attente pendant laquelle sur le ring occidental les deux boxeurs vont encore se tenir étroitement mêlés, se bourrant réciproquement la figure sans qu'aucun des deux soit de taille à étaler l'autre par terre. Vous n'imaginez pas l'état d'aplatissement où cette

1. À la même date, Robert Porchon écrit à sa mère : « Nous sommes logés avec mon camarade Genevoix chez un brave forestier qui a une femme et une fille et qui nous offre un bon lit. Ils sont très simples et très gentils. Enfin, ici c'est la cocagne. » (*Carnet de route*, sous-lieutenant Robert Porchon, La Table Ronde, 2008).

attente nous réduit : le pire est qu'on s'y habitue. J'ai perdu l'impatience du bulletin et ne me donne plus la peine de descendre à 5 heures du matin, ou de courir à 4 h ½ jusqu'à la gare Médicis. Nous nous sommes fait une sécurité de raison, qui peut-être n'est pas si raisonnable que cela, et sous laquelle nous ne nous sentons plus guère, moi du moins, que les inquiétudes particulières. J'en trompe une, en ce moment, en vous écrivant, comme on se met à table pour hâter l'arrivée du courrier en retard. Nous avons fait notre rentrée factice. Pachtère a eu la bonne idée de demander pour Florence des cubes inoccupés, et on lui a donné Auger et Canet[1]. Les autres feront ici comme nous : ils tromperont le temps. Il nous est arrivé trois ou quatre conscrits provinciaux qu'on accueille à la bibliothèque et que Sanneau pilote. Lafaye va pouvoir se les mettre sous la dent. La Faculté de Lettres a fait sa rentrée comme à l'ordinaire, mais Croiset s'est abstenu du compte rendu habituel et son topo de circonstance auquel s'en est ajouté un de notre patron a été très bien. Il a été interrompu par l'entrée sensationnelle de Michaud en [*marché*] d'artillerie, gras et luisant avec dés d'or sur les manches. Voilà, mon petit, les nouvelles de la boîte. Elles ne sont pas très intéressantes : ce sont celles d'une pauvre existence réduite qui va traîner ainsi Dieu sait encore combien de temps. Je vous embrasse.

P. D.

1. Ancien élève de l'École française de Rome, De Pachtère plaçait à l'étranger de jeunes agrégés qui ne trouvaient pas de poste en France pendant la guerre.

16. Maurice Genevoix à Paul Dupuy.

20 novembre

Je vous écris encore dans une de ces cabanes enterrées où nous nous préparons à hiverner. Nous traversons à nouveau une de ces périodes douloureuses où l'on espère vainement les douceurs du cantonnement. Nous y sommes passés hier, sans presque nous y arrêter : juste le temps de se fourrer dans un lit, de s'y réchauffer un peu, et puis à 3 heures, vlan, il a fallu retourner au froid de la nuit. Nous en avons pour 6 jours au moins… Nous avons quelques journées de pluie très dures : il y avait jusqu'à 60 cm d'eau dans les boyaux reliant les tranchées aux abris. L'eau dégringolait de partout ; un coup de pioche faisait jaillir une source ou coupait un drain. Nous avions des baignoires et des piscines : nous avons pris le parti d'en rire…

17. Paul Dupuy à Maurice Genevoix.

Paris, le 22 novembre 1914

Cher ami, plus cher encore après ces morceaux de vous-même que vous m'avez envoyés, je me suis vu rapidement récompensé par la longue lettre arrivée hier soir du mot que je vous avais envoyé en contrebande le matin, pour me bien démontrer à moi-même que je faisais avant tout ce que je voulais. Et comme mon mot du matin avait retardé la tâche du courrier quotidien, votre lettre du soir l'a abrégée. Première lecture avec la loupe énorme qui me sert à suivre les dépêches et communiqués sur les cartes, puis grimpée rapide à l'appartement et suite du document sous les yeux de Herr qui, depuis le commencement de la guerre, est avec sa femme notre pensionnaire[1]. Tout le monde est là, attendant la soupe, et la lecture à haute voix commence ; j'attendais Herr au bon endroit ; heureusement les fines pattes de mouche l'obligeaient à lire avec une certaine précaution ; aussi arrivé à l'endroit du bonhomme qui se déculotte pour chercher avec soin dans sa bourre la pièce supplémentaire qui y ont introduite les Boches, sa voix se fait assez bredouillante et hésitante pour que sa femme, tout en tricotant, lui dise : « Mais on ne t'entend pas ! » – Voilà, mon petit, dans la galerie que vous connaissez et sous les gravures de Dürer et de Rembrandt, à la claire lumière de l'électricité, la contrepartie, en séance de lecture, de la séance d'écriture que vous m'avez consacrée, sans doute dans la petite maison souterraine, dont les angles semblent taillés au couteau dans la glaise, sous la planche à pain et à vaisselle, et probablement à la lueur incertaine d'une chandelle quelconque. Et c'est pour nous, pour la douceur de notre home familier, pour que nous puissions lire en sécurité ce que vous avez écrit sous la menace des marmites, que vous et tant d'autres, cher ami, vous creusez vos terriers, et vous y sursautez la nuit, et vous en bondissez pour escalader les côtes ou pour déterrer l'ennemi.

L'homme sans mâchoire inférieure, celui qui laisse tomber sa cervelle dans sa soupe, celui qui retient ses intestins dans ses mains, celui qui fouille dans ses testicules ne seront plus seulement les compagnons macabres de votre imagination dans la lutte et dans le danger. Les voici installés dans la nôtre : il faut qu'ils nous hantent pour que nous sentions mieux le prix de votre courage, de votre belle humeur dans le renouvellement incessant de la fatigue et du danger, la réalité de votre vie en familiarité constante avec les formes innombrables et surprenantes de la mort, et combien moi je tiens à vous. J'aime

1. Lucien Herr, bibliothécaire de l'École normale supérieure de 1888 à 1926.

de tout mon cœur ces huit pages que je relirai souvent quand je voudrai me retrouver tout à fait avec vous. J'aime celui qui [*illisible*], si bien que je n'ai plus l'inquiétude, qui m'est venue quelquefois, de me demander si le Genevoix que j'ai dans la mémoire était bien encore le Genevoix d'aujourd'hui. J'aime le compagnon Porchon et je ne peux vous dire avec quelle profondeur de sympathie je vous souhaite à tous deux une longue jouissance de cette mâle amitié qu'est la fraternité d'armes, auprès de laquelle il faut bien nous résigner à admettre que les affections nées dans la sécurité de la paix domestique, même les plus douces et les plus tendres, même celles qui prennent l'esprit avec le cœur, ne sont que des ombres sans consistance.

Je me suis levé de très bonne heure ce matin, pour être sûr de passer tranquillement un bon moment avec vous. Et voici que je viens de m'interrompre pour voir si la porteuse du *Figaro* l'avait déjà jeté sous le porche. J'y lis le communiqué d'onze heures du soir : c'est toujours avec vous que je suis : « Rien d'intéressant à signaler sinon dans la Voivre[1], aux Éparges, cinq attaques allemandes exécutées en masse, dans l'espace de deux heures et arrêtées net parle le tir de notre artillerie. » Je crois bien que c'est intéressant ! Ce seul nom des Éparges est maintenant une évocation pour moi. Étiez-vous ces deux heures-là dans les tranchées des Éparges ? Avez-vous subi ces cinq attaques en masse ? L'artillerie les a-t-elle arrêtées par-dessus votre tête ? Vous devinez, cher ami, avec quelle insistance ces questions se posent à moi, comment l'appréhension vague qu'aurait provoquée le mot Voivre se change en inquiétude précise devant celui d'Éparges. Mais, de toute ma volonté, et aussi de toute mon affection pour

1. Autre orthographe de la Woëvre.

vous, je me persuade qu'à travers cette rude épreuve vous êtes passés Porchon et vous, comme à travers les précédentes et que, d'ici trois ou quatre jours, quand cette lettre vous arrivera, nos pensées se renoueront ensemble dans une étreinte plus joyeuse et plus chaude. À bientôt, n'est-ce pas, cher ami. Je vous embrasse.

Votre vieux. Paul Dupuy

18. Maurice Genevoix à Paul Dupuy.

27 novembre

Pendant nos journées de cantonnement nous sommes empoisonnés par des corvées plus ou moins ingénieuses ; il faut tout faire tour à tour, le chef cantonnier, le chef terrassier, charpentier, maçon. Ça n'en finit plus ; de sorte que le soir arrive sans qu'on ait trouvé le temps d'écrire, juste celui de griffonner trois mots sur un bout de carton…

19. Paul Dupuy à Maurice Genevoix.

28-11-1914

Me voici encore, cher ami, trompant le temps et ma sourde impatience en vous écrivant. Je regarde bêtement tous les matins la carte où se trouvent les Éparges, comme si elle pouvait me livrer son secret[1]. Hier soir, à 6 heures, comme je sortais, Jupiter brillait merveilleusement dans une obscurité

1. Paul Dupuy avait fait du salon directorial de l'École normale supérieure le « centre de survivance de la vie intime de l'École ». Il y avait accroché les cartes des différents terrains d'opérations qui lui permettaient de suivre l'évolution du front.

limpide ; en l'apercevant, j'ai pensé instantanément à vous, et tout mon cœur a souhaité que vous aussi vous receviez de lui l'annonce d'une nuit claire et calme. Voici déjà huit jours qu'ont eu lieu les cinq attaques en masse, arrêtées net par l'artillerie. Et votre dernier mot est parti avant. Celui qui sera parti après m'apportera un vrai bonheur. Peut-être sera-ce votre frère qui viendra me le faire lire ce soir. Des nouvelles de Pologne continueront à être tt à fait bonnes, et à Vienne on reconnaît officiellement que les Russes sont maîtres des cols des Carpates et des pentes intérieures donnant accès à la plaine, dans la direction de Budapest. S'ils ont assez de monde pour pousser tt de suite de l'avant, la menace dégagera peut-être les Serbes qui sont certainement dans d'assez mauvais draps. Les signes que la Roumanie et l'Italie se décideront à l'action se multiplient, et les marchandages mêmes de la Bulgarie en sont un. Personne ne veut que même momentanément l'Autriche puisse avancer vers Salonique. Ici l'hôpital se réorganise[1]. La dernière invention, dont il faut laisser l'honneur à Camille Marles, est celle des *Dames de liaison*. Cela a une petite tournure proxénète tt à fait aguichante. Ma femme en est émue. Il faudra que je vous explique cela une autre fois. Je vous embrasse. Votre Paul Dupuy

1. Pendant la guerre, l'École normale supérieure est devenue l'hôpital 103 à l'instigation de l'Association des femmes de France.

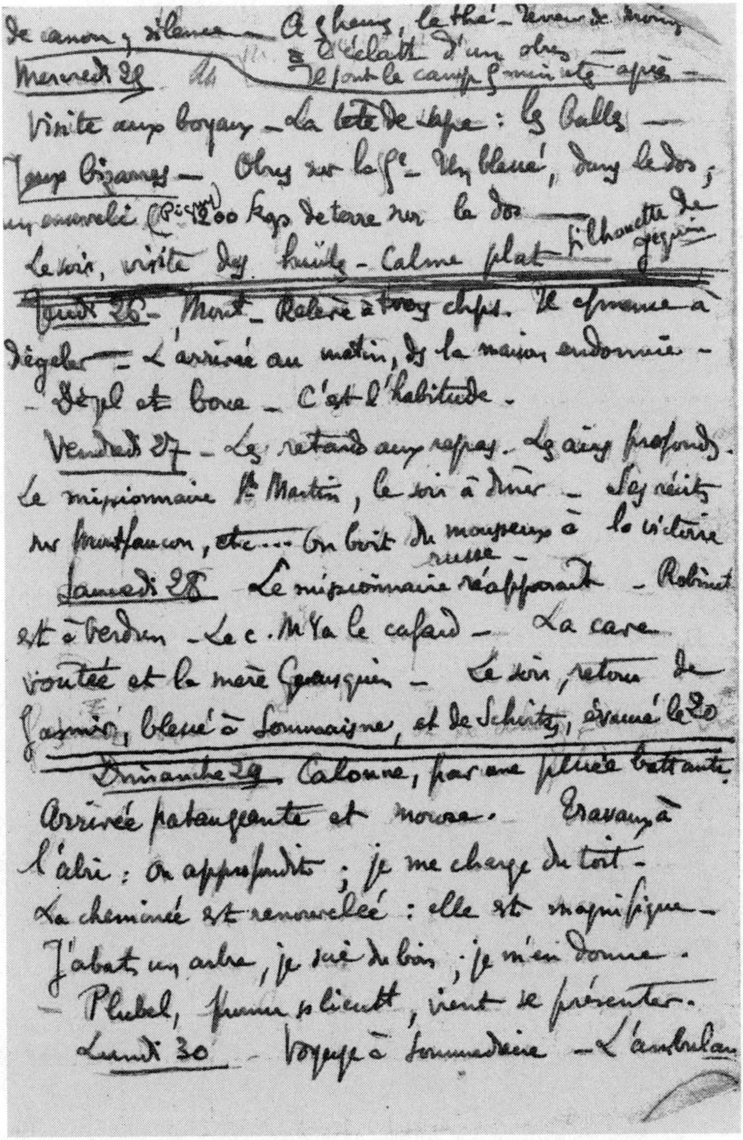

Journal de Maurice Genevoix en date du 27 novembre 1914.

DÉCEMBRE 1914

20. Paul Dupuy à Maurice Genevoix.

1-12-1914

Je peux vous avouer maintenant, cher ami, que j'ai passé une assez sale semaine, grâce à ce communiqué relatif aux Éparges. Je me sens la respiration plus libre depuis ce matin : votre frère m'a écrit qu'il avait une lettre de vous du 22. Je venais justement de le relancer pour savoir si rien ne lui était arrivé de vous depuis cette date obsédante du 21. Je sais maintenant par expérience toute la différence qu'il y a entre l'appréhension vague qui fait le fond actuel de mon existence du matin au soir, et une inquiétude précise portant sur une date, un lieu, un nom. Maintenant que vous en avez fini avec le froid c'est paraît-il le tour du brouillard. Vous êtes décidément dans un des plus sales secteurs du front. Les lettres de Molinier sont de nouveau sur papier bleu, avec l'en-tête des vins à la commission de Pouillon : on dort, on boit, on mange, on danse même « avec le concours de qq dames et demoiselles du village ou arrivées ici ces derniers temps ». Voilà pour les environs de Reims ; voici pour ceux de Vailly : la dernière lettre de Lourme s'accompagne de deux photos Kodak, dont l'une représente une partie de canots sur la Vesle. On dit du reste que quelque chose s'apprête de ce côté : un garde des voies de cette région, qui n'est autre que l'hypo-pot Romain, me disait tout à l'heure que les mouvements de troupes avaient été très nombreux dans la direction de l'Aisne. Veut-on attaquer ? S'attend-on à être attaqué ? Je crois qu'aujourd'hui on est à jour pour la fabrication de munitions et qu'on peut fournir à la consommation quotidienne tout en reconstituant des stocks. Voilà mes tuyaux d'aujourd'hui, mon petit, sans compter celui que vous avez écrit le 22, le plus agréable parce que le plus attendu. J'en avais besoin pour me remettre d'énervements qui ont été particulièrement nombreux cette semaine, et qui, brochant sur mon inquiétude des Éparges, m'avaient tt à fait aplati, surtout hier, où j'ai dû, je ne dis pas consoler la mère de Barraud, c'était tt à fait impossible, mais l'assister dans son désespoir toute la matinée. Et pourtant la mort n'est que probable mais elle est de celles à qui l'incertitude est la plus douloureuse. Vôtre du fond du cœur. P. Dy

21. Paul Dupuy à Maurice Genevoix.

5-12-1914

Cher ami, je viens de mettre à la poste pour vous une petite boîte où vous trouverez huit ampoules d'iode d'un nouveau modèle très commode, permettant de badigeonner tt de suite l'orifice d'une blessure. C'est le modèle adopté par la Société de patronage des blessés qui a son siège à l'École, et dont la distribution doit commencer bientôt. J'espère que vous n'aurez pas à vous en servir. J'ai eu ce matin une lettre de Pachtère me disant que le 132e n'avait pas eu à supporter les attaques en masse du 21 novembre et qu'elles avaient sans doute été pour le 106e. Il n'a d'ailleurs pas l'air très sûr de la réalité de ces attaques ; votre prochaine lettre me fixera sans doute sur ce point. Je suis encore dans l'abrutissement et supportant mal ce temps d'orage qui doit déverser des torrents d'eau dans vos tranchées ; l'avant-dernière nuit c'était un vrai tambourinage sur nos vitres. Si vous n'avez plus que le choix entre l'inondation et les huit degrés de froid dont vous parliez à votre frère, ce n'est pas drôle. Maintenant que je connais bien la carte, la curiosité m'est venue de savoir où vous cantonnez et comment se répartit votre temps entre 1re, 2e, 3e ligne. Vous ne me le direz que s'il n'y a aucun inconvénient. Nous avons en ce moment beaucoup de visites des camarades qui étaient dans le peloton d'élèves officiers et qui ont une permission pour s'équiper en sous-lieutenants. Naturellement, tous sont en soldats et n'arboreront aucun galon avant de pouvoir mettre un n° à leur collet. Mais le nommé Bourgeois, toujours flanqué de son père, bien entendu, est venu cette après-midi s'offrir à mon admiration. Un vaste manteau de caoutchouc l'enveloppait ; des courroies se croisaient sur sa poitrine, et sous le képi flambant neuf, son éternel sourire quêtait le mien. Je lui ai conseillé froidement de demander un poste d'officier interprète en lui disant que la mortalité était de 55 %. Toujours souriant, il m'a riposté qu'il se ferait demander par un état-major anglais. Ainsi soit-il. Rousselet François m'est apparu ensuite, toujours plus court que Napoléon d'un centimètre seulement, mais gros, gras et luisant à en devenir méconnaissable : un petit point brillant piquait le bout de son nez et les six carreaux de la fenêtre se reflétaient sur son front comme sur un cuivre d'un intérieur hollandais. Il était flanqué de deux très gentils garçons : Reussner et Desjardins, du même peloton que lui. Étévé[1] était venu ce matin, très en bon point lui aussi, élargi d'épaules, donnant

1. Marcel Étévé, lieutenant normalien comme Genevoix, tué à l'ennemi en juillet 1916, dont la correspondance, *Lettres d'un combattant*, a été publiée chez Hachette dans la collection « Mémoires et récits de guerre », dès 1917, avec une préface de Paul Dupuy.

une grande impression de solidité, et je ne sais pourquoi orné de superbes sardines de sergent. De toutes ces visites celle qui m'a fait le plus plaisir est celle d'un garçon que vous ne connaissez peut-être pas beaucoup, mais qui vaut d'être connu à fond, le cacique[1] Julia. Il y a peu de garçons en qui on sente plus de sève concentrée : il va certainement faire un officier admirable. Nous avons communié ensemble dans le dégoût de Marix, qui se trouvait au même peloton et qui s'y est fait connaître comme le plus veule des voyous. Qu'est-ce que vous pariez, du reste, qu'il n'ira pas au feu ? Je lui réserve au retour une réception sympathique. Un autre que je retiens est cette espèce de quasimodo de Langlade. Figurez-vous qu'il a adressé à son sénateur Charles-Dupuy[2], et dans quel style, il faut voir ça, une requête pour obtenir par son intermédiaire le rétablissement des concours d'agrégation en 1915. Les platitudes y voisinaient avec les cochonneries : la France plus belle et plus savante, mes héroïques camarades, un groupe de candidats à l'agrégation, je suis élève de l'École normale, etc. Si bien que le sénateur a cru qu'il parlait au nom de ses camarades. Il a eu la stupidité ou le cynisme d'en parler à Lacroix et à Baget, qui n'ont eu rien de plus pressé que de venir m'en parler, pour protester avec indignation. Lui ne se doutait pas que, de cheminements en cheminements, sa requête apostillée arriverait à Letaud puis à Lavisse pour demande d'avis. L'avis a été ce que vous pouvez penser ; le gnome a été mandé par le patron et a reçu un savon d'importance. En voilà un à qui ne je ne parlerai plus que lorsqu'il le faudra. J'ai déjà quelque peine à m'habituer à ne voir plus à l'École que des gens mal fichus ou tordus bossus : celui-là dans son genre était déjà assez réussi.

1. Élève entré premier à l'École normale supérieure.

2. Charles Alexandre Dupuy, dit Charles-Dupuy, 1851-1923.

S'il faut encore qu'il se révèle comme un mufle, cela devient tt à fait intolérable. Je m'en veux quelquefois de cette espèce de ressentiment secret contre les avortons ou les montés en graine ; mais c'est plus fort que moi. Voir Abraham dit Félix, tous les jours et à tous les instants du jour, traîner dans l'École en espadrilles a été pour moi un vrai supplice pendant tout le mois d'août. Je l'ai obligé à partir le 31 et c'est un soulagement pour moi qu'il ait demandé un congé. Il m'irritait d'autant plus qu'il multipliait davantage les démarches pour se faire prendre dans le service armé et en parlait sans rire.

Il semble bien qu'il y ait lieu d'être satisfait de ce qui s'est passé hier en Italie. Il n'y a aucun doute possible que ce soit la rupture définitive de la Triplice, et pour cela, il faut que l'Italie soit bien convaincue que l'Allemagne ne peut plus gagner. À quel moment volera-t-elle au secours des vainqueurs ? ça, c'est une autre affaire. Il paraît qu'elle a vraiment beaucoup à rattraper pour entrer en campagne, et qu'il en est de même pour la Roumanie. Les journaux ont signalé récemment que des trains de matériel de guerre en provenance d'Allemagne avaient été arrêtés en Autriche à la frontière roumaine et l'on m'a assuré de bonne source que, il y a déjà deux mois, une fabrique autrichienne ayant à livrer 250 000 fusils à la Roumanie s'était arrangée pour les livrer incomplets. Je vois bien qu'il faut que tous ces Balkaniques entrent dans la danse, puisque aussi bien c'est une série d'affaires balkaniques qui ont donné le branle ; mais je redoute beaucoup tous les dessous inévitables quand les partenaires se multiplient trop et que ce sont des crapules orientales : marchandages avant, disputes après. Voilà, mon petit, une bonne séance de bavardage ; ce qui vient d'ici n'est pas très intéressant, mais c'est tout de même du cœur ouvert et de la liberté entre amis. Cela vous paraît bon dans les tranchées, et à moi dans le grand cabinet que vous connaissez, tout le monde parti et le silence refait. C'est particulièrement bon à la fin d'une journée où les visites ont été nombreuses et où il y a encore des tristesses à partager ou à consoler. J'ai eu la mère et la sœur de Méthion qui vont là-bas chercher sa tombe ; j'ai reçu Madame Barraud et j'ai pu la persuader qu'il suffisait de considérer son fils comme disparu. Il y a là une histoire qu'il faudra que je vous raconte. Après tt cela j'ai été heureux de pouvoir prendre une heure pour moi et de vous la donner, relisant les notes avec les cartes et causant en décousu. Je suis votre vieil ami. Paul Dupuy

22. Maurice Genevoix à Paul Dupuy.

5 décembre

Il y a bien longtemps que je n'ai pu vous écrire à peu près tranquillement : toujours des corvées assommantes à commander, à surveiller ; les hommes deviennent rossards, et, mon Dieu, lorsqu'il s'agit de certaines besognes que je pourrais dire, ils n'ont pas tort. La vie de tranchée est une vie de marmotte ou de fœtus ; elle abrutit à coup sûr. On s'en est aperçu et l'on a prescrit, dans les périodes de repos, de courtes marches militaires. Excellent. Mais l'on a trouvé ingénieux, aussi, de nous alerter en pleine nuit, par manière d'exercice. Et, vrai, quand on arrive de première ligne au cantonnement et qu'on a deux nuits seulement pour rattraper le sommeil en retard, on la trouve saumâtre. De telles idioties sont d'un effet funeste.

J'ai d'ailleurs, depuis quelque temps, pas mal de choses sur le cœur ; je les renfonce, et j'arrive généralement à n'y plus penser. Surtout je souffre de la nullité soufflée de pas mal d'officiers, avec lesquels il faut bien vivre. Heureux d'avoir trouvé un brave type, un Saint-Cyrien parti avec moi du dépôt, orléanais aussi, et dont vous avez vu le nom dans ces fragments incohérents que je vous ai envoyés[1]. Nous avons été dès le début à la même compagnie ; nous avons vu ensemble les grands combats du 106, Sommaisne et Pretz-en-Argonne, Rembercourt, les bois de Saint-Rémy. Autour de nous, les figures changeaient, le régiment fondait, puis renaissait. Nous sommes restés tous les deux toujours à la même compagnie, que nous avons commandée deux mois. Et lui et moi, nous nous sommes souvent demandé ce que nous serions devenus, en certaines passes difficiles, si nous avions été seuls.

Toujours la même chose par ici : 3 jours en première ligne, 3 jours en 2e ligne, 3 jours au repos. Notre première ligne n'est pas dure. Le bombardement se fait rarement violent, et, si l'on sait rester caché dans la tranchée, on n'a rien à craindre des balles. Depuis le 19 octobre, nous n'avons pas donné d'assaut. Ce jour-là, nous sommes montés à la lisière d'un bois, et avons occupé les tranchées avancées où les Boches avaient leurs petits postes. Il a fallu en descendre, et vite, parce que les mitrailleuses les prenaient d'enfilade. Ils avaient sans doute prévu notre attaque, et s'étaient arrangés pour que la position, au cas où nous réussirions, fût intenable. Actuellement, nous sommes accrochés au flanc de la côte que vous savez, avec le régiment de Pachtère à notre gauche. L'autre soir, on est venu demander 60 hommes, pour creuser un boyau de communication entre la gauche de notre régiment et la droite du sien. J'ai eu le plaisir d'aller avec un lieutenant organiser le travail. Il faisait un clair de lune magnifique, plus traître que le plein jour. Les silhouettes faisaient ombres chinoises sur

1. Robert Porchon.

le ciel pâle. Les Boches ont commencé par nous tirer dessus pendant que nous reconnaissions le cheminement. Tout de même, puisque l'ordre était donné, les hommes se sont mis au travail. Nous étions assis par terre, l'autre lieutenant et moi, bavardant à voix très basse. Et, tout d'un coup, le fracas d'une salve, les balles qui se fichent dans la terre en faisant gicler la boue, quelques cris, un commencement de panique. J'avais trois blessés, deux qu'il a fallu emmener sur un brancard, puis un troisième, moins gravement atteint, que j'ai fait venir dans notre abri, et que nous avons pansé. Triste scène dans notre trou enténébré, à la seule clarté tremblotante d'une chandelle. Tout jeune soldat, bonne grosse figure toute franche, toute simple, disant la souffrance avec l'étonnement de souffrir. Las ! En ai-je-vu, mon Dieu, de ces petites blessures traîtres, à peine visibles parfois, mais par où la vie s'en va. J'en ai pansé moi-même des dizaines, surtout de celles que l'on reçoit aux avant-postes, et qu'on peut soigner tranquillement. Au combat, lorsque les hommes tombent par masses, on n'y pense pas, on n'a pas le temps d'y penser. Mais lorsque l'homme qui vient d'être frappé arrive, en se traînant, seul parmi nous bien portants, la sensibilité s'émeut, la réflexion s'en mêle, et ça n'est pas gai.

23. Paul Dupuy à Maurice Genevoix.

6-12-1914 **(1)**[1]

Cher ami, en relisant ce matin votre dernière carte, celle du 20 novembre, comme vous y dites que la dernière carte de moi est du 7, je me demande si le service de la poste ne

1. Paul Dupuy s'explique page suivante sur la numérotation de ses lettres.

recommence pas à faire des siennes, ou plutôt à ne pas en faire ; car même en admettant 4 ou 5 jours de délai, vous auriez dû le 20 avoir cartes ou lettres plus récentes. Maurette et sa femme ont pris soin de numéroter leurs lettres ; il est vrai que chacun d'eux n'a qu'un correspondant et ce n'est pas votre cas, encore moins le mien. Pourtant ce n'est pas une si grosse affaire pour moi qui ai mes aises et je numérote ceci (1). Et je l'écris pour vous informer qu'hier je vous ai écrit une longue lettre et expédié une boîte d'ampoules d'iode. Je voudrais bien, ami, que vous me permettiez de vous faire de temps à autre un petit envoi, et que vous me disiez quelque chose dont vous avez envie ou besoin. Vous lisez. Comment avez-vous constitué votre bibliothèque de poche ? De quoi se compose-t-elle ? Outre *Candide* et *Le Voyage sentimental*[1] ? Je regrette souvent que pour les gens en campagne Mardrus n'ait pas édité séparément en plaquettes quelques-uns des plus savoureux contes des *Mille et une nuits*. Il me semble que cette poésie purement animale serait un vrai tonique dans la tranchée. Enfin, je voudrais bien que vous me traitiez tt à fait en vieux camarade, en me disant quelque chose qui vous ferait plaisir. Je vous embrasse. Paul Dupuy

1. Une liste des livres choisis par Genevoix figure en tête de son deuxième carnet : « Courteline. *Les Gaîtés de l'escadron*. Lavedan. *À table*. Stendhal. *La Chartreuse de Parme*. Zola. *La Faute de l'abbé Mouret*. Bourget. *Le Disciple*. Prévost. *Les Demi-Vierges*. F. de Croisset. *L'Épervier*. P. Garault. *Ma tante d'Honfleur*. Mme de Lafayette. *La Princesse de Clèves*. Voltaire. *Candide*. *Zadig*. *L'Ingénu*. Cicéron. *Le Songe de Scipion*. »

24. Paul Dupuy à Maurice Genevoix.

7-12-1914 **(2)**

Cher ami, bien que je ne fusse plus inquiet, c'est tt de même un grand réconfort pour moi de revoir votre écriture. Et puis ce que vous me dites m'aidera dorénavant à remettre au point les communiqués. Notez qu'on est revenu sur ces cinq attaques dans le résumé de la semaine sous une forme quasi littéraire : parties avec fifres et tambours, terminées sans musique. En même temps que votre lettre j'en ai reçu une de Pascal découragé et décourageant. Faute de savoir qu'il fallait du piston, je n'ai pas bougé quand il a été candidat officier et cela lui est passé bêtement sous le nez. Il n'est même pas encore après trois mois désigné pour une batterie, et de chef de pièce qu'il a été pendant 10 jours le voici redevenu palefrenier. Cela me désole. Nous voyons repasser en ce moment quelques-uns de vos camarades qui viennent de passer dans le peloton et vont être promus sous-lieutenants. C'est le recommencement des départs du mois d'août. Vous vous rappelez, cher ami ? Comme je me sens différent ; mais c'est difficile à analyser. Je vous embrasse de tt cœur, cher ami. Paul Dupuy

25. Paul Dupuy à Maurice Genevoix.

10-12-1914 **(3)**

Cher ami, j'attends depuis hier l'heure que je pourrai passer avec vous. On se soustrait à la rigueur à l'obligation d'écrire une lettre, mais il est impossible de fermer sa porte, et, depuis dimanche je reçois les visites de vos camarades des pelotons qui sont à Paris ou qui y passent, qui attendent avec impatience leur nomination et voient le terme de leur permission approcher sans que l'Officiel ait rompu le silence. J'ai persuadé hier Étévé de rester tranquillement ici jusqu'à ce que sa nomination ait paru, puisque aussi bien ce n'est pas au dépôt du 14e mais à celui de son nouveau corps qu'il devra se rendre aussitôt nommé. Deux de ces sous-lieutenants en puissance sont même installés à l'École, Ninin chez moi et Julia chez un préparateur. Ninin c'est Dumanet : une petite tête sur un grand corps perdu dans une capote trop large, des cheveux roux, des oreilles qui pensent naïvement à s'envoler, une expression de timidité paysanne corrigée par la finesse des deux minuscules prunelles d'agate, tandis que l'allure au contraire s'aggrave de tout le poids de ses godillots. Je suis surpris de deux choses : qu'il ne se soit pas étalé sur mon parquet et qu'il n'ait pas ramené un soir une nourrice. Le pauvre diable est le fils d'un ouvrier mouleur des Ardennes : il ne sait pas le premier mot de ce que sont devenus les siens. Julia a dîné hier soir avec nous : Herr et lui ont fait de la musique ensemble après dîner. L'expression de Julia jouant du violon est une des plus belles qui puisse se voir. La structure tout entière de son visage numide est extrêmement intéressante ; mais le dessin des yeux, leur encadrement, la manière dont le front surplombe, l'intensité du regard, où l'émotion intérieure se mêle à l'effort de la lecture, donnent une sensation d'art qui s'ajoute à celle de la musique. Ils ont joué totalement ou en partie trois sonates de Beethoven, où le citoyen s'est amusé parfois à mettre Julia aux prises avec des difficultés ; mais cela même était visiblement une jouissance après quatre mois passés loin du violon qui sommeillait dans une armoire de dortoir. Et il y avait de la mélancolie à se demander combien de temps il y dormirait encore après cette soirée. Quand vous êtes partis, vous autres, la plus grosse part de notre émotion était faite d'imaginations très éloignées de la réalité ; nous la touchons de près maintenant : elle nous a ramenés à son niveau ; nous mesurons plus justement la valeur et les risques des enjeux, et à travers les départs nouveaux nous revoyons les départs anciens, nous les revoyons et nous les ressentons. Vous vous rappelez, cher ami, votre hésitation d'un instant sur le seuil de l'École : nous avions tous les deux envie de nous embrasser ; vous n'avez pas osé, par respect sans doute, et je n'ai pas voulu par orgueil, certainement. Quand nous nous retrouverons, cher ami, il n'y aura plus, n'est-ce pas, ni respect ni orgueil, mais seulement cette libre et franche amitié qui vous fait souhaiter de me lire et qui me rend si cher de vous écrire.

Je vous envoie une coupure de la *Daily Mail* qui représente hypothétiquement les trois phases de la bataille de Pologne. Ça n'a peut-être pas été du tout ça ; mais elle plaît tout de même parce que c'est intelligible et que, en somme, cela colle assez bien avec les bulletins qui, des deux côtés, annoncent un succès. Vont-ils maintenant s'immobiliser réciproquement sur la ligne du n° 3, comme nous sommes immobilisés sur nos tranchées de Belgique et de France ? On ne voit pas alors comment cela finirait jamais. Ou plutôt cela ne pourrait commencer à finir que quand de nouveaux éléments entreraient en jeu. Les Anglais ont eu jusqu'à présent pour programme unique de maintenir constamment 150 000 hommes sur le front, et ils ont rempli ce programme sans une minute de défaillance. Il paraît que pour fin janvier ils doivent avoir 500 000 hommes en ligne et pour fin avril 1 500 000. Si oui, et cela concorde bien avec les prévisions énoncées dès le premier jour par leurs ministres, nous n'avons qu'à redoubler de patience. Le déclenchement italien se produira sans doute aussi à la même époque. Avez-vous vu la révélation énorme de Giolitti[1] sur les intentions de l'Autriche contre la Serbie en 1913 ? Vous pensez bien qu'elle n'a pas été faite sans l'assentiment du gouvernement actuel, et qu'elle ne peut avoir pour objet que d'orienter davantage encore l'opinion publique dans le sens où elle penche déjà. Auger et Canet m'ont écrit là-dessus des lettres qui concordaient assez, bien qu'on paraisse plus de sang-froid à Milan qu'à Florence. Canet prétend avoir reçu de l'intervention future une preuve qu'on ne peut confier à une lettre. Seulement il est possible que l'intervention italienne se produise surtout dans les Balkans où il paraît que l'union soit en train de se refaire. Si, comme il paraît vrai, les Serbes envahis viennent de flanquer tout de même une bonne tape aux Autrichiens, cela ne les disposera pas à faire des concessions aux Bulgares, et la Grèce, de son côté, n'y paraît pas disposée du tout. C'est le guêpier qui se remet à bourdonner et qui bourdonnera longtemps encore après que tout sera réglé par ailleurs. Il n'y a vraiment pas assez de tremblements de terre ni assez violents dans cette région : il faudrait un plongeon de la moitié de ces pays dans la mer pour qu'ils foutent enfin la paix au monde.

Ce matin, la monotonie et la platitude des impressions actuelles ont été rompues par la nouvelle d'une vraie victoire navale anglaise près des îles Falkland. Ne pouvant plus se ravitailler en charbon sur les côtes du Chili, les navires allemands étaient passés dans l'Atlantique ; ils y ont trouvé tt de suite à qui parler, et il est fort curieux qu'on ne nous dise pas les noms des navires anglais qui ont coulé les 3 croiseurs allemands. Je ne serais pas surpris qu'ils eussent été détachés en cachette de l'escadre de la Mer du Nord. En tout cas, ils ont raffermi la confiance dans la valeur comparée des forces

1. Giovanni Giolitti, président du Conseil italien à cinq reprises entre 1892 et 1921.

navales allemandes et anglaises. Et l'on va être presque complètement tranquille sur tous les transports importants qui se font maintenant de l'Amérique en France et en Angleterre.

Vous a-t-on vacciné contre la typhoïde ? Comment avez-vous supporté cela ? J'aimerais bien vous voir chef cantonnier, terrassier, charpentier ou maçon. Le sens du concret ne vous fera pas défaut après ce complément d'éducation. Et la guitoune de feuillage ? Il n'y a donc aucun photographe parmi vous. Hermand m'a envoyé sa tête. Moi, je lui ai donné votre adresse. À bientôt, cher ami, je vous embrasse. P. Dy

26. Paul Dupuy à Maurice Genevoix.

12-12-1914 **(4)**

Cher ami, je n'ai que peu de temps à vous donner aujourd'hui ; mais soyez assuré qu'il ne se passe pas d'heure sans que votre pensée ne me traverse l'esprit. Le ciel hier fondait en eau à Paris ; que doit être une journée pareille dans vos tranchées ! Il m'est venu un mot de Molinier du bois que son bataillon occupe en première ligne, au pied de ses coteaux de Thil et de Pouillon : il était dans la boue. J'ai eu, vous l'ai-je dit, une lettre d'Hermand où il m'a demandé votre adresse. Vous recevrez sans doute quelque chose de lui prochainement. Doyen est repassé par ici, envoyé à Lyon pour faire enlever le projectile que les gens de St-Flour lui ont laissé dans le corps, et que ceux de St-Brieuc n'avaient pas osé aller chercher. Il avait d'ailleurs bien meilleure mine qu'à son premier passage. Les derniers *Officiels* donnaient la citation à l'ordre de l'armée de trois normaliens : un ancien, Laurent Vibert, notre camarade Vannier et Lenouvel. Vannier a été évacué depuis non blessé, mais avec une entérite dont je crains bien que ce soit la typhoïde. Lenouvel, dans son action d'éclat, a reçu une contusion violente à la tête, qui l'a fait évanouir. Je voudrais bien écrire sa citation à Boussac, mais nous ne savons pas encore où il a été transporté en quittant Dunkerque-sur-Mer et nous commençons à être inquiets de cette seconde blessure. L'un de vos camarades me met dans un cruel embarras en m'envoyant tous les vers qu'il pond dans les tranchées et qui sont détestables. Je vais être obligé de lui faire sa chicane de prosodie. À bientôt, cher ami, vous me feriez si grand plaisir en me disant qq chose dont vous auriez besoin ou simplement désir et que je pourrais vous envoyer. Vous ai-je dit aussi que Bouvyer avait été opéré à St-Brieuc et qu'il va tt à fait bien maintenant, je vous embrasse de tt mon vieux cœur. P. Dy

27. Paul Dupuy à Maurice Genevoix.

Le Mans, 13-12-1914 **(5)**

Cher ami, je vous écris du Mans, non pas dans le plaisir d'être avec Pascal, mais dans le grand ennui de le voir pris de scarlatine, de ne pouvoir l'approcher, de ne pas savoir au juste comment il va être soigné, et dans la crainte d'un transfert prochain dans un hôpital de campagne que je suis allé voir et qui me paraît fort médiocrement installé. Le pauvre garçon n'a pas de chance. Il devait enfin entrer demain au peloton des élèves officiers de réserve. Il est navré, moi aussi, et inquiet par-dessus le marché. Votre P. D.

28. Paul Dupuy à Maurice Genevoix.

15 décembre 1914 **(6)**

Cher ami, trouver votre lettre du 5 dans le paquet qui m'attendait à mon retour du Mans a été un grand réconfort pour moi. Vous n'avez pas besoin, vous devez vous en douter maintenant, de me demander le plus de lettres possible : je ne vous écrirai jamais autant que je le voudrais. Même celles que j'écris à d'autres me ramènent à vous : votre image, le souci de ce que vous devenez, le désir de vous lire s'entremêlent à toute ma correspondance : tout ce que j'y dispense de sensibilité avivée et meurtrie se concentre sur vous comme sur l'exemplaire de jeunesse qui répond aux besoins les plus profonds de mon cœur. Et, en ce moment, où ce qui arrive à Pascal me trouble et m'inquiète si fort, une ligne de vous me disant que toute votre affection est avec moi, me fait un bien infini. Il faut savoir, cher ami, combien la malchance l'a persécuté depuis plus de quatre mois pour comprendre le découragement où nous jette avec lui sa dernière mésaventure. Désigné pour un corps, il ne peut le rejoindre et perd ainsi le bénéfice de la sélection qui a dû être opérée dès l'arrivée de sa classe. Trois semaines durant il croupit dans un régiment d'infanterie. Versé en subsistance au 31e d'artillerie, il s'y fait tt de suite remarquer par un instructeur, mais appartenant à un autre corps, il ne peut passer brigadier. Candidat élève officier, il se voit, faute du piston que je me suis fait scrupule de mettre en jeu, préférer des camarades dont il sait les notes de concours inférieures aux siennes. Je me décide alors à intervenir pour le sortir de sa position ambiguë ; je le fais verser au 31e définitivement ; une fois qu'il y est, on néglige de le désigner pour une batterie, et, au lieu d'apprendre à monter à cheval, il se borne à faire le palefrenier. J'interviens encore, et, au moment même où il est enfin affecté à une batterie et désigné pour un peloton nouveau qu'on va former avec la classe 15, on le vaccine contre la typhoïde et on le met sur le flanc. C'est jeudi dernier qu'il a reçu sa première injection : malade dès le lendemain, il s'est évanoui dans la nuit du vendredi au samedi ; les premiers symptômes d'éruption se sont manifestés samedi après-midi, ou du moins ont été constatés : on a dit scarlatine, et on l'a envoyé à l'hôpital dans le pavillon d'isolement. Comme il n'y a que 7 lits, dès lundi, il a été transféré dans un hôpital de contagieux installé à 20 km du Mans dans un noviciat et maison de retraite de frères ignorantins. Est-ce sûr qu'il a la scarlatine ? Prenant qui a été vacciné lui aussi au Mans, et qui a eu une éruption, m'en a fait douter. Ce serait alors le comble de ma déveine, si pour une éruption consécutive à l'injection anti-typhoïdique, on nous l'avait collé avec les scarlatineux, les érysipèladeux, les diphtériques. Car tt cela est pêle-mêle à Teloché. Mais même en admettant qu'il ait bien la scarlatine, ni l'installation, ni l'allure générale des soins ne sont faites pour nous rassurer. J'ai vu un major au Mans ; j'en ai vu un autre à Teloché : ils m'ont paru surtout préoccupés de me tenir à distance. Les salles sont d'immenses dortoirs de novices dans les combles, avec trois rangées de lits. Les uns sont au lit, les autres pas. Ceux qui sont levés, vont et viennent. Les infirmiers sont certainement de braves gens, et pas ces crapules achevées que sont les infirmiers militaires de profession : ce sont des prêtres qui se sont offerts et qui dépensent sûrement beaucoup de gentillesse et de dévouement, mais qui n'ont pas l'air d'avoir les idées assez arrêtées sur les contagions microbiennes. J'avais devancé Pascal, pour pouvoir l'approcher au moment où il débarquerait ; il avait une mine affreuse et les rhumatismes (Prenant en a eu aussi) lui rendaient la marche impossible ; on a dû le porter pour monter au dortoir, et naturellement j'ai suivi. Non seulement les infirmiers ne m'en ont pas empêché, mais ils m'y ont encouragé par bonté d'âme, et quand Pascal m'a obligé à m'en aller, l'un d'eux m'a assuré que toutes ces maladies étaient bien moins contagieuses qu'on ne le disait. Le plus fort, c'est qu'aucun des 3 médecins n'était là pour l'arrivée de 6 malades nouveaux parce que l'auto de l'hôpital était en avance d'un jour. Il y a le téléphone entre Le Mans et Teloché ; mais personne n'a eu l'idée de s'en servir. Vous pensez avec quelles inquiétudes je suis revenu, et j'en dois cacher la plus grande part à ma femme, que révolte déjà le fonctionnement implacable de ces rouages, pourtant si mal montés, où elle voit Pascal pris. Franchement, je l'aimerais mieux dans la tranchée ; je ne crois pas que le danger l'y enserrerait plus étroitement, et en tt cas, cela servirait à quelque chose. Nous voici maintenant dans l'attente anxieuse des bulletins de santé, et sans la certitude qu'il nous en viendra un tous les jours. Et j'ai dans les yeux un visage de Pascal où la peau se tend sur les os et où des yeux cernés immenses, font paraître les joues réduites à rien. Pour achever notre trouble, la mère de Maurette est morte dimanche d'une pneumonie, sans que son fils ait pu la revoir : il n'a même pas pu obtenir l'autorisation de venir l'enterrer. Voilà, cher ami, dans quelle gaîté nous sommes. Et la lettre que je vous écris n'est pas la réponse à celle que j'ai reçue et qui dénote un si bon état moral. L'état moral de votre vieil ami ne vaut pas cher depuis trois jours et il a tort sans doute de vous expédier un peu de ses ennuis. Mais puisqu'il y a entre nous la convention du « cœur ouvert », vous le lui pardonnerez. Je vous embrasse bien affectueusement. Amitiés à votre ami. Paul Dupuy

De vos camarades, depuis quelques jours, indiquent dans leur adresse le n° de leur « secteur postal ».

29. Paul Dupuy à Maurice Genevoix.

17-12-1914

Cher ami, j'ai le cœur et l'esprit plus libres aujourd'hui qu'avant-hier. Nous savons par Pascal que sa fièvre a diminué et qu'il est moins pris par ses rhumatismes depuis hier. Le major a envoyé un bulletin disant que la scarlatine était d'intensité moyenne, mais que le pronostic devait être réservé, vu l'état de débilité du malade. Je veux croire qu'il n'y a là qu'une réserve de forme, bien que Pascal soit certainement très fatigué par le métier. C'est surtout son moral qui est bas ; il nous dit la saleté repoussante du lieu, où il dort dans les moutons, et où les toiles d'araignées pendent du plafond, où les convalescents, mêlés aux malades, fument et crachent. Il est entre les mains du destin. Pachtère, très fatigué, est au repos sur l'arrière pour qq temps. Laveine avait auparavant quitté la Cie en payant une succulente bénédictine. On est grand seigneur ou on ne l'est pas. Moi, cher ami, j'aurais un bien grand plaisir à vous envoyer qq chose. Mais vous ne me dites rien de ce que vous pouvez désirer. Votre vieil ami. Paul Dupuy

30. Maurice Genevoix à Paul Dupuy.

17 décembre

Je comptais vous écrire quelques jours plus tôt, mais on a changé à l'improviste notre cantonnement. Il s'en est suivi des tas d'embarras, nous avons perdu – pour nous – deux jours. D'ailleurs notre secteur d'attaque est resté le même, celui que vous connaissez déjà. J'ai eu quelque peine à quitter ce village devenu familier. Il y avait deux mois que nous allions, de temps en temps, y passer 3 jours. J'y retrouvais la même maison, la même chambre et, surtout, le même accueil[1]. Les paysans de la Meuse sont trop souvent durs et secs de cœur. Mais il m'est arrivé, et plusieurs fois, de rencontrer de braves gens, simples et bons, et qui semblaient comprendre ce qu'ils nous devaient. Le village où nous irons désormais (3 jours sur 9 comme par le passé), je le connais déjà : c'est Rupt-en-Woëvre. Il est moins sale que ne le sont d'ordinaire les villages de la Meuse. Nous y sommes allés trois fois, deux jours. Et de ces trois courts séjours, j'ai gardé un souvenir très sympathique. Cette fois, nous avons des lettres de recommandation. Le forestier de Mont a pris sa plume, et de sa plus belle main, il a confié à des amis que nous étions, Porchon et moi, « des très braves gens », qu'il avait « su apprécier ». La jeune fille de la maison a suivi son papa. Braves gens, n'est-ce pas ?… J'ai appris ce matin par mon père la mort d'un bon camarade d'enfance. Il était docteur en médecine depuis quelques semaines, lorsque la guerre a éclaté. Une sentinelle française l'a tué, comme il rentrait dans les lignes après avoir été relever les blessés. Je suis encore sous ce coup… Je me suis adapté à

1. Voir la lettre 14.

cette vie dans la boue ; j'en ai pris mon parti, en souhaitant qu'elle cesse. Je suis comme Pachtère : je regrette le temps des batailles en plein air, les franches pétarades d'août et de septembre, les journées lumineuses où l'on pouvait respirer…

31. Paul Dupuy à Maurice Genevoix.

18-12-1914 **(8)**

Oui, certes, cher ami, vous avez tout à fait raison de tenir ce carnet de route dont chaque ligne peut évoquer pour vous plus d'impressions qu'elle n'en exprime[1]. Aussi ai-je eu le plaisir de recopier ce que vous m'en avez envoyé, plaisir double puisque je vous aide ainsi à réparer la maladresse de votre ordonnance, et surtout parce que je viens de passer une longue heure seul avec vous, dans la petite maison souterraine d'où vous m'avez envoyé ces extraits et où vous me disiez qu'il faisait bon bavarder à cœur ouvert. C'est tout autre chose de copier que de lire ; vous avez dû vous en apercevoir quand vous preniez des notes pour votre mémoire sur Maupassant : l'allure de l'esprit se règle exactement sur celle de l'écrivain ; on saisit mieux toutes les nuances de sa pensée, tous les mouvements de sa sensibilité, on devient presque lui-même et c'est là, cher ami, ce qui m'a rendu si doux de vous suivre ligne à ligne. J'ai laissé tout mon monde se coucher, et, dans la paix de la nuit, il m'a semblé être seul auprès de vous, vous entendre à travers vos phrases souples et courtes, mais si pleines d'impressions, et d'images, vous voir presque à travers les fines pattes de mouches, qui courent d'une allure si claire

1. Genevoix a commencé la transcription de son journal dont il envoie des feuillets à Dupuy (voir Annexes).

et si nette, sous les barres vigoureuses des T et sur les fines boucles de vos S finaux. Je trouverai bien le temps, cher ami, de vous en recopier comme cela autant que vous voudrez ; cela vous épargnera de ces pauvres minutes que vous attrapez si rarement au passage, et je ne pense pas seulement que j'y gagnerai moi aussi une carte par-ci par-là, mais aussi que les vôtres y gagneront. C'est entendu, n'est-ce pas ? Dès que j'aurai le carnet, je vous en ferai la copie.

La carte de Pascal reçue ce matin devrait nous satisfaire tout à fait puisqu'elle disait qu'il s'était, après une nuit tt à fait reposante, réveillé hier matin, sans fièvre et sans douleur, et que, sans doute, le médecin le ferait lever aujourd'hui. Oui ; mais voilà : cette brusque résolution des symptômes me paraît beaucoup moins d'une véritable scarlatine que la réaction au vaccin antityphoïdique. Et alors, si ce n'est pas la scarlatine, il est dur de penser que, faute d'une mise en observation de quelques jours, le voilà condamné à mijoter 40 jours dans ce bouillon de culture où les microbes de la scarlatine voisinent avec ceux de la diphtérie, des oreillons et de l'érysipèle. Qui n'a pas vu cette maison, ne s'en fait pas une idée. Elle est tout entière de cette malpropreté sans allure qui est propre aux maisons conventuelles masculines ; on y perçoit distinctement une puanteur d'hébétude hommasse des vieux ignorantins, cette impression que donnent à la fois un petit savoir borné et littéral, et la trop longue fréquentation de soi-même. Ils ont commencé par avoir grand-peur quand on leur a fourni des contagieux, mais ils s'y sont bien vite habitués par bonté d'âme et par stupidité. Le gestionnaire de la maison, un gros sergent de réserve en pantoufles, avec un bourrelet de graisse énorme entre son képi et son collet, le constatait lui-même en rigolant, devant un frère cuisinier qui bavait de la bouche et des yeux derrière ses épaisses lunettes de myope. Tous les deux tenaient à me donner confiance en attendant l'auto des malades, et ça me donnait froid dans le dos.

Aussi quand j'ai suivi Pascal, ce n'était pas seulement comme une chatte dont on emporte le petit, mais aussi par curiosité de voir l'installation. J'imaginais que le service de santé avait réalisé au moins un minimum de précautions indispensable. Vous pensez ma stupéfaction quand, à peine entrés, Pascal et moi, nous nous sommes trouvés au milieu d'une vingtaine de convalescents curieux, gentils certes et sympathiques, mais quelques-uns enflés encore de leurs oreillons ou squameux de leur érysipèle. Et mon cœur se serrait surtout en pensant à l'impression de Pascal, qui a tant souffert depuis qu'il est aux mains de la grossièreté et de la saleté des chambrées. Même grossièreté et même saleté, mais de gens malsains au lieu de gens sains. Et c'est lui qui m'a forcé à partir. Il a l'air résigné maintenant et de ne plus souffrir doit lui rendre courage ; mais dans quelle méfiance du pire allons-nous, lui et nous, passer les cinq semaines qui viennent.

Je suis bien content que l'iode vous ait fait plaisir, et puisque j'ai prévenu un désir, vous devriez bien m'en récompenser, en me permettant d'en postvenir un autre.

La victoire des Serbes donne enfin une satisfaction sans mélange : elle ressemble aux victoires auxquelles professeurs et précis nous ont habitués ; elle paraît définitive et sans retour contraire possible, au moins sur le territoire serbe ; elle a certainement provoqué à Vienne et à Budapest une agitation à caractère antiallemand. C'est un de ces encouragements à la personne dont nous avons tant besoin. Et il semble qu'on s'apprête à une offensive sérieuse dans le nord. 20 blessés sont arrivés aujourd'hui à l'École des ambulances du front qu'on dégage paraît-il complètement. À bientôt, cher ami. Je vous embrasse de tt cœur. P. Dy

32. Paul Dupuy à Maurice Genevoix.

19-12-14 **(9)**

Cher ami, je vous récris ce matin pour vous dire le plaisir que vient de me procurer une lettre de Pachtère en m'apprenant que votre 2e ligne est Mont-sous-les-Côtes et votre repos Haudiomont. Je connaissais déjà ce patelin par vos notes, mais je me demandais si, quand vous quittiez les Éparges, ce n'était pas pour le côté de Mouilly. Je n'osais pas vous interroger puisque vous vous faisiez scrupule d'enfreindre la règle, mais il y avait quelque chose qui me faisait un petit trou noir au beau milieu du cœur. Il me suffira maintenant de savoir les dates d'une période en 1re, en 2e ou en 3e ligne pour savoir où vous retrouver, et avec la carte sous les yeux, comme je l'avais hier soir en recopiant vos notes, cela satisfera en même temps l'esprit de géographe et le cœur de votre ami.

Paul Dupuy

Pachtère est évacué sur une ambulance de Sommedieue, à cause de ses yeux. On lui parle d'un commencement de décollement de rétine, mais c'est un médecin de Toulouse, et je pense qu'il vaut mieux ne pas se frapper.

Êtes-vous du secteur 35e vous aussi ?

33. Paul Dupuy à Maurice Genevoix.

19-12-14 **(9)**

Trouvé sur la garde d'un Lysias, où je vérifiais un texte, le quatrain suivant au crayon :

Violette, sur les monts de la douce Sicile
Descend l'ombre légère et secrète des soins ;

Les nocturnes zéphyrs embaument la grande île :
C'est l'heure enchanteresse et vague des espoirs.

X s'embêtait sans doute en conférence et rêvait. A-t-il jamais vu la Sicile, et son rêve s'est-il jamais dégagé des obsessions classiques ? Très probablement non. Le quatrain n'en est pas moins joli malgré le troisième vers et je vous l'envoie à vous pour qui les couleurs du soir sur la Woëvre n'ont que des enchantements maléfiques. Histoire de vous dire que j'ai retrouvé votre pensée au cours de ces vers.

34. Maurice Genevoix à Paul Dupuy.

20 décembre

Je vous écris de nuit, aux avant-postes, pour changer. Je suis assis dans le fauteuil du curé, un fauteuil large et moelleux, apte aux digestions ensommeillées. Du feu dans la cheminée, un feu léger pour que la lueur ne s'aperçoive pas. Le portrait de Pie X me regarde et me bénit. J'ai commencé cette lettre en rentrant d'une ronde à travers les sections. J'ai accroché au mur ma capote lourde de pluie, et mon képi, dont la visière fait gouttière. À travers la fenêtre fermée, j'entends l'eau qui gargouille dehors. De temps en temps un coup de vent fait gicler une gerbe furieuse contre la toile qui masque la fenêtre, à travers le châssis sans carreaux. Dans la pièce voisine, des gouttes lourdes tombent bruyamment sur le parquet, du haut du toit crevé par un obus. À travers ce clapotement d'inondation, un fracas brutal déchire la nuit : ce sont nos batteries de fusils qui tirent. Derrière chacune, des hommes veillent, les jambes enfoncées jusqu'à mi-mollet dans la boue molle et froide. Pauvres types ! L'inséparable Porchon, que vous connaissez presque, susurre rythmiquement, étalé sur le sommier, le sommier du curé toujours. À minuit, je prendrai sa place, et il ira enfoncer ses jambes dans la boue. En attendant, je reçois les notes qui viennent du bataillon, je fais les comptes rendus de patrouilles qui rentrent : si vous les voyiez, nos patrouilleurs. Ils ont rampé jusqu'aux fils de fer boches, sur les genoux, sur le ventre, sur les mains ; leurs képis, leurs visages mêmes sont tout maculés de boue, et leurs capotes fument sur eux, à la chaleur de mon maigre feu. Cette nuit, ils trouveront du café bouillant.

35. Paul Dupuy à Maurice Genevoix.

Paris, 21-12-1914 **(11)**

Ami très cher, je pensais vous écrire une lettre aujourd'hui ; mais il me tombe un tas de choses sur la tête, et, de peur que la journée passe sans m'en laisser le temps, je me dépêche de vous griffonner ce mot dans ce petit jour matinal. J'ai une préoccupation depuis que, dans votre dernière lettre, j'ai vu bien portant barré et remplacé par à peu près d'aplomb. Qu'est-ce que cet à peu près-là ? Y a-t-il qq chose qui cloche du côté où vous avez été emmené ; cela arrive avec de la fatigue. Oui, c'est bien long, cher ami, et chaque nuit est longue. Puisse mon affection vous aider à garder intacte cette jolie vigueur morale que j'aime tant en vous. P. Dy

36. Paul Dupuy à Maurice Genevoix.

21-12-1914 **(12)**

N'ayant pu faire aujourd'hui la moitié de ce que j'avais à faire, je ne vois pas pourquoi je ne vous écrirais pas tt de même ce soir. Ma petite carte du matin vous disant que je n'aurais pas le temps était déjà partie quand j'ai cueilli chez Jean votre lettre du 17, avec les premiers feuillets des carnets. Ça tombait à pic. Je sortais justement pour acheter différents objets de propreté et d'hygiène réclamés par Pascal du fond de sa boîte de curés. J'en ai profité pour l'oreiller de caoutchouc. L'objet que le Bon Marché vous envoie est à plusieurs fins ; pour le siège et pour le dos dans son état naturel, pour la tête quand il est plié en deux. Vous aurez très vite la mesure du gonflement suivant les différents usages. Et voilà : j'ai eu beaucoup de plaisir ce matin, et je vous le dis ce soir. Je voudrais bien trouver maintenant une boîte d'un certain tabac anglais à la marque des trois nonnes, dont je vois Cambillard bourrer sa pipe au dortoir. Cela a l'air, et c'est paraît-il, quelque chose de fin et de distingué qui donne l'impression de cigarettes les plus exquises. J'en parle comme un aveugle des couleurs, parce que la boîte m'en paraît commode pour la poste, et sur la foi du sieur Cambillard. Cambillard est un angliciste de première année qui n'a paru à l'École que pour la mobilisation et qu'une blessure grave à la cuisse avait fait échouer à Lariboisière ; dès qu'il a pu marcher avec des béquilles, nous l'avons fait revenir à l'École, où il est avec Boyer, le gros personnage du dortoir de l'horloge. Il est douteux qu'il retrouve jamais l'usage parfait du pied ; il en a au moins pour six mois de traitement, et s'est mis tranquillement à préparer la licence, installé dans le coin dont on a fait à son usage le bureau des officiers. Il a été très brave et plein de sang-froid ; il chante la chansonnette anglaise d'une manière qui fait tordre l'infirmière Fanchette[1], et il fume ce tabac dont il faudra bien qu'un jour je vous fasse parvenir un échantillon.

Votre lettre, cher ami, m'a été bonne. Je reste anxieux de Pascal, malgré les nouvelles bonnes, et même parce qu'elles sont trop bonnes. Le Dr Langlois de la 8e et le frère de Herr mis au courant de la rapide défervescence, de la disparition en une nuit du mal de gorge et des rhumatismes, se sont accordés pour penser qu'il s'agit non d'une vraie scarlatine, mais d'une réaction du vaccin anti-typhoïdique à forme scarlatineuse. Et alors… un mois encore à passer dans un pareil milieu de contagions variées ! Cela me hante et m'empêche de dormir, et c'est pour cela que, ce matin, je me suis plaint de la longueur des nuits. J'ai reconstitué pendant la dernière deux hymnes orphiques de Leconte de Lisle pour m'empêcher de penser. Mais c'est un remède qui ne réussit qu'à moitié, et comme le monstre ne nous a pas écrit hier ou nous a écrit trop tard, j'étais d'assez morose humeur ce matin, en sortant pour faire des emplettes. J'ai laissé les feuilles du carnet dans l'enveloppe, d'où je n'ai pas encore eu le temps de les tirer (je les lirai demain en préparant mon bain), et j'ai lu votre lettre en descendant la rue Gay-Lussac comme si je vous avais accompagné vers votre logis. Mon compagnon me disait les mots qu'il fallait ; je sentais de lui à moi la confiance et la confidence qui font la plénitude du cœur. J'ai pris ma part de votre chagrin, ami, pour le camarade que vous avez perdu d'une façon si révoltante. Maurette a eu ces temps derniers une peine du même

1. Surnom de la deuxième fille de Paul Dupuy, Françoise Dupuy.

genre : un garçon en qui se personnifiait toute sa première jeunesse, mort non de sa blessure, mais parce qu'on expérimenta sur lui je ne sais quel appareil, et que les majors, se le montrant les uns aux autres, le découvrirent au point de lui donner une bonne fluxion de poitrine. La stupidité de ces accidents met toujours en rage ; combien plus quand la victime tient à nous par nos fibres les plus profondes. Et le retour sur soi-même en errant en pensée avec le compagnon disparu ! Une forte poignée de mains, cher ami, en vous laissant à ces pensées.

J'ai repris ma carte et reconnu le village où, le 21 septembre, vous eûtes si froid aux pieds et où vous avez battu la semelle avec Porchon en attendant le matin. Pourquoi ce changement ? et d'où viennent les obus dont vous me parlez ? Le communiqué de cette après-midi parle d'un léger progrès dans le bois des Chevaliers, au N.-E. du fort du Troyon : est-ce que cela aussi est du ressort du 106 ? Est-ce quelque chose de peu de signification que vous aurez appris après coup ? ou au contraire ce léger progrès a-t-il coûté aussi cher que les 200 m du côté de [*illisible*] dont me parlait ce matin une lettre d'un archicube blessé ? J'en ai lu une autre de Connes à ses parents, écrite de Pierrefitte à l'ouest de St-Mihiel, et, il y a quelques jours, Baumont m'écrivait un mot morose du côté d'Apremont. Il semble que cette pointe allemande jusqu'à la Marne soit organisée d'une manière terriblement solide et ne lâchera que quand ils y seront forcés par des changements survenus autre part. Et la Pologne est toujours pleine de mystères.

Bonsoir, ami. Où êtes-vous ? En seconde ligne sans doute, si mes calculs sont justes, et vous reviendrez à Rupt pour la Noël. Me trompè-je ? En tout cas je vous embrasse et du fond du cœur. Paul Dupuy

Je ne me risque pas à mettre secteur 33 sur ceci. Dites-moi si c'est la bonne indication.

37. Paul Dupuy à Maurice Genevoix.

Paris, 22-12-14

Paul Maurette[1] a fait ce matin une entrée voulue, préméditée même, dans la période virile de sa vie. Dix fois de suite, sans aucun prétexte, et en surveillant sa maman du coin de l'œil, il a dit m.... La maman a fait celle qui n'entendait pas : il s'est arrêté et a passé à d'autres [*illisible*]. On attend le second essai. C'est un mot qui se dit beaucoup entre blessés : il ne l'a pas raté au passage. Dans ceux qui sont arrivés avant-hier, il y a un Méridional, sachant bien qu'il arrivait des environs de Rennes (et il en faudrait plus que ça encore), mais ignorant complètement où on l'avait amené. « Où qu'on est ? » a-t-il dit à la major, Mlle Garnier – À Paris. – Ah, mm... Alors Mlle G. qui a une jambe beaucoup plus courte que l'autre et se perche sur la grande au repos, en est retombée du coup sur la petite. Votre vieux P. Dupuy

38. Paul Dupuy à Maurice Genevoix.

Paris, 23-12-14 **(14)**

5 h du matin. Il faut absolument aujourd'hui que je vienne à bout de l'arriéré dû à mon voyage du Mans, la semaine passée, sans quoi je n'en sortirai jamais. C'est pourquoi je

1. Petit-fils de Paul Dupuy.

me suis levé de bonne heure ce matin ; mais depuis plus d'une heure, dans le demi-sommeil, ma pensée rôdait avec vous et avec Pascal et je discernais au timbre de l'horloge ce qu'elle allait sonner. Maintenant les dortoirs sont encore sombres ; les veilleuses brûlent seules et disent que les malades reposent. Seule une fenêtre du palais est éclairée : la chambre de la major boiteuse, Mlle Garnier. Il n'y a qu'elle et moi de réellement éveillés dans sa maison : elle pense commencer sa journée par la messe, moi, en passant un instant avec vous à relire votre dernière lettre reçue. Si vraiment, en noircissant ce bout de carton, je peux vous donner un peu de joie, dans la dure existence que vous menez, c'est beaucoup pour moi. C'est de quoi me donner du courage pour toute la journée et j'ai grand besoin de cette aide qui me vient de vous. J'appuie mon cœur au vôtre, mon ami. P. Dy

39. Paul Dupuy à Maurice Genevoix.

24-12-14

Cher ami, je me suis enfin libéré de tout ce que j'avais laissé en retard, et je peux passer avec vous un peu de cette veillée de Noël, sans qu'aucune préoccupation gâte mon plaisir.

Les nouvelles de Pascal sont aussi bonnes que possible, tant qu'il ne sera pas sorti de ce milieu dégoûtant. Il pèle déjà : ainsi il a bien eu la scarlatine et j'aime mieux cela ; je me dis que cela le protégera peut-être contre les autres contagions artistement entremêlées dans cette boîte. Il commence même à manger, et il en était temps, car sa répugnance pour le lait reste invincible, et cela lui a valu une diète presque complète de 10 jours, après laquelle ses forces sont très réduites. Encore un mois de cette prison, où toute chose le dégoûte et où il ne trouve absolument personne à qui parler. On lui envoie de la lecture ; mais jusqu'à présent il n'en a pas eu la passion, et, à moins que les circonstances ne la fassent naître, les journées n'en resteront pas moins longues. Il s'y est résigné, comme vous vous êtes résigné à la boue et à pas mal d'autres choses.

Si mes calculs sont exacts, vous êtes d'aujourd'hui à après-demain à Rupt. J'ai supposé que vous m'en aviez écrit le 17 après les deux jours de déménagement qui vous faisaient grogner. Suis-je tombé juste ? Est-ce à Rupt que les obus tombaient ? Pachtère m'a dit qu'à Trésauvaux et au Mesnil on en recevait bien plus qu'à Mont et Haudiomont. En regardant la carte, il semble que le déménagement à Rupt vous ait plutôt rapproché qu'éloigné des batteries allemandes. Pachtère est évacué maintenant à Neufchâteau ; les deux dernières lettres qu'il m'a écrites de Sommedieue sont amusantes ; mais son oncle vient de me communiquer celles qui lui sont arrivées de Neufchâteau et qui dénotent une agitation un peu inquiétante. Je note presque la même chose chez un archiviste germaniste myope aussi. C'est comme Pachtère un type énergique et prêt à tout : son colonel l'a mis à la tête de deux équipes de 20 poilus chacune, chargées exclusivement de planter des piquets et de poser les fils de fer, même sous le feu de l'ennemi. Et voilà qu'il s'aperçoit de la fatigue de ses yeux, et comme Pachtère s'inquiète avec agitation de trouver un emploi où il n'ait pas à en souffrir. Il faut décidément n'avoir pas la plus petite tare pour faire le métier que vous faites. J'ai reçu des tranchées de Belgique des lettres qui donnent le frisson. Vous au moins votre glaise est encore haut perchée : là-bas, c'est la mer de boue où les cadavres des têtes et des yeux s'enlisent à côté des vivants. Toute la Flandre a été piétinée par des milliers d'hommes et de chevaux, déformée par des milliers d'obus, et, depuis la rupture des digues, elle est redevenue amphibie. Le bon Momal s'en est tiré avec une petite blessure au bras, mais il en a gardé le cauchemar, et, de l'hôpital de Nantes où le hasard lui a fait retrouver Boussac, il m'envoie de ce qu'il a vu une description effrayante d'impersonnalité et de complicité.

J'ai déjà lu bien des fois vos notes, et la première [*fois*] ça m'a valu un bain trop chaud, faute d'avoir surveillé les robinets. Vous avez jugé ces premières pages du point de vue artiste où vous ont mis depuis les notes prises plus rapidement. Mais votre jugement ne vaut, il me semble, que pour le tout commencement, trop appuyé en effet. Dès que vous êtes en route et que les impressions, pour se fixer, doivent se réduire à quelques traits vigoureux, on voit déjà, bien que pas encore au point, le faire qui m'avait tant plu dans vos extraits de septembre et de novembre. Et, en me les recopiant, vous les trouviez encore trop longs. Je crois que vous avez tout à fait raison de viser à cette brièveté saisissante qui transmet une série de visions instantanées. Avez-vous vu des albums de croquis de maîtres japonais ? La justesse et la sûreté du pinceau y rendent la vie avec une intensité qu'ils n'atteignent jamais dans leurs compositions plus finies. Il doit en être de même, à mon sens, pour les notes de campagne, qui ne peuvent tourner au récit suivi sans une sorte d'affadissement. Bounoure en a déjà donné dans *La Revue de Paris* ; c'est trop fait pour la publication, trop littéraire et trop poli. Le primesaut m'émeut bien davantage. La combinaison que je vous ai proposée pour le recopiage vous convient-elle ? Peut-être préférez-vous votre écriture à la mienne, et vous n'avez pas tort. Un manuscrit personnel est un tout aussi, où l'intensité des yeux s'ajoute à celle de l'esprit mais je suis, ami, tout à fait à votre disposition, et je vous ai dit quel plaisir c'était pour moi de repasser par vos traces. Et comme c'en sera un plus tard s'il m'est donné quelque jour de les rechercher avec vous dans cette Woëvre sévère et dure où le don de mon amitié vous aura procuré un peu de joie dans ces jours qui, à peine commencés, finissent, où le brouillard blêmit tout sous un ciel lourd de neige, la séparation de tout ce qu'on aime est plus pénible sans doute que le perpétuel danger. Si j'ai pu diminuer cette peine pour vous, je suis content de mon vieux cœur : c'est qu'il est encore bon à quelque chose. Toujours il est ému en ces fins d'année. Depuis bien longtemps le rythme solaire a pénétré ma sensibilité jusqu'au fond : la décroissance du jour et l'humiliation du soleil me donnent quelque chose de l'angoisse qui, sous les tunnels, serrait autrefois ma poitrine d'enfant. Cette année, en pensant à vous tous, et en pensant à vous seul, cher ami, jamais je n'ai senti avec plus d'intensité tout ce qui s'attente d'espérances à Noël, même perdu dans la brume ou enseveli sous la neige. C'est fini des menaces et des conquêtes de l'ombre : la touche de lumière va grandir à l'autre bout du tunnel et venir à nous. Son approche m'émeut autant pour vous que pour moi. Je vous embrasse, ami, et je vous aime de tt mon cœur. Paul Dupuy

40. Paul Dupuy à Maurice Genevoix.

25-12-14 **(16)**

Gros chagrin aujourd'hui. Troumotre est mort. Il est mort à l'hôpital de Nevers où il avait été envoyé à la suite de sa blessure et où la typhoïde s'est déclarée. Il y avait eu un mieux : une rechute l'a emporté. Depuis trois semaines, sa mère était auprès de lui, lui cachant son inquiétude. Elle savait la faiblesse de son tempérament et n'avait jamais espéré qu'après les fatigues de la campagne et sa blessure il pût se relever. Grâce à elle, il a pu espérer jusqu'au bout. Je l'avais revu à son retour précipité de Venise où la mobilisation l'a surpris. Bouvyer l'avait rencontré en campagne, très exalté et vigoureux à force d'exaltation morale. La lettre qu'il m'a écrite une fois blessé est toute pleine de la joyeuse surprise qu'il avait eue à se sentir physiquement à la hauteur de son devoir. Vendryer avait été décoré pour lui au diplôme : c'est un vrai savant que nous perdons en lui. Je vous embrasse tristement. P. D.

41. Paul Dupuy à Maurice Genevoix.

26-12-1914 **(17)**

Cher ami, j'ai votre lettre du 20, écrite la nuit, aux avant-postes dans le fauteuil du curé (des Éparges ?). Vous avez reçu depuis des nouvelles de Pascal qui vous ont rassuré. Elles continuent d'être aussi bonnes que possible : il mange et sent les forces revenir. Le major ne s'occupe plus de lui : c'est lui-même qui fait ses analyses pour l'albumine, sans quoi personne n'y songerait. La lettre de Pascal sur le balayage à sec (je vous en ai parlé sans doute) m'a tellement irrité que j'ai écrit à l'archicube député [*Polterin*], hygiéniste de l'institut Pasteur, pour lui décrire le Raucher, les soins qu'on y donne, les précautions qu'on y prend. Je voudrais qu'une belle après-midi quelqu'un tombât à l'improviste dans ce nid à microbes. Il est pour le moment dans la neige qui rend très dur le séjour sous les toits où elle n'a pas voulu tomber : le ciel s'est éclairé et le froid s'est remis à piquer. J'ai beau être certain que pour vous l'humidité est pire, comme c'est du froid que nous autres nous défendons le plus difficilement, il m'impressionne davantage l'imagination. Les pieds, les mains, le bout du nez, comment défendez-vous tout cela ? Avant-hier, j'ai vu un tas d'articles en papier nouveaux : gants, chaussettes, etc. En a-t-on autour de vous ? Et, comme vous me le demandiez pour l'oreiller de caoutchouc, est-ce pratique ? On m'a montré différents types de sacs de couchage qui m'ont paru bien inquiétants pour la tranchée. Une fois qu'on vous a mis là-dedans, comment en sortir en cas d'alarme nocturne ? Un seul m'a semblé bien compris, s'ouvrant presque jusqu'en bas, avec des espèces de rabats latéraux qui empêchent la pluie d'entrer : il est fait d'une grosse toile imperméabilisée et doublée en molleton ; mais roulé, il a un volume de couverture de voyage, et il pèse près de 3 kilogrammes. Comment l'apporter et l'emporter ? Lorsque vous êtes aux avant-postes, passez-vous toujours la nuit dans cette cure ? Je vous voyais surtout dans la chambre souterraine au petit poêle ronflant. Mais le jour où vous m'écriviez, vous commandiez la compagnie, et c'est sans doute cela qui vous valait la bénédiction de Pie X. Je suis aussi en bisbille avec les dates ; je m'étais livré à un petit travail de critique de dates pour dresser sur 3 colonnes, depuis le 18 octobre, la série de vos séjours en 1re ligne, 2e ligne, cantonnement, et, d'après ce tableau, le 20 devait être votre premier jour d'une période de cantonnement. Ça ne colle donc plus ; vous me feriez bien grand plaisir en fournissant à mon âme de vieux père les dates du point de départ précis. Je vous écris d'ailleurs assez bêtement tout cela, comme si vous étiez pour toujours passé dans ce coin où vous tournez en rond dans l'espace de 9 jours. Il n'y a pas à dire, le grand chef a fait un signe. Les communiqués officiels allemands nous en ont procuré les commentaires, et manifestement, en Belgique le mouvement en avant est sérieusement commencé. Quand et comment se propagera-t-il jusqu'à vous ? Le silence est toujours à peu près complet sur tout ce qui entoure la pointe de St-Mihiel. Il y a cependant de grands efforts tentés au sud, du côté d'Apremont. Baumont m'en a écrit une lettre bien triste m'annonçant la mort de Gorceix et la disparition de Morillot le même jour, 11 décembre. Et j'ai eu communication de lettres très intéressantes de Camus qui, lui, est à l'ouest de la pointe : il a enterré les morts de Chanvaucourt. Votre lettre m'a procuré le plus grand des plaisirs que je souhaite, quand je pense à vous, celui de vous voir un moment en un endroit précis, et comme ce moment était celui même que vous me donniez, le plaisir a été tt à fait vif. Je vous vois aussi faisant quelque chose de votre métier, et dans cette tension de chef responsable, à petite distance de l'ennemi, concentrant en soi toute l'intelligence et toute la sensibilité de sa troupe. Il ne manque qu'une chose au tableau : la lumière sous laquelle vous écrivez et discernez la boue sur le visage de vos hommes : peu de chose sans doute, puisque le feu est très bas par crainte de la lueur. Peut-être même ce feu est-il l'unique lumière. Mais comme cet intérieur déformé et trempé, où il y a tant d'anxiété diffuse, malgré la respiration régulière de Porchon sur son sommier, et le bon sourire de Pie X au mur, dégoûte de notre confortable habituel auquel il y a si peu de changé.

Des bandes de petits enfants ont goûté hier chez la grand-mère. Je n'ai pas eu le courage d'y aller. Le vieux sacripant que je suis reste toujours très sensible à la valeur symbolique de ces fêtes et à la douceur intime des réunions de familles qu'elles ramènent tous les ans. L'absence des grands est trop dure cette année ; et ces petits, est-ce aussi pour la même chose qu'ils font du sang, des muscles et de l'intelligence ? Où étiez-vous, cher ami, dans ce Noël d'exil ? Mon grabuge de dates me désoriente. Si c'était à Rupt, y a-t-il tout de même quelque chose qui vous ait fait du bien au cœur ? Ici, l'hôpital a gâté les hommes : c'était le jour de la bonté ; un peu d'amour-propre encore par-ci par-là ; la bêtise tt à fait à l'arrière-plan. Mais ce n'est pas tous les jours fête. On avait suspendu du gui dans le dortoir des blessés et préparé tous ces cadeaux en général bien choisis et qui les ont enchantés. Le plus gentil a été les joujoux et vêtements destinés aux petiots venant voir leurs papas ; il y en avait même pour envoyer à ceux qui vont bien. Et Cambillard ? me diriez-vous. Cambillard a eu ses cadeaux comme les autres ; mais comme il est l'officier qui fréquente la salle des infirmières et chez qui les jeunes auxiliaires viennent tailler des bavettes, il a fallu trouver quelque chose de spirituel et de distingué : il a eu, avec une pipe hongroise assez belle, un cendrier imitant un appareil à chasse pour le tout-à-l'égout, invention soi-disant parisienne, d'un germanisme à faire pleurer. Le plus drôle a été la joie d'un Sénégalais noir-bleu, à qui on a donné une poupée ouvrant et fermant les yeux : il a poussé des cris dont on ne savait pas si c'était de la joie d'enfant ou quelque terreur religieuse. Ce n'est pas le premier homme de couleur que nous ayons à l'École : envers tous l'attitude de ces dames a été assez altière, quelque chose comme de la tendresse pour un animal à la fois domestique et gâté. Les Algériens et les Tunisiens se sont laissé faire. L'Algérien Messaoud était une ficelle n° 1, singeant par-derrière, de la manière la plus cocasse, les infirmières qui le choyaient le plus et le comblaient de cadeaux. Balkani Kamara, le franc noir, est une âme plus simple. Les chatteries d'une certaine Madame Gran ne lui font aucun effet ; il n'aime pas du tout qu'elle l'appelle « mon coco » et lui dise : « Dis merci à la dame », et, quand il en a assez, tout vivement, il lui dit : « Fous le camp. » Outre ces nègres mâles, nous avons eu un spécimen femelle, dans la personne d'une infirmière major, protégée d'un sénateur lyonnais, dont il a fallu se débarrasser : elle portait au comble tous les traits réunis dans ses collègues blanches, en y ajoutant une incohérence simiesque tout à fait dangereuse. Elle a fait le supplice des dames de Meudon jusqu'au moment où celles-ci se sont aperçues qu'elle avait une âme d'esclave et revenait à l'appel sous la menace comme un chien. On en a profité pour l'expulser : elle a promis de revenir quand on aurait besoin d'elle. Je ne vais plus en dire davantage.

Du train dont vont maintenant les lettres, celle-ci vous arrivera sans doute pour le Jour de l'an. Lisez-y, cher ami, tout ce que je ne veux ni ne peux pas vous dire. En temps ordinaire nous eussions échangé quelque signe de sympathie réciproque ; j'aurais pensé que vous étiez très gentil ; vous auriez pensé que j'étais très brave homme. Et voici que l'amitié s'est levée dans nos cœurs, la vraie, la seule en réalité, celle qui s'installe dans tous les recoins de la pensée, et dont l'appel secret se fait sentir à tous les moments. Vous êtes heureux, me dites-vous, que votre affection puisse m'être un réconfort. Je peux vous dire, j'ai déjà dû vous dire la même chose. Je vous sens vivre en moi, je vous assure, et cela me fait comme une lumière intérieure, dont je ne sais pas comment je pourrais me passer maintenant.

Votre Paul Dupuy

Bonjour à Porchon et même bonne année s'il y a lieu.

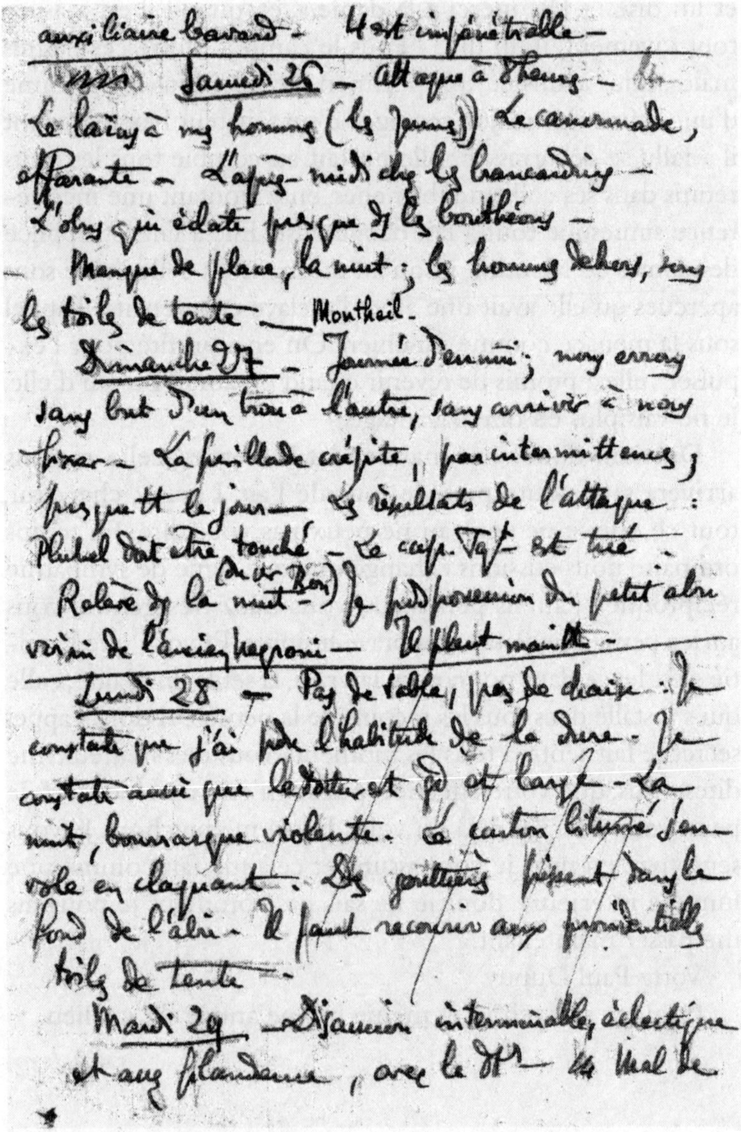
auxiliaire bavard — Il est impénétrable —

Samedi 26 — Attaque à [illegible] —
Le laïus à mes hommes (les jeunes)) La canonnade, effarante — L'après-midi chez les brancardiers —
L'obus qui éclate presque dans les bouthéons —
Manque de place, la nuit : les hommes dehors, sous les toiles de tente — Montheil —
Dimanche 27 — Journée d'ennui ; nous errons sans but d'un trou à l'autre, sans arriver à nous fixer — La fusillade crépite, par intermittences, presque tout le jour — Les résultats de l'attaque : Plubel doit être touché — Le cap. [illegible] est tué —
Relève dans la nuit (du 1er Bon) — je prends possession du petit abri voisin de l'ancien [illegible] — Il pleut maintenant —

Lundi 28 — Pas de table, pas de chaise : je constate que j'ai perdu l'habitude de la dure — Je constate aussi que la [illegible] est gde et large — La nuit, bourrasque violente. Le carton bitumé s'envole en claquant. Des gouttières pissent dans le fond de l'abri — Il faut recourir aux providentielles toiles de tente —
Mardi 29 — Discussion interminable, éclectique et aux [illegible], avec le Dr [illegible]

Journal de Maurice Genevoix, en date du 27 décembre 1914.

42. Paul Dupuy à Maurice Genevoix[1].

Paris, 27-12-14 **(18)**

Une de mes passions rencontrée bien par hasard, et que je vous envoie, cher ami ; nulle effigie humaine ne s'émeut davantage. Le regard de ces yeux qui ont beaucoup pleuré me pénètre jusqu'au fond du cœur ; le front est plein de pensée et la bouche de tendresse. Et il faut voir l'original, la longueur, la somptuosité, et, où il le faut, l'adresse raffinée de la touche : le mouillé des paupières et des lèvres. Cela disparaît dans cette réduction à la miniature ; mais la riche harmonie du visage avec la collerette lumineuse et le vêtement sombre demeure. Ma première visite à Londres est toujours pour ce Gervatius, dont je ne veux pas seulement savoir qui il a été. Mais vous, ami, dites-moi quelque chose que vous aimiez pour que je vous y cherche et vous y retrouve.

Paul Dupuy

43. Maurice Genevoix à Paul Dupuy.

27 décembre

Quelques mots, ne pouvant faire mieux. Nous sommes certainement par ici dans une période de crise, la vie normale suspendue jusqu'à nouvel ordre. C'est pour cela que je n'ai pu vous écrire plus tôt, et que je suis condamné à ne pouvoir que vous écrire deux mots, sur mon genou, et au froid piquant. Nous reprenons des formations de manœuvre, et nous entendons la fusillade crépitante du combat, continue et

1. Carte postale de la National Gallery de Londres avec un portrait de Gervatius par Van Dyck.

nombreuse, non plus les coups de fusils rares des avant-postes normaux…

44. Paul Dupuy à Maurice Genevoix.

28-12-14 **(19)**

Cher, cher ami, je la connais bien sur la carte cette grande tranchée de Calonne, où le bulletin de cette nuit (dimanche à lundi) annonce que vous avez consolidé les positions conquises. Vous vous y êtes déjà battu, je crois le 21 et le 22 septembre, au sortir de Rupt-en-Woëvre. Vous sortez encore de Rupt aujourd'hui, si le tableau que je me suis refait de votre temps est, cette fois, exact, et c'est votre tour de maintenir en première ligne l'avantage obtenu. Je me cuirasse le cœur. Mon unique désir est de penser à cela en union étroite avec vos propres sentiments. Je ne mériterais pas votre affection s'il ne passait en moi quelque chose de cette allégresse intérieure qui a résisté aux longues misères de la vie des tranchées, et qui, j'en suis sûr, vous vaut la confiance et l'amitié de vos hommes. Je veux attendre sans impatience le mot qui me dira : nous avançons et je vais bien ; j'en veux goûter par avance toute la joie.

J'ai de bonnes nouvelles de Pascal et le bulletin officiel de son état constate l'amélioration aussi bien pour l'état général que pour la scarlatine. Il a eu le Noël auquel il fallait s'attendre dans cette boîte. Le major a laissé tout le monde aller à la messe de minuit dans la chapelle des Frères, par une nuit glaciale : Pascal est resté seul au dortoir avec un autre ; cet autre a eu une attaque d'épilepsie qui a valu à Pascal force coups de pied et coups de poing ; le jour, une séance de phonographe a été offerte aux malades par les Frères, on y a invité les gens du bourg et les mères ont amené leurs gosses, qui ont passé de mains en mains et de genoux en genoux. Cela a tellement indigné Pascal qu'il est parti et a dû s'expliquer ensuite. On a bien voulu reconnaître qu'il n'avait pas eu tort. Mais quelle boîte ! Plus que jamais avec vous, cher ami, de tout ce qu'il peut y avoir encore de bon et de tendre en moi. Votre Paul Dupuy

45. Paul Dupuy à Maurice Genevoix.

Paris, mardi 29-12-14 **(20)**

Cher ami, nous sommes en pleine tempête de printemps. Le vent du sud a fait toute la nuit un chahut formidable, et dans une demi-veille agitée, les images incertaines d'une maison au toit éprouvé, aux fenêtres sans vitre m'ont souvent traversé l'esprit. Il ne pleuvait pas au lever ; les branches cassées jonchaient le sol presque sec, et de gros nuages opaques et cuivrés roulaient au nord d'un ciel clair. Puisse-t-il n'en pas crever sur vous. J'ai vu hier soir la Seine : elle était énorme et jaune comme si son eau eût été exprimée d'une éponge de boue. J'ai pensé à 1910, en me demandant ce que deviendrait la vie dans les tranchées si se déchaînait un ruissellement pareil[1]. Nous avons été secoués hier par les nouvelles d'un raid aérien et naval des Anglais sur l'embouchure de l'Elbe. Je vous embrasse.

---

1. Paris s'était retrouvé sous les eaux en 1910, à la suite d'une crue exceptionnelle de la Seine.

46. Paul Dupuy à Maurice Genevoix.

30-12-14 **(21)**

Me voici encore aux champs, cher ami, avec ce sacré bulletin. Hier soir, il annonce que sur les Hauts-de-Meuse, plusieurs contre-attaques allemandes ont été repoussées dans le bois Lebouchot, nord-est de Troy. Je n'ai pu voir la carte que ce matin : N.-E. de Troyon, c'est votre cantonnement, c'est Rupt-en-Woëvre. Pas de trace de Lebouchot sur la carte au 1/80 000. Qu'est-ce que cela signifie ? Le communiqué doit arriver par téléphone et cela explique comment un nom peut être transcrit de travers ; mais au N.-E. de Troyon, je ne vois pas celui dont la déformation pourrait donner Lebouchot[1]. Il y a à l'Est un petit bois sur lequel la carte porte Montchot. Est-ce cela ? Je suis bien troublé par ce bulletin ; je ne me figurais pas les Allemands au N.-E. de Troyon, ni même qu'ils pussent dessiner une contre-attaque du côté où se trouvent vos cantonnements. C'était déjà fort agaçant que les communiqués aussi devinssent incompréhensibles, quand on essaye de les suivre sur la carte. Si les Français se mettent à en faire autant, il ne nous restera plus qu'à supprimer toute lecture et à attendre le destin dans une cave. Cela irait si les choses se passaient en Mandchourie ; mais comment s'y résigner pour les Hauts-de-Meuse ? Est-ce aujourd'hui, est-ce demain qui m'apportera quelque chose de vous ? Je me sens un peu pressé, non par inquiétude : je me la suis interdite ; mais parce que je vais sans doute partir pour Le Mans demain soir. Le dernier mot de Pascal, dont un donnant de bonnes nouvelles sur la scarlatine, dit qu'il ne s'est jamais senti si déprimé phy-

1. Il s'agissait de Bois-Haut.

siquement et moralement. C'est le second qui nous inquiète le plus : il doit souffrir beaucoup de la promiscuité dans cette salle d'hôpital, qui lui fait l'effet d'un asile d'aliénés. Il a toujours pour voisin son hystérique de la nuit de Noël, et, de l'autre côté, un pauvre bougre qui délire toute la nuit. Si bien que le sommeil lui manque, et que le jour il se sent extrêmement abattu. Les parents de Rousset sont allés le voir avant-hier : on l'a fait descendre en pleine desquamation, et c'est à peine s'il a eu la force de remonter. Il faut absolument que je m'assure par moi-même de son état, et que je le voye, puisqu'on peut le voir. Il se peut qu'il s'exagère à lui-même sa faiblesse. Le dernier bulletin officiel assurait que l'état général s'était bien amélioré ; mais cela même indique qu'il a besoin d'être remonté et je vais tâcher de le faire.

J'ai été interrompu de diverses manières : les nouveaux promus passent et rejoignent leur régiment, et il y en a dont l'émotion en revoyant l'École est touchante. Leur dernière poignée de main en dit long. Mais j'ai eu aussi cet imbécile de Rousselet, engoncé dans une capote à l'allemande qui fait jupe. Je n'ai pu m'empêcher de palper et j'ai découvert des poches gonflées de toutes sortes d'achats, fruits de sa prévoyance. Le plus curieux était une boîte de veilleuses. Quand il l'a sortie, j'ai cru que j'allais voir du nouveau, un de ces produits qui trouvent le moyen de brûler on ne sait comment, alcool solidifié ou autre invention du même genre. Pas du tout : des veilleuses ordinaires, mèche de cire sur disque d'argile avec un flotteur en liège recouvert de métal, quelque chose qui ne peut brûler que sur de l'huile, et se coiffe au bout d'une heure d'un champignon de charbon en exhalant une puanteur rance. « Eh bien ! mais, lui dis-je, et l'huile ? » Il n'en est pas encore revenu. Je ne voudrais pas être de sa section. – Mais j'ai eu aussi la visite de votre frère, qui m'a montré votre carte du 25 : me voici de tout à fait bonne humeur. Mieux que cela : je m'étais plaint que vous ne soyez pas dans la photo de votre promotion faite cette année au pied du monument Pasteur. Il m'a apporté une photographie de vous en [*illisible*] qui était justement ce que je pouvais souhaiter de mieux en ce moment. J'avais bien la photographie du quadrille. Elle n'est qu'amusante, et je finissais par être agacé des favoris et de ne pas voir le regard. J'ai maintenant ce qu'il me faut et un Genevoix aussi près que possible de ce qu'il est maintenant, un Genevoix cherchant le regard du général et prêt à lui serrer la main, ému et pas ému. Je partirai demain pour Le Mans sans trop de regret, même si je n'ai encore rien reçu. Je ne voudrais pour rien au monde, vous savez, que la préoccupation de m'écrire devînt une gêne pour vous. Je vous écris tous les jours, beaucoup pour mon plaisir, un peu, je pense aussi, pour le vôtre, et à la condition que l'idée de répondre ne vous talonne jamais. Votre vieux Paul Dupuy

47. Paul Dupuy à Maurice Genevoix.

31 décembre 14 **(22)**

J'aurai tant à faire aujourd'hui, cher ami, à cause de mon voyage de demain, que je me dépêche de commencer la journée avec vous, pendant que toute la maison dort encore. J'ai sous les yeux la petite photographie que votre frère m'a apportée et je me demande ce que cinq mois de si rudes fatigues ont fait de vous. Il semble bien, d'après votre carte du 25 que vous soyez en loques et réduit à des ficelles pour bretelles. Ce n'est rien, et il est facile d'y remédier, si le corps a mieux résisté que les vêtements. Je suis toujours hanté par le « à peu près d'aplomb » d'une de vos dernières lettres. Je crains aussi cette crasse dont vous m'avez parlé et dont je ne sais pas si, au cantonnement, vous pouvez vous débarrasser tout à fait. Il ne me semble pas qu'autour de St-Mihiel les douches chaudes aient pu s'installer aussi aisément qu'en Champagne : l'autre semaine, Baumont, dans la triste lettre où il m'annonçait la mort de Gorceix et la disparition de Morillot, me disait qu'on n'avait pas la tête à ça du côté d'Apremont. Avez-vous au moins un tub de campagne en caoutchouc, et, si vous en aviez un, pensez-vous qu'il serait utilisable ? Sans un lavage à fond de la tête aux pieds, il n'y a pas, je crois, de véritable détente, de repos complet du corps. Je vous pose en bavardant avec vous, cher ami, un tas de questions auxquelles je sais bien que vous ne pourrez pas répondre : celle-ci pourtant en est une que je vous demande de ne pas oublier quand vous pourrez me donner cinq minutes, par exemple, quand vous me direz si l'oreiller est arrivé et s'il fait l'affaire. S'il ne la faisait pas, vous ne vous gêneriez pas, n'est-ce-pas ? pour me le dire. Je ne serai vraiment content de vous que lorsque vous en userez avec moi aussi librement qu'avec un camarade.

On m'a dit hier, d'une façon qui paraissait vraiment digne de confiance, que la Roumanie était maintenant tout à fait d'accord avec la Bulgarie, à laquelle elle rétrocéderait ce qu'elle lui a pris, moins la Silistrie. L'intervention ne serait plus qu'une affaire de jours, un mois environ. Et ce qui achève de le rendre vraisemblable, c'est que hier ou avant-hier, un Allemand a fait sauter un tunnel sur la ligne par où les forces roumaines pourraient se joindre le plus rapidement aux Russes. Cet appoint ne serait pas à dédaigner pour l'attaque de la Silésie qui est si lente à se décrocher. Il semble bien aussi que les Autrichiens viennent de ramasser une pelle dans les

Carpates et que la Hongrie soit de nouveau menacée. Ce peu de va-et-vient en Galicie et en Pologne ne peut pas durer indéfiniment : on a l'impression, en tout cas, que du côté autrichien la réaction manque désormais de vigueur.

Une petite histoire, dont on s'amuserait, s'il ne s'agissait pas d'un sujet aussi triste, mais sur laquelle, au moins, on peut bien ironiser un peu intérieurement. Le comité des anciens élèves a demandé que, dans la séance de janvier, le directeur ou le secrétaire[1] lût une notice sur tous ceux que nous avons perdus, élèves et anciens. Le directeur qui est en effet surchargé d'occupations représentatives, qu'on a mis à toutes les sauces et que j'en vois souvent énervé, n'a pas le temps de préparer cette notice en y mettant le soin d'art dont il est coutumier ; mais il ne veut pas que le secrétaire s'en charge. C'est, selon lui, l'affaire de Boutroux[2]. Je veux bien : ils ont dû s'entendre là-dessus hier au soir. Je ne suis pas tout à fait certain que je ferais bien ça : ça me tentait et m'effrayait à la fois et je n'ai jamais cherché les occasions de paraître ; je les ai plutôt fuies, me contentant de servir. Mais cela me fait de la peine de découvrir ce dessous d'intimité : je la garderai pour moi, et c'est pourquoi, cher ami, j'ai besoin de vous la confier. N'en parlons plus.

On a retiré hier du poumon d'un blessé une fusée d'obus pesant 170 grammes qu'il avait là depuis un mois. Le blessé et la fusée se portent bien. On dirait un baromètre et personne ne voudra y croire plus tard, si l'on ne dresse pas un procès-verbal avec une photographie. Les autres blessés sont admiratifs et jaloux, surtout celui dont la femme a dit : « Ce

1. En l'occurrence Paul Dupuy, secrétaire de l'École normale supérieure depuis 1904.

2. Émile Boutroux, président de l'Association amicale des anciens élèves de l'École normale supérieure.

n'est que ça ! » en voyant la balle qu'on venait de lui extirper d'une fesse.

Vous ai-je dit que nous avons ici Vaillant mal guéri d'une blessure soignée à Saintes et que trois semaines de Belgique ont remis à mal. Son premier soin en arrivant a été d'emprunter à la bibliothèque un volume du *Corpus Inscriptionum Semiticarum*. Peut-être n'y a-t-il aucune affectation là-dedans.

Au revoir, ami. Je vous enverrai un mot demain quand j'aurai revu mon Pascal.

Je vous aime bien.

Vôtre

Paul Dupuy

48. Maurice Genevoix à Paul Dupuy.

31 décembre. 1er janvier

Que devenez-vous ? Votre existence doit couler monotone à travers des journées identiques ; et vous pensez quelquefois peut-être aux amis éloignés pour qui ces fêtes de fin d'année, fêtes de paix et d'intimité dans la tiédeur des maisons familières, n'auront pas cette année les joies accoutumées.

Nous vivons dans un autre monde que vous, qui a ses habitudes et ses mœurs, ses plaisirs aussi quelquefois. Et vous êtes loin, invraisemblablement loin, quelque part où l'on a vécu, au milieu d'un tas de petites choses très bonnes et très douces, auxquelles nous nous prenons à penser bêtement, en nous demandant si nous les reverrons jamais.

J'y ai pensé plus fort cette semaine, jusqu'à en éprouver certaines heures un cafard de brute, très vilain…

Il ne fallait pas que ça dure, et ça n'a pas duré, vrai. Mais, aussi, c'est la faute de tous ceux qui sont restés : ils nous ont envoyé des boîtes roses et des boîtes bleues, avec des faveurs délicates, dont le toucher semblait étrange à nos doigts durcis et terreux. Et il y avait dans ces boîtes-là des marrons glacés énormes ; des chocolats qui fondaient sur la langue, des fruits confits, des mandarines dorées et des bonbons de toutes les couleurs. Et nous avons eu aussi des cigares ventripotents à ceinture éclatante, des cigarettes blondes, alignées dans leur boîte comme les filles d'un pasteur anglais ; et encore des bouteilles à capuchon d'or, des saucissons à pelure d'argent, des alouettes bardées de lard blanc, capitonnées de foie gras, délicat et rosé, avec les marbrures noires des truffes.

Et chacun de ces colis qui m'arrivaient me disait à moi : « Nous sommes avec toi toujours, et plus que jamais en ces heures où nous avions accoutumé de nous réjouir, pour mieux comprendre la douceur d'être ensemble. Nous souffrons de tout ce que tu n'as pas, et nous voulons essayer, vois-tu, de faire plus lumineuse un peu ta cabane de terre, où le soleil n'entre pas. » Et j'avais envie de leur répondre : « Je le sais bien ; mais ne me le dites pas trop : il y a des moments où je n'ai pas le courage de penser à vous tous. »

Hier, aujourd'hui, j'ai voulu me donner cette joie de penser de toutes mes forces à ceux que je ne vois plus. J'ai appelé tous les souvenirs, je me suis donné à eux ; et me voici courbaturé et meurtri de leur assaut innombrable. Et puis la guerre s'est chargée de faire plus douloureuse ma songerie. Un capitaine a été tué près de nous[1] ; je l'ai vu mourir, en

1. Le capitaine Simon. Le même jour, Robert Porchon notait dans son journal : « Nous avons eu une St-Sylvestre triste : dans l'après-midi, un caporal et un capitaine du bataillon se sont fait tuer, victimes de leur imprudence. C'est moins impressionnant de voir un champ de bataille avec 10 000 cadavres et des blessés qui hurlent, que de

nous demandant de prévenir sa mère et son frère. Et je suis resté longtemps à regarder son pauvre visage blêmi et diminué, ses lèvres bleuâtres, pendant que la pluie coulait sur ses joues creuses, en grosses gouttes qui semblaient des larmes.

Voilà une lettre bien lugubre, et que je regrette presque de vous avoir écrite, à vous. Ne me voyez pas à travers ces lignes. Elles ne valent que pour un moment ; je ne suis pas encore au bout de mon rouleau. Un au revoir confiant quand même.

---

voir deux hommes qui étaient pleins de vie 5^{min} avant étendus raides 5^{min} plus tard. Et tout cela pour éviter de passer dans un boyau plein de boue. Le caporal s'est fait tuer. Le capitaine a voulu aller voir et a suivi le même itinéraire. » (*Carnet de route*, *op. cit.*).

JANVIER 1915

49. Maurice Genevoix à Paul Dupuy.

1er janvier

Je comptais vous écrire une lettre aujourd'hui. Je me rends compte que je ne le pourrai avant quelques jours. Demain matin, avant l'aube, je pars avec le campement du bataillon pour faire le cantonnement : je n'aurai certainement pas beaucoup de liberté pendant cette période de « repos »…

50. Paul Dupuy à Maurice Genevoix.

Lundi, 4-1-1915 **(26)**

Cher ami, le communiqué d'hier soir a vraiment fait plaisir à tout le monde, en annonçant, ou plutôt en constatant que le temps rendait impossible toute autre opération que la canonnade. On ne se représentait pas sans un serrement de cœur ce que pouvaient être des manœuvres dans un vent et sous une pluie pareille, ni comment vous pouviez aller et venir sur un sol transformé en éponge. Il est vrai que les tranchées y sont toujours, dans l'éponge, et que, si vous ne manœuvrez plus, il faut rentrer dans les tranchées. Nos imaginations sont tellement incapables de se représenter la somme absolue de souffrances avec lesquelles vous êtes aux prises à tout moment, que la simple pensée d'une diminution passagère possible suffit presque à nous libérer d'inquiétude. C'est dans cet état d'esprit, dont je vois pourtant l'absurdité, que je me laisse aller à vous écrire plus longuement aujourd'hui qu'hier ; double absurdité, puisque je ne sais si, quand cette lettre vous arrivera, vous n'aurez pas recommencé à pivoter. – J'ai été tout particulièrement en pensée avec vous hier soir. Les dernières nominations de sous-lieutenant ont paru le 1er janvier, et hier Julia est venu nous dire adieu : on l'a gardé à dîner, après quoi il a joué avec Herr une dernière sonate de Mozart, musique ennemie délicieuse. J'avais fait monter, pour boire à sa santé, une bouteille de vin mousseux de chez moi : on l'a bu aussi à celle de tous les camarades au feu, et vous devinez bien quelle part je vous ai faite intérieurement dans cette santé. Ce petit vin blanc de Loudun est exquis, sec, pétillant, spirituel, rabelaisien ; sa mousse et son parfum réveillent toutes mes impressions de jeunesse, dans un pays charmant, dont la vie m'a écarté, mais où je ne retourne jamais, sans éprouver aussitôt que lignes, couleurs, lumière, atmosphère, même les bêtes et les gens, tout se raccorde au plus profond de moi-même ; c'est dans ce plus profond, cher ami, que les chères images évoquées ont retrouvé la vôtre.

Nous avons eu hier un mot de Pascal où se retrouvait tout le bien que lui avait fait ma visite du 1er janvier : cela nous a valu le choc en retour bienfaisant. J'en ai eu une aussi très gentille de son lieutenant instructeur, qui part pour le front demain et qui l'a chaudement recommandé à son successeur. Il faudrait, pour que les affaires s'arrangeassent, que Pascal n'eût pas besoin d'un supplément de convalescence après sa quarantaine, et pût se remettre au travail immédiatement. Par malheur, c'est ce dont me font douter sa maigreur et le supplément de croissance dont j'ai eu l'impression l'autre jour.

Avez-vous aperçu Vénus, ces matins-ci, pendant vos marches et contremarches ? Je l'ai découverte avant-hier, en revenant du Mans, dans les parages de Versailles : la pluie diluvienne avait cessé ; il ne traînait plus dans le ciel que de longues guenilles noires et jaunes ; les intervalles étaient d'une transparence merveilleuse : elle flamboyait dans l'un d'eux. Le père Hugo devait la voir ainsi, de sa cage de verre de Guernesey quand il s'y installait avant l'aube. Vous rappelez-vous le vers : « Comme un flambeau qui sort d'un gouffre, Vénus luit ». Pensez-y si vous l'apercevez ; et pensez aussi que ces étoiles, une autre de mes passions, sont les seuls objets où nos regards puissent se rencontrer maintenant. Je cherche Jupiter tous les soirs, quand les nuages veulent bien le permettre, et j'en vais faire autant pour Vénus, tous les matins, en me levant.

Le frère de Bouzol m'a dit hier qu'il était à Lacroix-sur-Meuse. Un journal ce matin dit que Tilly-sur-Meuse est bombardé. Je ne comprends pas.

Avec vous, ami, de tout mon vieux cœur. Paul Dupuy

51. Paul Dupuy à Maurice Genevoix.

Mercredi, 6-1-1915 **(28)**

Je ne sais pourquoi, cher ami, j'ai été anxieux toute la nuit, non pas seulement de ce que notre vie a de mystérieux pour moi, en ce moment de crise, mais de tout et de rien, de n'avoir pas eu hier la visite de votre frère, de la monotonie persistante, malgré la crise, des communiqués, de la persévérance des bombardements sur les Hauts-de-Meuse, de la pluie et de la grisaille du ciel, plus persévérante encore. Pourtant, tout à l'heure, le coin du ciel où flamboyait Vénus était découvert :

les idées de marécage seront moins obsédantes aujourd'hui qu'hier. Et je viens de commencer la journée, profitant de ce qu'elle commençait très tôt, pour relire, pendant que la maison dort encore, tout ce que j'ai reçu de vous depuis plus de quatre mois. J'ai réentendu ces appels aux lettres qui me bouleversaient, au temps où rien de ce que vous écrivaient tous ceux qui vous aimaient ne vous parvenait. Cela m'a rendu plus aigu le dernier mot de votre dernière carte : « Pourvu que ttes vos lettres m'arrivent ! » Voilà sans doute le vrai fond de mon anxiété, la crainte que vous puissiez souffrir encore de cette solitude du cœur, que tt l'effort de mon amitié soit vain et se disperse dans le vide, au moment même où votre vie redevient plus hasardeuse et plus dure. Avec ou sans lettre de moi, mon ami, il y a sans cesse tendu vers vous l'inquiétude de mon affection ; si j'étais sûr que d'y penser seulement pût vous faire quelque bien aux heures de lassitude, ce serait un grand bonheur pour moi. Mais vous aussi sans doute, vous avez besoin de tenir et de voir. Je connais cela. Jouissez bien tt du moins de l'amitié Porchon. Vôtre

Paul Dupuy

52. Paul Dupuy à Maurice Genevoix.

Jeudi, 7-1-1915 **(29)**

Cher ami, je n'ai pas eu hier, la visite de votre frère mais Fanchette m'a fait lire la lettre que vous lui avez écrite. Et me voici heureux qu'il y ait de vous, si près de moi, quelque chose de pas trop ancien, mais aussi, je ne sais comment vous le dire, ce n'est pas triste tout à fait, c'est mélancolique indéfiniment de ce qu'il y a de lointain dans cette lettre, et surtout de sentir qu'à pareille distance, de notre monde au vôtre, ce qui part en douceur arrive en amertume. Ce n'est ni constamment ni entièrement vrai, je le sais. Mais si de tant de souvenirs qui ont afflué vers vous pour la nouvelle année la joie vous a laissé fatigué et meurtri, ne puis-je pas craindre qu'en se rappelant quotidiennement à vous mon affection cesse d'être une aide, un tonique, n'en devienne même le contraire ? Il ne faudrait pas hésiter à me le dire, cher ami. Vous savez déjà combien je souhaite que notre amitié soit toujours d'égal à égal, que vous vous y sentiez parfaitement libre, que vous y gardiez vis-à-vis de moi toute votre spontanéité d'allure comme vis-à-vis d'un camarade. C'est là ce qui lui donnera pour moi tout son prix. C'est comme cela qu'il faut qu'elle soit pour que tous deux nous en jouissions pleinement lorsque nous nous retrouverons. Entendu, n'est-ce pas ? Les nouvelles de Paqui[1] sont bonnes. Je vous embrasse.

Paul Dupuy

53. Maurice Genevoix à Paul Dupuy.

7 janvier

Je n'ai pu tous ces jours que vous écrire des cartes, sans jamais avoir le plaisir de bavarder un peu. Cette alerte dont vous parlait ma carte du 27 a été brève. Dès le 28, un des deux bataillons venus comme renforts repartait, et trois jours après, le nôtre reprenait ses emplacements accoutumés ; en même temps que recommençait la série des 3 fois 3 jours. Depuis, rien de nouveau, sauf pour le lieutenant Genevoix, et rien

1. Surnom de Pascal Dupuy.

que pour lui. Il m'est tombé sur le nez un « filon » qui n'était qu'une tuile : je suis parti le 2 janvier avant le jour, 24 heures avant mon bataillon, pour reconnaître le cantonnement de Rupt. Il n'y avait, paraît-il, qu'à passer dans des logements déjà trouvés, puisque le 1er bataillon les occupait ces 3 jours ; un point c'est tout. Mais… il s'est trouvé que la répartition du cantonnement entre les corps changeait précisément à cette relève, et j'ai eu du travail pour la journée. Travail assommant d'ailleurs : discussions avec des 3 et 4 galons (c'est toujours délicat), prises de bec sérieuses avec des lieutenants ; visites incessantes à la prévôté ; ça n'en finissait plus.

Déveine jusqu'au bout : au moment où j'allais partir au-devant du bataillon, j'apprends qu'une vaste maison pleine de lits, une vraie caserne où j'aurais collé tous les sous-lieutenants et lieutenants, venait de m'être soufflée traîtreusement par le 67e. Mon commandant[1] est arrivé pendant que je discutais, s'est étonné de ne pas m'avoir vu plus tôt, et m'a poursuivi de sarcasmes brutes pendant trois jours, sur la manière que j'avais de faire les cantonnements. Mais, vous savez, j'ai bon estomac maintenant. Ce qui m'a le plus embêté, c'est l'insistance inlassable qu'ont mise à me relancer un ou deux officiers mécontents de leur chambre, de leur lit, de la cheminée qui les enfumait, des propriétaires qui n'étaient pas souriants, d'un gosse qui piaillait, d'une vache qui meuglait. Il y a 3 ou 4 mois, ils n'étaient pas si difficiles… Suite du journal dans ma lettre[2]… L'écriture, comme celle de cette lettre, trahit l'instabilité du pupitre : une bille sciée dans un tronc d'arbre. Ma bougie est collée sur une bille identique, campée devant le pupitre. Le cadre, vous l'avez déjà vu : c'est

---

1. Le commandant Bord.
2. Genevoix continue d'envoyer son journal à Paul Dupuy.

Dessin de Maurice Genevoix.

mon abri du 2 novembre, vite creusé, et que je ne croyais pas alors habiter si longtemps. Il pleut toujours, toujours ; et nous serons après-demain dans la boue et l'eau des tranchées, sous le piton de Éparges…

54. Paul Dupuy à Maurice Genevoix.

Vendredi, 8-1-1915 **(30)**

Ce qui me trouble le plus dans ma tâche et me fatigue par des interruptions incessantes, ce sont les visites ; je n'ai pourtant jamais voulu m'y dérober, tout en pestant intérieurement contre ceux qui les font trop longues. Hier deux coups de sonnette successifs, vers 5 heures, le second un peu rageur. Moi, d'un geste sec alors je pose la plume et vais ouvrir en bougonnant : Eychène en personne, à Paris pour 24 heures et qui m'en a donné 2 ! Jamais je n'ai mieux senti toute la noblesse de nature par laquelle il a échappé aux tares du métier. Il est resté profondément humain, cœur tendre et esprit timide. Et cela m'a fait du bien de l'entendre parler ; cela m'a reposé de ce fatras de journaux, où l'on n'a le choix qu'entre le mensonge et la servitude intellectuelle. Par exemple, cela ne m'a pas donné confiance dans l'avenir, pas l'avenir immédiat de la guerre qui ne demande que de la patience dans l'attente, mais l'avenir un peu plus lointain où se déchaînent les Homais à rebours, comme celui dont vous m'avez parlé. Les signes ici en abondent ; ils surabondent ailleurs. Aucun n'échappe à Eychène : lui-même en est touché personnellement. Si bien que lui parti, j'ai broyé pas mal de noir. Il faudra se battre : on se battra. Pourvu qu'on puisse se battre en compagnie de ceux qu'on aime. Il faut vous dire aussi que je me suis bêtement cassé la figure, en tombant, que j'ai saigné comme un veau, et que Fanchette s'est fichue de moi à l'hôpital. Votre vieux P. D.

55. Paul Dupuy à Maurice Genevoix.

9 janvier 1915 **(31)**

Samedi

Me voici avec vous, cher ami, dans le silence et la paix du matin : seul moyen d'échapper à la crainte des coups de sonnette. Il est très matin. Tout à l'heure, quand je me suis levé, Vénus n'avait pas encore dépassé les toits de l'École : je ne lui dirai bonjour qu'après vous. – Hier seulement m'est arrivée votre carte du 1er janvier, je ne sais comment, car elle ne portait aucun cachet de la poste. Ne regrettez pas, ami, la lettre que vous n'avez pu m'écrire ce jour-là ; moi, du moins, je ne la regrette pas ; vos derniers mots ont suffi pour me remplir le cœur. Que vous me sentiez avec vous comme je m'y sens moi-même, il n'y a rien pour moi que je désire au-delà. Mais je souhaite aussi que cette compagnie vous soit bonne et que vous vous y sentiez tt à fait libre. Notre intimité est à cette heure un si grand bienfait pour moi qu'il me faut le mériter. Par vous, c'est un flot de jeunesse qui pénètre en moi, de jeunesse en pleine action et en plein sacrifice, avec toutes ces émotions, fines ou profondes, que vous exprimez si fortement et si simplement, avec cette bonne humeur charmante, qui vous a mis de tout temps un commencement de sourire dans les yeux, et qui vous met maintenant dans l'âme la force de souffrir et d'espérer. Que puis-je vous donner de moi-même ? Cher ami ; pas grand-chose. Mais ce que je reçois de vous, il faut que je vous le rende intact. Ne vous croyez donc aucune obligation vis-à-vis de moi. Jouissez librement de vous savoir doublé, pour ainsi dire, par un cœur ami, en ce que vous vivez à tout instant, et ne vous inquiétez pas du reste. Vous m'écrirez quand vous pourrez, quand vous aurez écrit d'abord à tous ceux qui vous ont aimé avant moi. Tous vos souhaits sont les miens. Oui, ce sera une grande joie de vous revoir et de vous serrer sur mon cœur. Paul Dupuy

56. Paul Dupuy à Maurice Genevoix.

Mardi, 12-1-1915 **(34)**

Assez mauvaise matinée aujourd'hui. Elle avait pourtant pas mal commencé par une de ces confrontations entre la lune et Vénus qui me ravissent, mais m'échappent en temps ordinaire à ces heures matinales. Ce qui m'est venu ennuyer, c'est une visite où André Terrasse, tout claudiquant encore, m'a fait le portrait d'un certain nombre de ses officiers inférieurs et supérieurs ; après quoi est venue une lettre d'un archiviste germaniste [E. Bonnet], où ça a été le tour des soldats de trinquer. Ou c'est vraiment grave chez lui, ou c'est lui qui est nerveux, déprimé, usé et qui voit tt en noir. Le mot de lâcheté revient à ttes les lignes dans sa lettre, et son régiment n'est pourtant pas d'une mauvaise région. Avez-vous des impressions analogues ? Ça c'est une question à réponse, hein, mon petit. – Je reprends aujourd'hui mon enseignement de Fontenay, mais à Paris même, dans une installation de fortune[1]. Aussi n'ai-je que peu de temps, juste assez pour vous redire mon amitié. Paul Dupuy

1. L'École normale des professeurs femmes s'est repliée boulevard Jourdan dans le XVe arrondissement pendant la guerre.

57. Paul Dupuy à Maurice Genevoix.

Mercredi, 13-1-1915 **(35)**

Vous devinez quelle joie ce fut pour moi hier après-midi, quand une dépêche des parents de Lagarde m'apprit qu'il était prisonnier : ils avaient déjà reçu qq chose de lui. Maublanc, qq instants après, m'a téléphoné la même chose, d'après une lettre de Garetta. J'avais besoin de cela. La rentrée des Fontenaysiennes est quelque chose de lugubre. Le service de santé a mis la main sur l'École, ne s'en sert pas et ne veut pas la lâcher. On a fait une installation provisoire dans une rue vieillotte et lépreuse de Bel-Air, où un philanthrope a loué un refuge de Dames, une de ces maisons qui suent la tristesse, où est partout répandu le froid d'une bonté toute administrative. Les arbres du jardin ont l'air en pénitence : de ttes parts des usines barrent l'horizon, presque ttes abandonnées, vitres cassées, plâtres dégringolants. Nos filles se regardent et nous regardent, sans rien y comprendre : les voilà cloîtrées, sans moyen de travailler, sans moyen non plus de prendre leur part de la vie commune. Elles m'ont demandé si elles ne pourraient pas s'occuper des pauvres que vos camarades secouraient. La liste en est malheureusement perdue. Je vais chercher quelque chose qui leur convienne ; car ce n'est pas leur directrice qui s'y emploiera. Comme c'est bête de n'avoir pas supprimé pour elles aussi examens et concours. J'ai vu votre frère tout à l'heure ; ça m'a fait des nouvelles du 4. Le Boichot[1] a reparu dans le communiqué d'hier. Cela a-t-il un sens ? Je viens de rencontrer un archicube du 141e territorial (Marseille) n'ayant plus que son képi, parce que le reste est expédié en Roumanie. Votre vieux Paul Dupuy

1. Voir la note de la lettre 46.

58. Maurice Genevoix à Paul Dupuy.

13 janvier

Encore un changement de cantonnement qui nous a beaucoup occupés, et qui m'empêche de vous écrire une longue lettre. Je suis un peu fatigué par 3 dures journées passées dans l'eau et la boue. Mais ça ne va pas loin, et ce sera vite passé. J'espère que vers le 15 ou le 16 janvier, j'aurai un peu plus de temps et de tranquillité.

59. Paul Dupuy à Maurice Genevoix.

Vendredi, 15-1-1914 **(37)**

Cher ami, je vous envoie tt de même, comme aux autres, le n° du *Temps* où se trouvent les discours de Lavisse et de Boutroux dimanche dernier. Vous me direz votre impression comparative. Je résume familièrement la mienne dans cette formule : Boutroux c'est de la nouille ; Lavisse c'est de la couille. Et il faut avoir vu et entendu Boutroux. Il a une gêne visuelle, dont il fait une demi-cécité, pour se rendre aussi intéressant que son gendre ; il lisait l'autre jour de sa voix blanche, en présentant son papier à la lumière sous les angles les plus divers et en cherchant la mise au point d'un seul œil, ce qui lui permettait de ne pas regarder en face même son manuscrit. Et ça défilait comme une litanie, morceau après morceau, dans le même ordre que tous les ans, les prix académiques, les grands morts, etc. Les nouveautés de l'année insérées maladroitement et avec indifférence dans des cadres tout faits gardés par habitude. Et il hésitait sur les noms des morts comme sur ceux des lauréats de l'Institut, les écorchant d'un couteau émoussé. Je ne sais où il a pris que l'archicube Tronfleau avait été tué ; c'est un bruit vite démenti qui a couru en septembre, et qui a même servi à rendre les gens défiants aux nouvelles. Il nous l'a servi comme une vérité ; il ne s'est même pas contenté de le tuer, et, comme un Sénégalais, il a mutilé son mort en l'appelant Tronfleau. Or ledit Tronfleau est si bien vivant qu'il avait envoyé son vote pour la séance. Je rageais et j'ai prévenu Clairin, le secrétaire de l'association, dès lundi. Mais les discours avaient été publiés dimanche soir dans le *Temps* et dans les *Débats*, et la famille Tronfleau a été affolée. Savez-vous ce que fait Boutroux ? il m'envoie la dépêche où on lui demande sa source et des détails, en me priant d'écrire et de télégraphier comme si j'étais cette source, et comme si j'avais les détails. Il y a longtemps que je le tenais pour un jésuite : je me souviens de la façon dont, il y a sept ou huit ans, il m'a menti sur une affaire où la parole était engagée, me parlant dans le nez à voix basse, pensant que le mensonge entrerait mieux ainsi : et c'était seulement les aigreurs d'estomac qui me pénétraient les narines. Cette fois-ci, je l'arrête net. Il m'a demandé des chiffres et c'est tout. Mais en voilà assez avec ce grand homme.

J'ai lu tout à l'heure, toujours pendant que le bain chauffait, la suite du carnet. Hier soir, Vannier, de passage à Paris, avait dîné à la maison. Fanchette après dîner nous a attelés à un puzzle qui nous a menés fort tard et j'ai dû me coucher comme tout le monde. Je ne pense pas qu'en recopiant cette fois, vous vous soyez accusé de radotage. Votre 2 septembre en particulier est tout à fait émouvant par le bruit, par la couleur, et aussi par l'étendu du panorama au-dessus duquel volent les aéroplanes, et où vous apercevez à la jumelle la scène touchante du uhlan et des deux blessés français. Et, en lisant tout cela, je me demande quel homme vous reviendrez, tout rempli que vous serez de tant d'impressions physiques et morales bouleversantes. Voici pourtant Vaillant, le chef de reconnaissance célèbre dans tout le 26e b[on] de chasseurs, qui, à peine rentré ici pour se soigner, a roulé son vieux cache-nez autour de son cou, repris ses pantoufles et son allure de rat de bibliothèque, et couche littéralement avec son *Corpus Inscriptionum Semiticarum*. Pas grand-chose de changé. Nous, ami, nous resterons amis, n'est-ce pas ? Votre Paul Dupuy

60. Paul Dupuy à Maurice Genevoix.

Samedi, 16 janvier 1915

Il y avait longtemps que je n'étais descendu chercher *Le Figaro* à 5 heures du matin. Je n'ai pu y tenir aujourd'hui, tant j'étais préoccupé de cette affaire de Soissons, au courant de laquelle vous serez sans doute quand ce mot vous arrivera. J'ai été délivré d'une grosse inquiétude en voyant que la ville n'était pas prise. Toute cette eau qui vous noie, si les pluies continuent, finira par être plus ennemie encore dans les fonds, en emportant tous les ponts provisoires. Il est vrai qu'elle joue le même tour aux Boches. Le tout est pour chacun de savoir en profiter au bon moment au détriment de l'adversaire. Il ne semble pas qu'on ait envoyé au bon moment cette attaque des plateaux pendant que la rivière grossissait. Par contre, j'ai vu que nous avions détruit les passerelles allemandes à St-Mihiel. Si la Meuse est grosse elle aussi, et elle doit l'être, c'est une excellente affaire. – Je n'ai eu aucune peine à me lever ce matin de si bonne heure : la tempête avait fait tapage tte la nuit, et j'avais cauchemardé de votre grand lieutenant au nez mou. – Vous êtes aujourd'hui, n'est-ce pas, dans la cabane de terre « où le soleil n'entre pas » et d'où vous m'avez écrit le 7. J'aime à croire que le dernier cantonnement a été moins lourd de responsabilité pour vous que le précédent. Pour le prochain, et en vue de la grande opération de décapage sur le caoutchouc Michelin (merci) je voudrais bien vous envoyer de quoi faire une friction qui ne sente pas l'âge des cavernes. C'est un peu délicat avec la poste, mais j'y arriverai, j'espère. D'ami à ami.

Paul Dupuy

Le capitaine des notes est-il celui qui vous a quitté le mois dernier ? Le nez puissant et bon enfant est bien celui de Porchon ? Je vous poserai encore qq questions. Il y en a même une que je réserve pour le pêcheur à la ligne.

61. Paul Dupuy à Maurice Genevoix.

Dimanche, 17-1-1915 **(39)**

Je pense que c'est aujourd'hui votre dernier jour de guitoune, et que peut-être sur la bille de bois une nouvelle lettre aura été écrite pour moi. En tout cas je me figure que le bon soleil d'aujourd'hui sera aussi pour vous et que la boue des tranchées dans les trois prochains jours ne sera pas trop épaisse. Moi, j'ai un dimanche amer ; je suis, pour mon malheur, président du conseil d'administration du collège Sévigné[1], boîte de femmes où la réaction contre les chichis est souvent fatigante et décourageante. Aujourd'hui il s'agit de vérifier les comptes et de fabriquer un rapport pour l'assemblée générale qui aura lieu dans 15 jours, en pensant aux collègues auxquels

1. Paul Dupuy y enseignait également la géographie.

je servirai de cible ce jour-là. Ce genre d'occupation et ce genre de prévision me sont également désagréables. Voici la question que je voulais poser au pêcheur à la ligne : qu'est-ce qu'un « hotu molasse » ? Je lis ces deux mots à la première page de vos notes, en un passage qui, d'ailleurs, m'a fait revoir instantanément le jard et le canal, entraperçu un seul jour. Le glauque que vous notez m'était resté dans l'œil. Je cherche encore un autre mot que j'ai sans doute mal lu et pas compris. Je ne le retrouve pas, mais je relis, le cœur serré, la retraite du 3 septembre sous la canonnade. Il n'y a jamais un mot de trop, dans vos notes, et il n'y en a pas un seul qui n'évoque une image. Je comprends que vous aimiez à recopier cela vous-même. À demain, ami. Paul Dupuy

62. Paul Dupuy à Maurice Genevoix.

Lundi, 18 janvier 1915

Je vous ai expédié ce matin, cher ami, des protège-pieds en peau de chamois, qui, je l'espère, ne se seront pas égarés en route. J'en ai mis deux paires, parce que l'officier qui m'en a appris hier l'existence et l'usage, m'a dit que, contre l'excès d'humidité, il fallait les tremper, eux et les chaussettes sous lesquelles on doit les mettre, dans du suif bouilli. La graisse fondue, en se refroidissant, forme une couche mince qui préserve complètement la peau du contact de l'eau, et, en adhérant à l'intérieur du cuir des souliers, achève de l'imperméabiliser. Je n'aimerais pas beaucoup pour mon compte, cette petite cuisine et n'y recourrais que devant l'absolue nécessité. Peut-être en êtes-vous là, dans la tranchée, avec cette neige qui, ici, traverse le ciel en larges nuées grisâtres, d'où s'échappent de rares et maigres flocons à demi fondus, mais dont le communiqué de la nuit dernière nous parle pour tout le pays entre Argonne et Vosges, comme si elle s'était abattue sur le sol. En tout cas vous pourrez graisser l'une des paires en gardant l'autre telle quelle. Et si d'une façon ou d'une autre cela vous préserve réellement du froid aux pieds, j'en serai content.

Figurez-vous que j'entre aujourd'hui dans ma 60e année[1]. C'est une de ces sales blagues que le système décimal fait aux gens : il leur plante des jalons avertisseurs, auxquels il faut finir par prendre garde : celui que je touche du doigt a un aspect assez rébarbatif. Vous voilà loti d'un bien vieil ami, mon cher Genevoix. Il s'en rend peut-être mieux compte que vous ; c'est pourquoi il vous est si reconnaissant de l'avoir laissé mettre ses 60 ans de plain-pied avec vos 25. Sans vous, ami, je me sentirais réellement vieux. Le poids des années, en s'alourdissant tt d'un coup de tant de deuils et d'anxiété, dans ma vie qui paraît suspendue, s'est fait sentir tout entier. La maison m'étant devenue étrangère, je réagis mal contre la tristesse de n'y plus rien reconnaître qui me soit familier : depuis que la venue d'un plus grand nombre de malades a fait coucher les infirmières dans presque toutes les turnes de cubes, je ne vois plus les lumières aux fenêtres du palais, sans avoir presque envie de pleurer. La besogne même qui me prend mes journées, et que pour rien au monde je ne voudrais interrompre, il me semble que je l'accomplis en morne bureaucrate, comme une sorte de devoir professionnel, et non comme une œuvre de passion. C'est de la lassitude, cela, et c'est de la vieillesse. S'il n'y avait pas dans mon cœur cette force vivante qui me fait de vous une société constante, où je sens à distance toutes vos manières de penser et d'agir, où je

1. Paul Dupuy est né le 18 janvier 1856 à Loudun dans la Vienne.

vous vois et vous entends à travers vos lettres comme si vous étiez là, je crois bien que je ne vaudrais guère mieux que Louvois. Mais vous êtes là vraiment, mon cher ami, vous y êtes toujours, et, dans le désarroi même de l'heure présente, cela suffit pour me rendre quelque chose de ce qui a fait si longtemps la joie de ma vie. On a voulu, depuis dix ans, que je devienne un monsieur rédigeant des rapports, passant la plus grande partie de ses jours dans un cabinet, où il faut l'aller chercher pour le voir, ayant à penser à son directeur, au recteur, au ministre, mettant son nez dans des comptes d'argent ou dans des projets de construction. Je m'en tire par un peu de clarté d'esprit ; mais sentimentalement ce n'est pas du tt mon affaire. Mon affaire était de rester comme autrefois en camaraderie directe et constante avec les élèves, d'être près d'eux et loin de leur respect, de les connaître tous jusque dans leurs tics, de m'entendre avec eux à demi-mot ou d'un simple clin d'œil, de goûter dans leur familiarité ce qui faisait pour eux-mêmes l'inoubliable joie de leur vie commune.

La réforme de l'École m'a privé de tt cela, et j'en souffre plus que je ne puis dire. Or, c'est cela que je retrouve par votre amitié, au moment où l'École elle-même me manque et me désole de son vide. Je la retrouve plus à moi et plus fort parce que c'est maintenant une exception, et parce que l'exception vient sans doute d'une affinité profonde de nature. Il me semble que je vous vois et que je vous sens, comme on voit et comme on sent à vingt ans le camarade qui devient l'ami, celui à qui va la confiance entière, celui avec lequel on regarde la vie. Celle que nous avons à regarder ensemble est pleine de menaces ; mais de la regarder avec vous, je me sens moins las et plus confiant, tout à fait confiant même. Et si je reste pour vous l'ami devant lequel vous ne connaîtrez aucune gêne, le premier auquel vous penserez dans les jours

d'embarras ou de peines, eh bien ! l'arrière-goût de tristesse qui, de cette année, se répandra à travers celles qu'il me reste à vivre m'en paraîtra moins amer. Vous voir homme est une des joies sur lesquelles je compte et dont j'aurais besoin. Vôtre
Paul Dupuy

63. Paul Dupuy à Maurice Genevoix.

18-1-1915

Cette neige me tourmente. Voici un petit truc excellent paraît-il pour protéger les doigts de pied contre le froid : ça se met sous la chaussette. J'y joins tt ce qu'il y avait de drôle dans le dernier *Cri de Paris*. Votre Paul Dupuy

64. Maurice Genevoix à Paul Dupuy.

18 janvier

Je vous écris dans une petite casemate, tout en surveillant la longue tranchée de tir, d'où nous guettons, de tout près, les Boches. Il fait froid et les parapets sont blancs de neige. Je tiens gauchement mon crayon entre mes doigts emmitouflés de laine, et j'essaye de réchauffer mes pieds, en les collant à un brasero de poche, où brûlent trois tisons. Tout de même le soleil tape sur la neige, et cela me rend moins lancinante la pensée des 36 heures à passer, en 3 jours, dans les boyaux et les tranchées, où l'eau boueuse roulait en torrent ou stagnait en mares profondes. Il y a presque un mois que nous ne l'avons vu, le soleil, et que nous vivons en pleine inondation. Ce fut une longue période maussade, ciel bas et sombre immuable-

École Normale Supérieure
45, Rue d'Ulm

Paris, le 18 - 1 - 1915

Cette neige me tourmente.
Voici un petit truc excellent
paraît-il pour protéger les doigts
de pied contre le froid : ça se met
dans la chaussette. J'y joins
quelques mots assez drôles dans
le dernier Cri de Paris

Votre

P. D.

Des mots :

Un de nos confrères mobilisé écrivait la semaine dernière, à sa jeune femme :

« Rien de nouveau sur le front ; j'espère qu'il en est de même du mien. »

***

Une brave ouvrière, qui est devenue rentière depuis qu'elle touche l'allocation des femmes de mobilisés, disait l'autre jour en sortant de la mairie où elle avait perçu sa *seizaine* :

— Autrefois, c'est mon homme qui touchait le poignon et moi qui recevais les gnons; maintenant, c'est lui qui reçoit les gnons et moi qui touche le poignon !

***

Malgré la guerre, on visite chaque jeudi la prison de la Conciergerie. Le gardien, chargé de guider les visiteurs, n'oublie pas de dire, dès qu'il arrive au cachot de Marie-Antoinette :

C'est ici que Marie-Antoinette couchait avec ses deux gardiens qui se relevaient d'heure en heure, car la besogne était dure...

Repérage :

Dans une ambulance parisienne, un blessé, la mâchoire fracassée, se trouvait dans l'impossibilité de manger. On décida de le nourrir par une autre voie que la voie habituelle.

L'infirmière major donna toutes les instructions nécessaires à l'ange blanc à qui ce malheureux était confié. Mais, trois jours de suite, on trouva le bouillon répandu dans le lit du blessé.

On morigéna l'ange blanc. On l'exhorta à mieux s'appliquer afin d'alimenter le pauvre homme qui dépérissait à vue d'œil.

Le quatrième jour, réussite parfaite. L'ange blanc fut félicité par le major, qui lui demanda :

— Comment avez-vous fait cette fois, mon enfant, pour trouver si bien la place ?

En baissant les yeux, la jeune ambulancière murmura :

— J'ai fait d'abord une prière à Saint-Antoine de Padoue.

Articles du Cri de Paris *et carte de Paul Dupuy du 18 janvier 1915.*

Un mécontent

M. Fernand Rabier, député-maire d'Orléans, a trouvé, cette semaine, dans son courrier, la lettre suivante :

Monsieur le Député,

Je vous serais très reconnaissant si vous pouviez faire aboutir cette simple demande :

Il y a quatre ans, par notre regretté M. Cochery et l'intermédiaire de M. Sarraut, alors sous-secrétaire d'Etat à la guerre, sollicitant l'emploi de gardien à titre militaire, j'ai eu la douleur inexplicite de me voir affecté au Xe arrondissement, région ouvrière, peu agréable, mais déserte par sa monotonie la nuit.

Là, je fus, modeste républicain, abreuvé de quolibets par certains de mes chefs, lesquels traitaient pertinemment les journaux démocrates de feuilles de choux. L'un d'eux, dont le beau-père était conseiller municipal à Versailles, *ternissait* chaque jour Thalamas !

Sans raviver ces haines à l'heure où le devoir national est d'ordre, j'ai le droit de dire que, fonctionnaire zélé, toujours évincé par une camarilla qui a le masque du fiel, j'ai lutté, souffert en mon service et sur mon repos pour faire un bon gardien, un citoyen indépendant.

Du Xe pour arriver au Z^e^, en attendant le 9e, il m'a fallu déployer toute une campagne par l'aide de quatre chefs de bureau, quatre conseillers municipaux, des parlementaires et des appuis.

C'est parce qu'ayant été épuisé, désirant me créer un avenir dans un centre de société policée, que je veux quitter un arrondissement d'amertume, où, dans l'humilité d'une tourmente de vicissitudes par la lâcheté de cadres et la calomnie d'hommes, j'ai assombri ma noble fierté.

Doué d'une volonté persévérante et *corsifiée*, je poursuivrai, à travers l'élévation future, mon plus vif dévouement à votre égard, et, en vous présentant mes meilleurs vœux, connaissant Paris aux quatre coins, dans son commerce, son industrie et son milieu, je serai, dans le centre de l'Opéra (9e arrondissement), au film de ce courant politique cosmopolite, qui, en bon sens policier, ainsi que je le marquais dans mon but propice à M. Cochery, doit être nôtre, gens du Loiret, pour notre maintien dans la vie mondiale.

Espérant, Monsieur le Député, que je serai prochainement nommé gardien de la paix dans le 9e arrondissement, grâce à votre appui, je vous adresse le témoignage de mon intangible dévouement républicain.

Nous souhaitons que ce brave agent, dont un arrondissement d'amertume assombrit la noble fierté, mais ne put briser la volonté persévérante et « corsifiée », soit rendu à son ancien lustre et arpente bientôt, éblouissant et martial, la place de l'Opéra !

pour l'homme du

Loiret

Le bois de Paris est [illegible] drôle

pour le [illegible].

ment. Ce matin, nous avons de l'espace et de la lumière ; le fond des boyaux sèche et gèle. Il me semble que les balles sifflent plus allègrement. D'ailleurs ceux d'en face sont guillerets et facétieux ; nous tirons à la cible dans leur pare-balles, et ils signalent les rigodons avec leurs écopes. Comme ça, de part et d'autre, on s'amuse ; et tout le monde est content…

65. Paul Dupuy à Maurice Genevoix.

Mardi, 19-1-1915

Cher ami, en rentrant de mon cours de Fontenay, je trouve votre carte du 13. C'est une vraie joie ; je pars tout à l'heure ; je sentais qu'il y avait quelque chose en route, et je me pariais que cela arriverait précisément pendant que je serais au Mans. Joie aussi de savoir intacte votre gaîté que j'aime tant. Autre chose que de la joie à savoir qu'aux moments d'ennui, je suis là et je vous aide à les passer. C'est réaliser le souhait que je vous exprimais hier pour l'avenir. Je vous ai emporté aujourd'hui avec moi : ces pauvres filles, séquestrées de la vie commune, dans un campement lugubre, sous une directrice égoïste et bornée, ont besoin qu'on leur remonte le moral. À elles aussi je lirai des lettres de la tranchée. Je leur ai donné aujourd'hui vos notes du 28 août au 3 septembre qui ont été écoutées avec passion ; j'ai lu aussi la lettre à Fanchette ; je l'ai lue de mon mieux, comme elle mérite de l'être : elle a fait couler beaucoup de larmes. Mais cela leur a été bon, comme cela a été bon à vous de céder à votre mélancolie. Pauvre capitaine, pauvre mère et pauvre frère. À vous de cœur et de pensée. Paul Dupuy

66. Paul Dupuy à Maurice Genevoix.

[*Cachet de la poste, 20-1-1915*[1]]

Je viens de voir Paqui, je l'ai trouvé transformé, un peu pâle encore, mais déjà engraissé, et l'œil bon. Je ne crois pas que je pourrai grand-chose pour lui. Je ne verrai le grand chef que demain, après m'être bien [*illisible*] ce soir en dînant avec des camarades du fils. J'ai pu donner une heure à la merveille de fantaisie et de sagesse dont cette image ne reproduit l'allure que très imparfaitement. Paul Dupuy

67. Paul Dupuy à Maurice Genevoix.

Jeudi, 21-1-1915

Content de ma matinée : vu le général commandant la région, qui m'a renvoyé, après longue causerie où nous nous sommes très bien entendus, au colonel commandant le dépôt d'artillerie. Il n'y a rien à faire pour EOR[2] ; mais Paqui est sûr, je crois, d'être élève brigadier, puis élève sous-officier, sans abréger son congé. Ici il pleut désespérément ; mais vous cantonnez aujourd'hui. P. Dy.

1. Carte postale du Mans représentant l'abside de la cathédrale.
2. École d'officiers de réserve.

68. Paul Dupuy à Maurice Genevoix.

Vendredi, 22-1-1915

Deux jours sans vous écrire que des bouts de carte, cher Genevoix ; il faut que je me rattrape avant d'être pris par tout ce qui m'attend. Naturellement, j'ai trouvé un tas de lettres à la maison hier soir. La plupart sont des petits dont c'est le tour de partir et d'être émus : ils m'écrivent des pages et des pages, où leur reconnaissance pour le soin que j'ai eu d'eux depuis six mois s'exprime souvent par des recommandations dernières. Celui-ci a donné mon nom et me charge d'avertir ses parents ; celui-là place dans sa lettre une enveloppe cachetée que je dois, s'il le faut, remettre à son adresse. Hormis un ou deux visiblement satisfaits de demeurer jusqu'à nouvel ordre au dépôt, tous pensent aux camarades qui souffrent depuis longtemps, à ceux qui sont morts, à l'École ; ils laissent voir un fond d'âme vaillant ; ils disent ce qu'ils ont à dire avec un mélange si touchant de gravité et de gaîté, quelques-uns, des scientifiques, avec une gaucherie si charmante qu'après avoir lu toutes ces lettres, je suis resté longtemps sans pouvoir m'endormir, repassant par les journées d'août, y retrouvant tel ou tel souvenir plus particulièrement ancré dans mon cœur, et celui du serrement de mains où s'est nouée notre amitié. Ami, ami, d'ici deux ou trois jours, je n'aurai peut-être pas beaucoup de temps à vous donner à vous tout seul ; mais vous le savez, votre pensée circulera sans cesse à travers ttes les autres, et elle me fera souvent poser la plume un instant, pour reprendre haleine avec vous.

Je suis content de mon voyage, je vous l'ai dit. Le général Faurie, auprès duquel m'avait introduit une lettre de Steeg[1], m'a fait un excellent accueil ; je n'ai pas été trop godiche, et,

1. Theodore Steeg, directeur d'étude à l'École normale de jeunes filles.

devant moi, il a téléphoné une chaude recommandation au colonel directeur des dépôts d'artillerie ; après quoi il m'a gardé une demi-heure à causer, sous prétexte que le colonel ne pouvait pas me recevoir tt de suite, en réalité parce qu'il en a gros sur le cœur et qu'il se sentait en confiance avec moi : il y avait entre nous deux, et nous nous en sommes vite aperçus, le souvenir commun du colonel Picquart.

Au dépôt d'artillerie, la conversation n'a pas pris ce tour d'intimité, mais j'ai trouvé un brave homme intelligent, qui veut que Pascal prenne en paix sa semaine de congé à la sortie de l'hôpital et m'a promis son maintien au peloton. Il ne peut plus être question de devenir officier de réserve ; Pascal n'en voudrait pas du reste, de peur de partir trop tardivement ; mais il fera campagne, je l'espère comme maréchal des logis, et lui et nous, nous pourrons jouir de notre réunion la semaine prochaine, sans arrière-pensée.

Entre cette visite et mon départ, bien que j'eusse apporté de quoi travailler à ma correspondance au Mans, je n'ai pu résister au désir de rôder, de flâner deux heures dans la ville. C'est un des plaisirs que je goûte le matin, mais en même temps un plaisir que j'aime à goûter seul, rencontrant rarement ces compagnons de flânerie qui prêtent attention aux mêmes choses que moi ou les sentent de la même manière. Je commence à bien comprendre les villes et Le Mans est une ville très amusante à comprendre à travers toutes les transformations qui l'ont modernisée et banalisée. Pour la première fois j'ai pu errer, me perdre et me retrouver dans la vieille ville qui domine la Sarthe et que domine la cathédrale, descendre et remonter les ruelles en escalier, explorer les rues qui se sont établies sur les chemins de ronde des anciennes enceintes, reconnaître les tours du Moyen Âge, installées sur les gallo-romaines, et coiffées de petites maisons de la Renaissance, ruineuses, noircies et verdies, mais d'autant plus pittoresques, à moins que l'on se soit avisé de les gratter, comme a fait l'évêque pour la plus voisine de sa cathédrale. C'est l'ancien quartier clérical, où les noms des ruelles et des rues rappellent encore les chantres, les chanoines et les chapelains. Les maisons de ces derniers n'ont pas eu de chance : toutes petites, nichées au-dessous de l'église, elles sont devenues de minuscules bordels, ripolinés de couleurs claires, affichant à leur porte le tarif des consommations, pas de toutes, comme l'observaient sans doute les béquillants, convalescents de l'hôpital militaire que j'ai rencontrés en méditation devant ces prix. Et il pleuvait ! et ils avaient escaladé les raidillons pour ce retour à la vie, et ils avaient charitablement amené des noires aux chéchias éclatantes, qui fleurissaient dans l'atmosphère sombre de la rue sordide. Je n'ai pas regretté ma balade.

Dans le train qui m'a ramené à Paris pour le dîner, j'avais en face de moi l'énorme bébé du Cadum, déguisé en officier anglais ; il a dormi ferme presque tout le temps, ses gros doigts distendus, la bouche ouverte et ronflant virilement, mais avec un tremblotement parfois de la lèvre inférieure, qui semblait un rêve de téter. À quoi diable peut bien servir un allié de ce genre ? Il est vrai qu'à l'hôtel j'en avais rencontré un autre admirablement beau, de corps, d'allure, de visage, un jeune athlétique en kaki. On croit au Mans à un nouvel et prochain afflux de troupes anglaises, sans lequel on n'expliquerait pas pourquoi il en est resté quelques-uns.

J'avais quitté Paris mardi soir pendant la grande épreuve d'obscurité motivée par la crainte du Zeppelin. C'est la première fois que j'ai réellement retrouvé une impression de siège. Je n'oublierai plus jamais la rue Gay-Lussac telle que je l'ai vue en allant chercher un taxi : quelques becs de gaz aux coins, dont le reflet plongeait en longues lignes de lumières isolées et tremblantes dans le pavé de bois mouillé, tandis que par endroits, les boutiques, avant de fermer complètement, y mettaient par la porte des jeux d'ombres chinoises gigantesques. Aux étages, rien, le noir absolu. On se sentait vraiment dans la terreur, ou plutôt on s'y serait senti si de nombreux rassemblements n'avaient peuplé justement les endroits les plus sombres[1]. On commentait sans fièvre un avis de la police annonçant des Zeppelins du côté de Mantes, et on s'écarquillait les yeux vers le ciel. Il paraît que c'était une blague destinée à rendre l'expérience plus sérieuse : on y a réussi autant qu'on pouvait le souhaiter, mais nombre de gens se refusent à admettre la blague, et le mouvement de départs provoqué par l'affaire de Soissons n'en est pas ralenti. Au contraire. Il faut tout de même vous quitter, ami. Je calcule que tout ce bavardage vous retrouvera sans doute dans la plus sale tranchée. Puissé-je y être bon compagnon. Vôtre. P. D.

69. Maurice Genevoix à Paul Dupuy.

22 janvier

Voilà plusieurs jours qu'à travers les heures de tranchées, les promenades dans les boyaux et les revues au cantonnement, je guettais l'heure de tranquillité où je pourrais vous écrire comme je le voulais. Je ne l'ai saisie qu'aujourd'hui, deuxième jour de cantonnement à Sommedieue, après une revue d'armes, où le capitaine, dédaignant le mécanisme des fusils, a constaté avec amertume que les plaques de couches étaient sales. Depuis notre bon petit village sous les Côtes[2],

1. Les Zeppelins attiraient autant qu'ils effrayaient les foules parisiennes.
2. Voir la note de la lettre 30.

où nous avions nos habitudes, et trouvions bon accueil, nous allons bientôt voir notre 3e cantonnement. Celui-là, Belrupt, est à 20 kilomètres à peu près de nos lignes d'avant-postes. Notre première journée de repos commence par une longue marche, très pénible avec le verglas qui vernit les routes ; le temps de reconnaître les granges où couchent les hommes, de faire nettoyer la chambre infecte (car il est d'usage, au bataillon que nous relevons, de vivre au jour le jour et pour soi), c'est le soir. Surtout c'est l'heure de la popote. Vous ai-je dit que j'avais le grand honneur de m'asseoir à la table de notre chef de bataillon ? Les repas durent deux heures. Deux heures de conversations plates, coupées de longs silences, ou de bruits de mâchoires, étranges et puissants, de notre grand chef. Mon cauchemar, cette popote. Le pire est que je suis lié, n'entrevoyant même pas le moment de m'affranchir. J'ai pris mon parti de cela comme du reste, mais avec peine et me cabrant souvent…

70. Paul Dupuy à Maurice Genevoix.

Samedi, 23-1-1915

Je grelottais, cher ami, de l'âpre vent du nord qui a fait cesser les pluies débordantes et tièdes de ces derniers jours, quand j'ai trouvé en rentant votre carte du 18, écrite au gel dans les tranchées de première ligne. Je suis au point pour sentir le froid de vos pieds et de vos mains. Justement, je pensais, en montant la rue Gay-Lussac, qu'étant à votre dernier jour de cantonnement, vous pourriez emporter tout le nécessaire pour vous protéger contre cette attaque du froid qui n'est qu'une recrudescence dans vos parages. Avez-vous bien au moins tt ce qu'il vous faut ? Au Mans les boutiques de tailleurs militaires qui sont nombreuses donnent envie de tt acheter, plastrons de fourrure, gilets de chamois, ceintures ouatées ; ici, il faut aller dans les beaux quartiers pour se mettre au courant de tt cela et je sors à peine. Là-bas au contraire, on ne peut pas faire un pas sans que ces étalages vous accrochent l'œil. Et ce « nous souffrons de tout ce que tu n'as pas » est une obsession qui prend des formes si variées. Vous m'avez déjà dit une fois un désir ; ça n'a pas trop bien réussi ; j'espère tt de même que les oreillers ont fini par vous parvenir. Mais vous me ferez toujours plaisir, vous le savez, en me demandant un de ces riens qui adoucissent un peu les aspérités de votre vie de cavernes. Mon voyage au Mans m'a fait rater le passage de Boussac à Paris. J'en suis d'autant plus fâché que j'aurais certainement insisté pour modérer son désir de retourner immédiatement au feu, afin d'y être avec un capitaine qui lui plaît. Momal, qui était lui à l'hôpital de Nantes et qui n'est passé qu'hier, m'a dit que son pied deux fois blessé était certainement incapable d'un service normal : à Nantes, hors du jardin de l'hôpital, il n'a fait de sorties qu'en voiture. Je suppose qu'au dépôt d'Aubusson il se trouvera bien un major pour lui interdire de partir. Mais alors, il aurait autant valu qu'il prît un congé de convalescence dans sa famille. Vous me dites que les Boches signalent les rigodons avec leurs écopes. Qu'est-ce que les rigodons ? Je ne numérote plus depuis que j'écris chaque jour. Je vous embrasse et je voudrais bien que vous n'ayez pas froid aux doigts.

71. Paul Dupuy à Maurice Genevoix.

Paris, lundi 25-1-15

Voici, mon cher ami, la copie d'une lettre par laquelle un archicube scientifique pas très ancien, mais que vous n'avez pas connu, Perrot, professeur au lycée de Rochefort, a rendu compte à un ami des circonstances de sa blessure. Un grand garçon d'allure empêtrée et d'expression niaise, très médiocre physicien, chez qui les circonstances ont fait surgir tout à coup un disciple de Courteline et de Tristan Bernard. Il semble bien que toute cette histoire se soit arrangée dans sa tête pendant qu'il gardait la position de l'homme couché ou pendant la reptation. Cette blague m'a un peu remonté. Mais il fait toujours le même temps bouché et glacial qui oppresse. Les communiqués nous disent que la Woëvre est en plein brouillard, et que tout y est arrêté. Peut-être en profitez-vous dans votre guitoune où le brouillard ne doit pas être gênant, pour recopier à la bougie un nouveau morceau de vos notes. – Nous recevons les dernières lettres que Pascal nous écrit de l'hôpital : ils ont eu un incendie dans la nuit de samedi à dimanche, par la stupidité du major. C'était heureusement dans l'autre dortoir mais tt le monde a fait la chaîne jusqu'à 1^{h} du matin. Il n'est pas trot tôt qu'il sorte de là : il aurait le cafard. Et ce n'est pas drôle si j'en juge par mon état présent. Mais sa venue dissipera le sien et le mien. Votre vieux Paul Dupuy

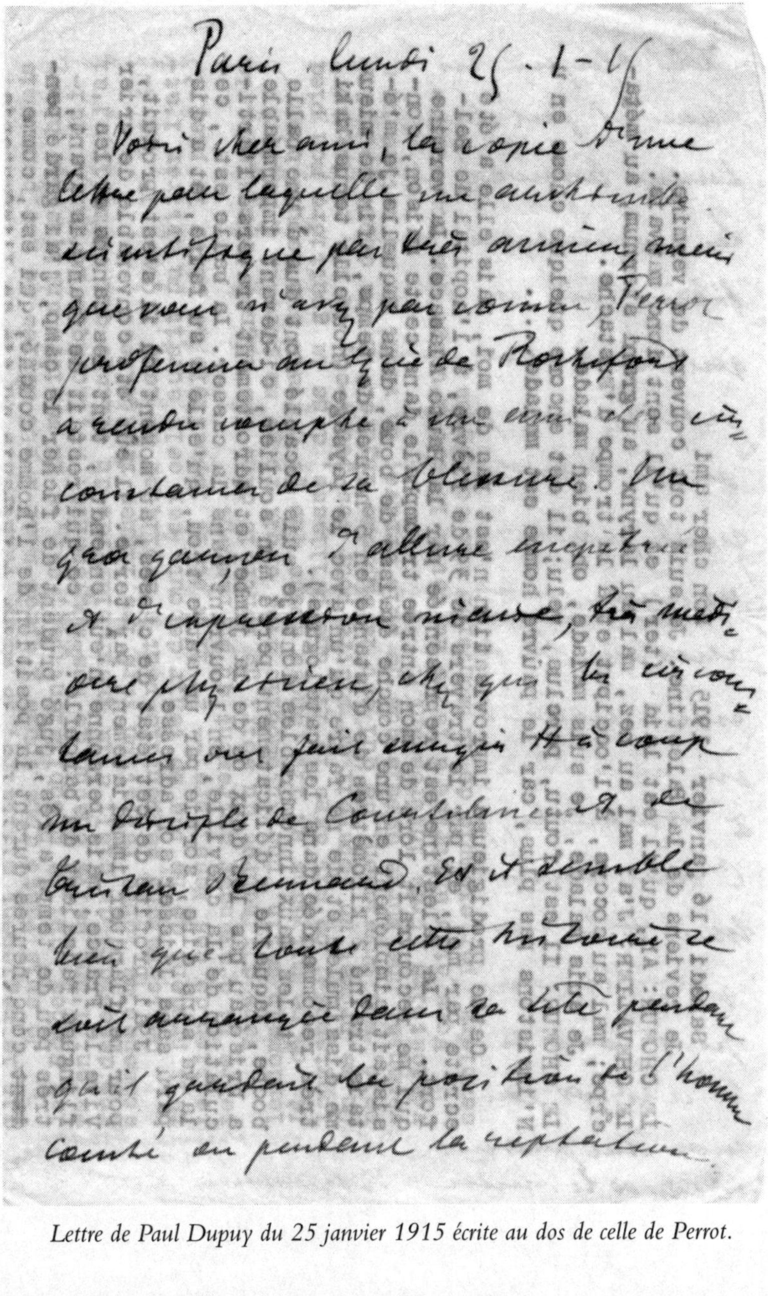

Lettre de Paul Dupuy du 25 janvier 1915 écrite au dos de celle de Perrot.

Samedi 16 janvier 1915 Mon cher ami

Je reviens de la Palestine. Je suis tout couvert de vermine.

LE CHOEUR: Ah, qu'il est laid (ter) et qu'il sent donc mauvais.

LE CHEVALIER: J'ai mal au nez, mal au larynx, au grand sternum, au métacarpe; mal au coccys, à l'occiput et à la trompe d'Eustache.

Je suis malade, je suis malade, oh, bien malade.

LE CHOEUR: Il est foutu, perclus, velu; il est encore quelque chose en u-

N'insistons pas plus, car le pauvre homme est malade.....

Cette prodigieuse improvisation n'est pas de moi, mais elle a été ecrite par moi, et par le travers de 39 de fièvre, à l'hopital de Belfort. La Palestine est représentée par la Haute Alasace. La vermine qui me recouvrait lors de mon entrée triomphale dans cette maison, consistait simplement en une couche épaisse de boue, dans laquelle je m'étais traîné 2 kilomètres de distance en 5 heures de temps, afin de mieux me dissimuler et de ne faire qu'un avec le paysage (nouvelle tenue kaki, très recommandée dans les catalogues).

Et les maux innombrables dont je suis accablé sont dus à une balle boche, laquelle a délicatement percé mon soulier, ci-devant imperméable, a brisé au bas les deux os de la jambe, et adroitement traversé l'articulation de la cheville, en l'ouvrant sans la casser. La balle est , cela va sans dire, sortie par un autre trou, qu'elle a su faire, et a disparu sans laisser son adresse.

J9ai profité de cet état de choses, au moment où il s'est produit, pour me flanquer immédiatement par terre. Il eût été convenable de crier Vive le France; mais personne n'eût entendu , tant les canons et les flingues faisaient du barouflo. Et, ce qui restait de français ayant, très peu de temps après, jugé prudent de ficher le camp, j'ai gardé ~~pendant~~ cinq heures durant la position de l'homme couché, qui est, comme dit le reglement militaire, la moins vulnérable au tir de l'infanterie.

Je suis resté donc toute l'après-midi à 300 mètres de nos bons amis les Boches, qui ne m'oubliaient pas ; car, à la manière antique, ils honoraient d'une salve chacun de mes mouvements. Et, lorsque la nuit a daigné descendre du ciel, à la lueur blafarde du village qui flambait, j'ai commencé ma lente reptation vers les lignes françaises.

Cette marche serpentile peut s'expliquer de deux façons : 1° il était prudent de ne pas se tenir debout, car cela aurait pu attirer l'attention de ces Messieurs ; — 2° il m'était impossible de poser le pied à terre ni d'avancer autrement qu'en rampant.

Vers dix heures du soir, je rentrais dans les lignes françaises. Le lendemain matin, une automobile avec croix rouge me portait à Belfort. Là, on me mit dans un lit (chose douce que je n'avais eue depuis bien longtemps); on mit dans le lit une paillasse, dans la gouttière mon pied On me promet un appareil de plâtre pour ces jours-ci ; on m'a radiographié, moi physicien, ce qui est la suprême injure. On m'a donné deux lavements, une purge depuis que je suis arrivé ; on vient de me mettre un vésicatoire (très intéressant).

Vous êtes autorisé à faire de cette lettre l'usage que bon vous semblera, par exemple de la monterer aux collègues.

Cette blague m'a un peu remonté. Mais il fait toujours le même temps brumeux et glacial, qui opprime. Les communiqués nous disent que la Woëvre est en plein brouillard et que tout y est arrêté. Pour être en [illegible] profitez-vous, [illegible] qui donne où le brouillard ne doit pas être gênant, pour envoyer à la bougie un nouveau morceau de vos notes. — Nous recevons les dernières lettres que Paul nous écrit de l'hôpital : il [illegible] un [illegible] dans la nuit de samedi à dimanche, par la [illegible] du major. C'était heureusement dans l'ombre [illegible] mais il le [illegible] fait la [illegible] qu'à l'[illegible]. Il n'est pas trop tôt qu'il sorte de là : il avait le cafard et ce n'est pas drôle, si j'en juge par mon état présent. Mais la [illegible] le [illegible]. Votre [illegible]

72. Paul Dupuy à Maurice Genevoix.

Mardi, 26-1-15[1]

Un paysage de lumière pour vous aider à supporter les deux obscurités superposées de la caverne et du ciel. Je pense que la même chape funèbre et glaciale pèse sur vous et sur nous. Cela arrête tout, disent les communiqués ; je crois bien : il semble même qu'on ne se sente plus vivre. Elle est jolie la deuxième partie de mon tunnel avec la lumière au bout ; la voûte ruisselle où les vapeurs marquent la lumière. Aujourd'hui c'est Fontenay qui m'a rendu un peu de joie. Il y a peu de chose qui me plaise plus que cet enseignement que je donne depuis 30 ans et où je n'ai jamais fait deux fois le même cours. Cette fois, me fichant du programme, je leur fais étudier un détail de la ligne de bataille : avec les cartes géologiques, elle devient dix fois mieux intelligible que sur le 80/000 ordinaire. Quand on voit celles-ci, on ne vous comprend pas si vous parlez du piton des Éparges ; sur la carte géologique, il saute aux yeux, et on voit dans le fond des vallons surgir l'argile de la Woëvre où vous macérez dans la boue. J'ai eu un mot d'Hermand malade et évacué à Braine. Les majors n'ont pas l'air de savoir ce qu'est une douleur au côté droit. Avez-vous reçu le mot qu'il vous a envoyé ? Lui n'a rien reçu de vous ; mais je lui ai donné de vos nouvelles ; il vous envie d'avoir un ami auprès de vous, et moi, j'envie votre ami de vous avoir auprès de lui.

1. Carte représentant un tableau de Rembrandt : *Le Paysage aux trois arbres.*

73. Paul Dupuy à Maurice Genevoix.

Mercredi, 27-1-1915

Merci d'abord pour le hotu, personnage inconnu des bords de l'Aube, à moins qu'il ne porte un autre nom. Notre rivière, il y a deux ans encore, était vive, courant, bruissant, sautant et jacassant chez nous et ne donnant que de la chair ferme et savoureuse. Le rétablissement d'un moulin disparu depuis trente ans a supprimé la gentille musique coupée de chuchotement que j'aimais tant à écouter de bon matin, en suivant la rive et en me disant du Leconte de Lisle ou du Heredia ; il nous a donné 1 500 mètres de rivière canotable, et le poisson blanc va remplacer la truite. Quand reverrons-nous tout cela et dans quel sentiment ? Me sera-t-il donné un jour de vous y voir identifier un hotu ? ou me sera-t-il donné, ce qui me ferait presque autant de plaisir, d'apercevoir du bord de la Loire, en votre compagnie, la silhouette de Châteauneuf, familière à votre rétine. J'ose à peine penser à l'avenir ; mais, quand je m'y hasarde, j'aperçois dans la masse brune, des points clairs, qui sont les rencontres entre ces deux amis s'aimant de tt leur cœur. – Porchon est très gentil, puisqu'il est votre ami, et cela ne me surprend pas qu'il se soit laissé souffler l'oreiller ; mais si le souffleur est le même que vous m'avez décrit, ça me fait un poil à gratter dans mes draps. Enfin, comme disent les Boches, c'est la guerre. L'essentiel est que vous dormiez, vous, sur du doux, et non sur du dur. Je ne sais plus si les bouts de pied en chamois sont partis avant ou après les oreillers ; mais puisque les dattes sont bien arrivées, il n'y a pas de raison pour qu'ils n'arrivent pas eux aussi. Je suis un peu plus préoccupé de l'eau de Cologne qui a dû partir par le chemin de fer en prenant d'abord le chemin de Vitré ; la nouvelle de la première friction me fera grand plaisir. En attendant le tabac des 3 nonnes, je médite un autre envoi d'un caractère des plus intimes, et qu'aucune dame ne vous fera jamais. J'ai lu hier une liste de la ration journalière d'un soldat anglais, et j'y ai vu comme dernier article : une quantité raisonnable de papier hygiénique. Comment n'ai-je pas pensé à cela plus tôt ? Ce serait certes une des privations qui me toucheraient le plus, et non par cette manie qu'on a de transposer ses sentiments ou ses sensations dans ses amis, j'irai certainement demain à la recherche d'une édition envoyable par la poste. Ce ne sera pas celle que j'eus en vue autrefois, pour tromper les heures trop longues de la vie de château, avec un roman sur une des faces, que les gens de la maison et leurs invités reconstitueraient tous les soirs comme un puzzle. Mais cela me tranquillisera. Vous permettez ? Vous voyez que l'humeur va mieux que ces derniers jours. Je le dois en grande partie au paquet d'aujourd'hui. Je n'ai fait que parcourir rapidement les notes, juste assez pour plaindre le St-Maixentais B de s'être gâté l'éternité par sa dernière expérience d'amour[1]. Je ne pourrai pas lire cela à nos filles de Fontenay, mais sûrement la bataille du 6 septembre. À demain, grand ami. P. Dy

74. Maurice Genevoix à Paul Dupuy.

27 janvier

J'ai reçu ce matin, en arrivant aux avant-postes, votre lettre du 22. Je venais de passer 3 jours dans un cloaque, dans des abris de fortune qu'on ne peut aménager car l'eau y dévale

1. Voir le journal de Maurice Genevoix en date du vendredi 4 septembre 1914 en Annexes.

obstinément, est qu'on y est vu des Boches. Ma compagnie était, cette fois-là, détachée par la 2e ligne. Et me voici cloîtré dans une pauvre maison paysanne, où le vent pénètre par les portes qui ne ferment plus, par les châssis des fenêtres, veufs de leurs vitres. On ne peut faire de feu, parce qu'on risquerait de faire tuer bêtement 20 ou 30 hommes ; on ne peut sortir, parce que tout homme qui se montre est visé, souvent atteint, car on est près. Ce sont 3 journées mortes, 3 nuits de veille et de promenades entre les lignes, au long des fils de fer ronce, et de poste en poste. Le matin venu, je somnolerai dans l'abrutissement : j'ai l'habituelle paillasse des maisons où des colonies de poilus se succèdent de 3 jours en 3 jours, pendant des mois, et l'édredon rouge cuirassé de boue sèche. Vos lettres m'aideront à attendre le moment où l'on peut se frotter d'eau propre, et où ne pèsent plus sur les reins les poutres enfumées des vieux plafonds, ou les rondins parallèles des cahutes enterrées.

75. Paul Dupuy à Maurice Genevoix.

Jeudi, 28-1-1915

Je crois bien que j'ai été stupide hier soir. J'ai fait la rencontre imprévue d'une espèce de chocolat qui m'a paru répondre d'une façon si exacte à votre expression de « fondant sur la langue », que j'ai voulu avoir votre opinion sur lui et je vous en ai fait un envoi insuffisamment médité, j'en ai peur. C'est que, en effet, l'intérieur de chaque bonbon est fait d'une véritable crème qui ne se conserve pas indéfiniment comme une confiserie. D'où la crainte maintenant ou que le voyage ne soit trop long, ou que la boîte ne vous attende trop longtemps au cantonnement. Vous y serez, je pense, le 30, le

31 et le 1er. La blonde jeune fille qui m'a renseigné, et l'innocente Fanchette dirait « entôlé » pour « enjôlé », m'a assuré une conservation parfaite de six jours. Cela s'arrangera peut-être. Mais je ne me dissimule pas que la fragilité des bonbons est un autre danger, et j'ai peur maintenant que vous ne receviez un magma sans nom, mais non sans couleur et qui sera peu appétissant. Il m'est venu trop tard la bonne idée qu'une garniture de chocolat en poudre en guise de sciure aurait assuré le voyage dans de bien meilleures conditions. Dans une quinzaine, je saurai si mes craintes se seront réalisées.

La journée est bourrée d'imprévu. Pascal n'est pas rentré et, depuis deux jours, nous laisse sans lettres et sans dépêches. Par contre Boussac nous est tombé sur le poil ce matin, en route pour le front où il va, et où il tient à aller en compagnie d'un capitaine particulièrement épatant. Boite-t-il ? Non, mais sa marche est précautionneuse et je crains surtout que le froid n'arrête net le progrès, nuise même à sa blessure. En tout cas, il ne souffre pas et il est d'une humeur très brillante, narrant et mimant mille aventures où le plaisant se mêle au sévère. Il a été attaché de très près à un chef de bataillon un peu gaga, dont les propos, suivant qu'ils sont tenus à pied ou à cheval, motivent une petite mise en scène d'une justesse effarante. Ce matin, à déjeuner Maublanc avait été convié pour écouter, et il écoutait religieusement de toute sa petite figure, où le coup de torchon qui a renvoyé les cheveux en arrière, effaça du même coup et presque complètement les traits, si bien que les lèvres n'ont guère de bouche, et que la bouche n'a plus du tout de lèvres. La séance recommencera ce soir : les Herr seront là ; peut-être Pascal nous fera-t-il la surprise d'arriver sans s'être annoncé. Fanchette vient de revenir de son tour en Bretagne, regrettant de s'être trop pressée si son frère n'est pas là ; nous aurons aussi le bon archicube Momal qui a été le compagnon d'hôpital de Boussac à Nantes, et qui m'a écrit, je crois vous l'avoir dit, une lettre si simple et si émouvante sur les circonstances où il a été blessé. Il y aura aussi la barbe d'or du délicieux ami Chamonard, ami cueilli dans les générations d'autrefois, celles qui ont connu, avec notre premier enfant, la plus grande joie et la plus grande douleur de notre vie. Passé et présent de l'École mêlés, sont ce qui fait l'exceptionnelle beauté de ma modeste vie. Et si vous n'êtes pas là, ami, du moins y sera-t-il question de vous : j'ai promis à Boussac de lui montrer une ou deux de vos lettres. Et quand il ne sera pas question de vous, vous savez que la pensée de votre vieil ami vous rencontrera tout de même plus d'une fois au détour d'une conversation ou au coin d'un silence. Et j'ai relu tout à l'heure vos lettres, afin de garder pour moi celles qui ne sont bien que pour moi, et mon cœur est tout rempli à cette heure du sentiment de votre affection.

Une des choses qui m'ont fait le plus plaisir à la fois dans votre lettre et dans vos notes, c'est que j'y aperçois vos rapports avec vos hommes : dans l'action du 6 septembre[1], dans la demi-inertie d'aujourd'hui, je suis sûr que vous les avez en main, que vous les tenez par toutes sortes de prises : gaîté et volonté, intelligence claire et bonté, – par ces forces fraîches qui jaillissent visiblement de vous, et qui vous donnent le cœur de vos soldats, comme elles vous ont donné celui de votre vieil ami.

Tout à l'heure, vers 5 heures, en allant chercher Fanchette au quai d'Orsay, j'ai pensé à votre sûreté de vision et d'impression pour rendre les heures dernières du jour. Le fauve du couchant était un peu opaque ; mais de l'autre côté du

1. Voir le journal de Maurice Genevoix en date du dimanche 6 septembre 1914 en Annexes.

soleil, très haute dans une atmosphère gris clair, la lune presque pleine brillait d'un argent froid et net. Au-dessous, la Seine coulait ras les bords, entraînant le regard sur sa masse puissante, d'une couleur étrange, ni jaune ni verte, pas émeraude, presque péridot, avec de légères et fugitives marbrures à peine rosées, tandis que le Pont-Royal ouvrait ses larges arêtes sur la coulée et concentrait les dernières blancheurs du jour sur sa face aux lignes grandes et souples. Vous me feriez voir tout cela, j'en suis sûr avec dix fois moins de mots, et presque d'un seul coup.

Je vous quitte : on joue au-dessus de ma tête l'air qui m'appelle au dîner. Non, je ne vous quitte pas, je ne vous quitte jamais tt à fait, cher ami. Vous êtes en première ligne à cette heure. Comment vous y réchauffez-vous ? Votre Paul Dupuy

76. Paul Dupuy à Maurice Genevoix.

Samedi, 30-1-1915

C'est joli la lumière, et le soleil est bon aujourd'hui. Je viens de l'ambulance installée à l'Hôtel Ritz où le père de [*illisible*] voulait que je visse le commandant de son fils disparu ; visite sans résultat, comme je le prévoyais. Mais les salles de malade donnant sur la place Vendôme étaient d'une blancheur presque éblouissante ; en revenant, le soleil brûlait la rue de Castiglione et mettait dans le jardin des Tuileries la première gaîté du printemps. Un dirigeable dans le ciel semblait saupoudré d'or. Je me dis que les 20 kilomètres de route pour rejoindre Belrupt auront été supportables. Pourquoi diable vous envoie-t-on cantonner si loin ? Et vos draps, qu'en faites-vous avec ces changements successifs ? Je voulais relire toutes vos notes avant de répondre à votre question sur la monotonie et l'unité de ton. Vous avez tort de vous inquiéter, je vous assure : les journées de bataille font naturellement tort aux autres, et peut-être pourrait-on couper un peu dans celles-ci ; mais on serait embarrassé de savoir quoi, tant chaque notation donne une impression de vie et de justesse. Il y a des détails qui me ravissent : le savon des blanchisseurs sur la rivière, par exemple, le soir du 4 septembre[1]. Et votre journée du 5, ami, et vous dans cette journée ! comme tout s'ordonne dans le champ de votre vision et de votre action personnelle, et comme la première reste maîtresse d'elle-même pendant que la seconde s'exalte et s'emballe. Et votre vieil ami lit et relit les six pages, et il sent son cœur se gonfler d'affection, et il voudrait vous avoir là pour vous embrasser, et la pensée que vous voulez bien avoir vous aussi de l'affection pour lui refait de la jeunesse d'âme. Après 3 jours de silence auxquels nous ne comprenions rien, Pascal télégraphie qu'il arrivera probablement demain. Votre Paul Dupuy

77. PAUL DUPUY À MAURICE GENEVOIX.

Dimanche, 31-1-1915

Paul Maurette, hier, voit arriver à cloche-pied l'archicube Delvert, qui voudrait bien venir achever sa guérison ici : « C'est peut-être les Boches, dis, qui t'ont blessé. » – Il sort avec sa mère et lui demande pourquoi les réverbères ne sont pas allumés ; elle lui répond qu'on ne les allume qu'à la nuit. Lui, reste un instant silencieux, puis dit : « Ah oui, quand le

1. Voir le journal de Maurice Genevoix en date du vendredi 4 septembre 1914 en Annexes.

ciel est bleu, quand les arbres ils sont noirs, quand je vois plus la rue devant ma maison, quand les blessés ils vont se coucher, on allume les réverbères. » N'est-ce pas que le peut-être et la vision de choses qui annoncent la nuit sont jolis ? Je me rafraîchis avec ces gentillesses d'enfant de toute la cuisante émotion que m'a laissée hier soir la visite de Madame Lamarque. Elle est arrivée à 6 heures ; j'étais seul et suis allé ouvrir ; l'escalier, où l'on n'allume plus, par ordre de la police, était plongé dans l'obscurité ; la grande forme noire était à peine discernable : je l'ai reconnue tout de même instantanément, sans qu'elle eût dit un mot, et, sans qu'elle eût dit un mot, je l'ai fait entrer, et sans qu'elle eût dit un mot, elle est restée un quart d'heure à sangloter, moi pleurant aussi sans mot dire, mais entendant à travers les sanglots les vers familiers qui chantaient tout bas dans ma tête.

À voir ce que l'on fut sur terre et ce qu'on laisse, seul le silence est grand : tt le reste est faiblesse. Il a fallu tt de même parler, et ce fut la naissance du petit, le jour des morts ; la mort du père, percé au cœur d'une baïonnette sur sa mitrailleuse, tous les hommes de la section tués jusqu'au dernier. Et quand elle m'a dit que l'enfant avait déjà les yeux étincelants du père, j'ai cru les voir au moment même où il était frappé. Le lien qui m'unissait à Lamarque était ancien et fort : j'avais deviné sa misère et j'étais allé au-devant de lui, avant même qu'il n'entrât à l'École ; il m'avait trouvé indulgent, sympathique même aux bizarreries de sa première manière, et sceptique juste au moment voulu quand il s'amusait à les exagérer. Cela l'avait assez attaché à moi pour qu'il m'eût demandé d'être témoin à son mariage, et je me vois encore disant à sa femme tout ce que j'attendais d'elle pour qu'il cessât enfin d'être un bohème du travail. Malgré les apparences, la transformation n'était pas encore au point : c'est encore à moi qu'il a dû la combinaison par laquelle, malgré son échec à la licence ès sciences, sa dernière année à l'École lui a été tout de même assurée. Il l'aurait faite, maintenant. Elle, intelligente et la laborieuse, était, est encore, un des meilleurs professeurs des sourds-muets ; mais elle avait des apparences d'oiseau, exagérait les modes, aimait les couleurs voyantes, m'embarrassait parfois quand, d'un trottoir à l'autre de la rue Gay-Lussac venaient me chercher le sourire et le bonjour familier d'une petite femme trop élégante repérée depuis quelques instants, et en qui je la reconnaissais tt d'un coup. Aujourd'hui elle s'est écroulée sous ses voiles, alourdie par sa maternité, le visage ravagé et morne. Hier soir, elle m'a quitté plus calme, apaisée d'avoir tant pleuré et dit tout ce qui l'obsédait ; mais moi je suis encore sans force ce matin. Et je vous dis tout cela, pour vous seul, parce que j'ai besoin maintenant de vous dire, et à vous seul, les choses que naguère je gardais entre mon cœur et moi. Vous me dites dans votre dernière carte, qui m'est arrivée il y a une heure, que je suis votre sûr compagnon. Comment ne seriez-vous pas aussi le mien, non pas seulement celui qu'on rencontre en pensée, mais celui à qui vont les paroles, quand le trop-plein du cœur a besoin de s'épancher ?

Cette dernière carte m'est très chère : d'abord elle est venue vite, puisqu'elle n'est que de mercredi ; ensuite, elle me montre que mon tableau de votre emploi du temps est exact, et je pense, sans trop craindre de me tromper, me figurer que vous jouissez au repos de ce beau dimanche lumineux, qu'il est peut-être un de ces bons jours où vous vous sentez redevenir gosse ; enfin, il n'y est question que de vous, que des choses qui touchent à vous : en dix lignes, j'ai toute la misère sauvage de vos six journées de seconde et de première ligne. Être sûr que, dans cette misère, le mot de moi qui part tous les jours vous fait un peu de bien, apaise pour vous la méchanceté de la vie, c'est pour moi une source de jouissance intérieure dont je vous dirais mal l'intensité. J'étais désolé ce matin, quand je me suis aperçu qu'après la visite de Madame Lamarque, j'avais oublié de mettre à la poste quatre ou cinq lettres, dont une pour vous. Il avait fallu que je la reconduise jusqu'à la porte de Jean, et je m'étais ensuite sauvé chez moi, pour me tremper la figure dans l'eau fraîche et me calmer. Vous seriez au cantonnement mercredi ou jeudi, je ne me reprocherais pas trop cette étourderie ; mais vous aurez retrouvé sans doute le cloaque de cette semaine.

Qu'est-ce que c'est qu'un « filou » dans votre langage ? Voici deux fois que je le trouve dans une lettre de vous et dans une de Molinier. L'Académie en est à la lettre F. C'est le moment de collaborer.

Je serais particulièrement satisfait si l'eau de Cologne vous avait été remise à Belrupt. Vous pourrez, je pense, me renvoyer facilement par la poste la bouteille vide, dans sa gaine de cuir, pour que je vous la retourne pleine par le chemin de fer. À vous, ami, du tréfonds de ma vie.

Paul Dupuy

FÉVRIER 1915

78. Maurice Genevoix à Paul Dupuy.

[1er] *février 1915*

Demain matin seulement nous quittons nos avant-postes. Journée de printemps ; un ciel clair, avec des bouts de nuages qui courent les uns après les autres. Depuis ce matin, je siffle comme un loriot. Tout à l'heure, j'ai manié la pioche et la pelle. Je viens de descendre des tranchées jusqu'aux abris de la réserve, en galopant sur la pente, par-dessus les tas de boue. Vous ririez si vous me voyiez en ce moment : jusqu'aux genoux, de la boue, accumulée en couches successives, d'abord une croûte sèche, puis un revêtement qui n'est pas tout à fait pris, et enfin un enduit gluant et frais. Ma vareuse, qui fut neuve, est râpée jusqu'à perdre sa couleur, et les galons, aux manches, décousus et roulés sur eux-mêmes, ne sont plus que des ficelles. Plus de culotte rouge, mais une culotte de velours à côtes : la jambe gauche, sur laquelle Porchon renversa l'autre jour toute la sauce d'un plat, est vernie de graisse ; et dans les côtes de l'étoffe, des taches de bougies se cramponnent. En guise de coiffure, un passe-montagne plié en deux, transformé en calotte. Et dans la main, mon point d'appui, un bâton de cornouiller coupé dans nos bois. À la nuit, nous descendons vers le Longeau, en pleine zone battue ; et nous tendons, sous les racines des vieux saules, des balances à écrevisses fabriquées par nous, avec des bouts de fil de fer barbelé, et de la ficelle trouvée dans les tiroirs de bahuts, au village…

Pour que vous ne bronchiez pas dans vos calculs et que vous perdiez vite mes traces, je vous apprends qu'à partir de demain nous commençons une série de 3 fois 4 jours, au lieu de 3 fois 3 jours ; cela jusqu'à nouvel ordre. Le nouvel ordre arrivera peut-être bientôt. Depuis quelques jours, les sapeurs, d'un camp à l'autre, se cherchent sous la terre. Et souvent, avec des caisses de poudre, ils se jouent des sales farces les uns aux autres. Ce sont les Boches qui ont commencé. Ils ont eu la première manche, sans envergure d'ailleurs ; nous venons de leur enlever, dans un style magnifique, comme disent les journaux de sport, la deuxième et la belle. Nous allons recommencer une nouvelle partie. Ce matin, la journée a commencé dans le brouillard. On a d'abord vu les crêtes émerger ; puis le soleil a glissé sur les sapins, pendant que, dans les fonds, des nuées blanches roulaient, poussées par le vent d'est. Puis ces nuées se sont déchiquetées peu à peu, s'accrochant aux buissons, aux lignes d'arbres. Et bientôt, il n'y eut plus qu'un peu de brume laiteuse flottant au long de la vallée, se roulant autour des troncs noueux des saules, dont les têtes rondes émergeaient à la pleine lumière. Ce soir, le ciel se ternit, le vent tourne, passe au sud-ouest : nous aurons la pluie pour rentrer au cantonnement.

79. Paul Dupuy à Maurice Genevoix.

Lundi, 1er février 1915

Cher ami, un de vos camarades qui viennent d'arriver sur le front m'écrit que, dans sa section, les hommes manquent de chaussettes, de caleçons, de tricots, et me prie de lui en faire envoyer. Par Victor Béraud je vais aviser à cela. Et vous ? n'avez-vous besoin de rien pour vos hommes ? Je vous sens, à travers le peu que vous m'en dites, si cordialement aimé d'eux que ce me serait un vrai bonheur si je pouvais contribuer à augmenter encore leur confiance et leur affection. N'hésitez jamais à me demander ce qui vous paraîtra nécessaire : moi, de mon côté, je ferai toujours tout ce que je pourrai. – Nous attendons Pascal ce soir, ce n'est pas trop tôt.

J'ai été interrompu par un petit bout de papier sale qu'on m'apportait du Val-de-Grâce et sur lequel Julia avait griffonné mon nom au crayon. J'y ai couru et j'en reviens, navré au-delà de ce que je peux exprimer : nous ne verrons plus le beau visage numide. Une balle explosive en pleine figure, à l'affaire de la Creuse, a perdu un œil, le nez et perforé la voûte du palais. Une lèvre exsangue pend au-dessus du masque de bandage ; toute parole est impossible. Il écrit, et m'a écrit qu'on l'envoyait au Val « pour lui refaire un visage convenable ». Ami, ami, comme je voudrais vous revoir. Paul Dupuy

80. Paul Dupuy à Maurice Genevoix.

Mardi, 2-2-15

Il faut me pardonner mon énervement d'hier, mon cher Genevoix. J'aurais dû penser que ma carte vous rejoindrait sans doute dans quelque masure délabrée, froide et triste, comme celle où vous étiez en première ligne, la semaine passée, et qu'il n'était guère secourable d'ajouter ma mélancolie à la vôtre. Assez d'images affreuses peuvent, sans être appelées, heurter votre imagination dans ces nuits de veillée anxieuse ; et moi, qui souhaite passionnément de vous être une aide, je ne devrais pas y ajouter. Mais j'étais hier soir remué jusqu'au plus profond de moi. Même, accablé par la stupeur de la première rencontre avec ce malheureux qui n'a plus la parole pour suppléer au regard, ni le regard pour suppléer à la parole. Et comment aurais-je pu n'en rien dire à l'ami de tous les instants et de toutes les pensées que vous êtes devenu pour moi ? J'ai à peine pu lui parler hier, tant il me semblait que tout ce que je pouvais lui dire était au-dessous de sa misère, incapable d'atteindre la pensée vivante et cachée derrière le masque épais et blanc d'où ne sortait aucune parole. Et je tremblais en guidant sur le papier la main qui m'y a écrit deux ou trois pauvres lignes. Aujourd'hui je me sens réconforté par l'idée que je peux lui venir, que je lui suis venu déjà efficacement en aide. J'ai fait rayer du papier en relief et je lui en ai apporté une provision ce matin, dans une pochette assez ferme pour qu'il puisse écrire dessus sans peine ; j'organise des relais d'amis pour lui tenir compagnie, lui faire la lecture. Il faudrait seulement qu'on le sortît de la salle commune où il vit, et qu'on le mît dans une chambre loin des bruits qui sont pour lui une cause de fatigue sans compensation. Il n'avait pas dormi de la nuit à cause de cela. L'accoutumance et la nécessité d'agir vont faire leur œuvre ici comme elles le font où vous êtes. J'aurai seulement senti une fois de plus en moi le retard de l'action sur l'émotion qui trahit la fatigue de l'âge.

J'entends Pascal jouer au-dessus de ma tête le *Faust* de Schumann. Ça c'est une joie, une vraie, et une aide. Il nous est revenu hier soir, merveilleusement transformé, gigantesque et puissant. Il a certes grandi. Mais surtout le repos de la quarantaine dans l'ignoble Teloché a tout de même mis au point l'acquis de son entraînement physique. Il n'y a décidément rien de tel que de vivre en pure brute. Son visage s'est rempli ; les lignes même en ont pris plus de force et il y a une expression virile que nous ne connaissons point. Il est vrai que toutes les mièvreries de vos modes, contre lesquelles je pestais intérieurement, tout en me demandant si je n'étais pas une vieille bête, sont maintenant absentes ; plus de raie au milieu du crâne, plus de moustache rasée ; rien ne contrarie l'harmonie naturelle des traits ; – plus de pantalon trop large, au pli trop accusé, aux bords impeccablement retroussés ; plus de ces bottines aux empoignes claires qui donnaient à la base une telle apparence de fragilité ; non, la bonne culotte où s'accuse la structure de la jambe, les solides houseaux et les robustes brodequins propres à supporter un bonhomme de 1m86. On a seulement peur qu'il se cogne le front aux portes et qu'il s'étale en catastrophe sur le parquet ciré. Ce matin, Lévy, Michoux, Maublanc déjà nommé, sont venus déjeuner avec lui : ils faisaient peine à voir. Maintenant, ce sont Paulo et Baba qui le retrouvent avec bonheur et passent littéralement entre ses jambes. Et le géant parle : il parle abondamment, il parle presque à tort et à travers, tant il est heureux de retrouver tout ce qu'il aime, tant est abondante aussi son expérience des stupidités hospitalières. Il s'en est fallu d'un cheveu qu'au lieu de venir ici, il passât huit jours dans un dépôt de convalescents, parce que l'inspection de la commission sénatoriale d'hygiène avait mis de méchante humeur le major de l'hôpital du Mans. L'abondance d'appétit dépasse celle de la parole : ma femme et la fidèle Florine en sont abruties. Moi, je jouis intérieurement de voir la figure d'homme qu'aura mon fils et de trouver qu'elle me plaît. Enfin, il y a beaucoup de joie à la maison ; mais ça n'est pas, vous le savez, une joie égoïste : elle accueille et elle câline les tristesses qui viennent d'ailleurs ; elle se hâte aussi d'aller trouver l'ami dans sa tranchée.

J'ai d'ailleurs eu l'ami avec moi toute l'après-midi. J'ai voulu avoir le cœur net de vos craintes sur la monotonie, et j'ai fait une lecture anonyme du carnet à mes filles de Fontenay ; avec quelques suppressions bien entendu : elles ne sauront jamais jusqu'à quel point le sort du St-Maixentais est digne de compassion. Mais, même avec les coupures, c'était assez long pour que, si vos craintes étaient fondées, je m'en fusse aperçu. L'attention n'a pas faibli une minute : d'elles à moi, de leurs yeux aux miens, la sympathie, changeant de nature suivant les passages, a gardé d'un bout à l'autre la même intensité. J'étais content de ma journée. Je vous embrasse, comme quelqu'un qui possède bien maintenant ces dix ou douze jours de votre vie, et qui vous en aime davantage. Paul Dupuy

81. Paul Dupuy à Maurice Genevoix.

Mercredi, 3-2-1915

Mon cher ami, j'ai eu ce matin la surprise et la joie d'entendre Julia, je ne dirai pas articuler quelques mots, mais rendre quelques sons un peu indistincts, suffisants cependant pour se faire comprendre et rendre moins nécessaire l'usage du papier et du crayon. Il avait pu dormir et la fièvre était entièrement tombée. Jusqu'à présent il n'a eu affaire qu'au chirurgien Jalaquier : demain, le Dr Morestin, le refaiseur de figures, l'examinera. Il a toujours le même calme stoïque et n'ayant plus pour exprimer ses sentiments que la pression de ses mains, il sait y mettre une reconnaissance touchante. Je ne sais qui lui avait apporté *Jacquou le Croquant*, sans se soucier de savoir comment il le lirait ; nous nous y sommes mis Herr et moi ; d'autres vont suivre ; c'est amorcé et quand il y aura une chambre libre pour lui, nous pourrons le sauver tout à fait de l'ennui.

Je désirais, depuis que j'avais lu votre passage sur l'église de Rembercourt-aux-Pots, faire sa connaissance[1]. Une heure de flânerie cette après-midi sur les quais, par une température printanière que je vous souhaite, m'a permis d'entrer chez le photographe des monuments historiques, où j'ai vu une douzaine de très belles photographies. J'en ai pris quelques-unes, afin de vous les garder comme souvenirs. C'est en effet une chose très intéressante, mais pas du tout romane, mon petit. Plein quinzième pour le chœur et la nef ; fin du quinzième pour la façade. Elle a été commencée sur un plan épatant qui aurait donné quelque chose d'aussi riche et d'aussi puissant que la façade de Troyes. La mode ayant changé ou l'architecte ayant passé la main, les décorations italiennes, charmantes du reste et spirituelles, se sont insérées autour des françaises au rez-de-chaussée, les ont escaladées au premier ; puis, faute d'argent sans doute, sont restées en plan pour le couronnement. C'est l'histoire de beaucoup d'autres églises de la même région ; j'adore ce désordre, ce raffinement, cette décadence, l'imprévu des combinaisons et même leur inachevé. Nous en avons une foule d'exemples dans la partie de la Champagne où nous passons les vacances, et je me suis retrouvé tt de suite, avec ces photographies, en pays de connaissance. Vous, dont l'œil est si actif et si juste, vous aurez plaisir, j'en suis sûr, à en faire l'éducation pour notre vieille architecture française, qui ménage tant de rencontres amusantes ou émouvantes. Ce ne serait pas très long : les manuels sont excellents et donnent envie de voir tout ce qu'ils représentent. Il y a une dizaine d'années, quand j'avais encore de la curiosité d'esprit, je me suis mis à lire tous les soirs, au lit, le dictionnaire d'architec-

1. Voir le journal de Maurice Genevoix en date du samedi 5 septembre 1914 en Annexes.

ture de Viollet-le-Duc, où le texte et les illustrations rivalisent de précision et de verve. Cela a duré au moins dix-huit mois, sans une heure de lassitude, tant j'étais entraîné à la fin aux représentations intérieures. Vous, vous avez ça presque de naissance ; vous y ajoutez, si j'en juge par votre manière de ponctuer, une faculté de construction logique admirablement propre à l'intelligence de toute architecture. Et puisque vous ne vous lassez pas de voir, de regarder, de sentir avec vos yeux, vous verriez quel champ de sensations nouvelles vous vous ouvririez par là, comme cela compléterait ou encadrerait celles que vous tirez de la nature et des hommes.

Je m'amuse à ce petit prêche qui vous fera sourire sans doute, mais précisément dans la pensée de vous faire sourire où ma lettre vous trouvera. L'homme des tranchées est bien voisin de celui des cavernes : c'est à ce primitif que je m'adresse ; c'est en lui que je veux réveiller un instant le raffiné qui dort. Je vous offre ça, mon petit, comme un tub ou une friction.

Pascal n'a pas grandi depuis hier ; c'est à n'y pas croire. Son pas ébranle tout l'édifice. Quand il s'allonge, à son habitude, sur un canapé, ses jambes viennent en avant avec l'ampleur exagérée des premiers plans photographiques. Lavisse a été épaté de cet aspect formidable, dans lequel le costume ample et souple est bien pour quelque chose. Moi, je n'y suis pas encore habitué.

Bonsoir, ami ; à demain. Vous savez que je suis toujours autant votre ami. Paul Dupuy

82. Paul Dupuy à Maurice Genevoix.

Jeudi, 4-2-15

Ce coup-ci c'est le printemps. Tous les malades de l'École sont dehors, courent le jardin avec leurs familles, ou s'installent derrière la grille ensoleillée. Vaillant est là, contre le chambranle de la porte, dans une capote de grognard, avec un calot que lui ont offert sans doute des admiratrices. Car avec son caractère de chien il en a domestiqué deux ou trois qui sont aux petits soins pour lui. C'est tt de même la première fois qu'il met le nez dehors depuis qu'il est revenu. Vous ami, vous serez demain en première ligne. Il serait sans doute absurde de penser que la lumière et la gaîté des choses vous la rendront moins pénible. Les chatons vont accrocher leurs pendeloques aux branches et vous ne les verrez pas. Voyez du moins intérieurement la grande amitié de votre P. Dy.

Herr était encore tt tremblant ce matin d'avoir assisté hier au pansement de Julia.

83. Paul Dupuy à Maurice Genevoix.

Vendredi, 5-2-15

J'ai si mal dormi cette nuit et si constamment pensé à vous, dans cette demi-veille insupportable, qu'avant de me mettre au travail, je ne peux m'empêcher de vous dire bonjour et de vous embrasser. Il est six heures : Vénus brille seule dans le ciel déjà clair. Est-ce l'heure où vous faites la relève des avant-postes ? Que c'est donc peu de chose d'être seulement en pensée avec ceux qu'on aime. Et j'y suis pourtant bien fort avec vous. Votre vieux Paul Dupuy

84. Paul Dupuy à Maurice Genevoix.

Vendredi, 5-2-15 (bis)

C'est aujourd'hui la même gaîté et la même tiédeur lumineuse qu'hier ; dans la maison, le même fourmillement au soleil des blessés et des infirmières. Tous préfèrent celui de l'entrée ; il y en a jusque sur les marches de la porte et la foule s'amasse pour les contempler, tandis que Paul et Baba vont leur serrer la main et faire la causette avec eux. Au Val-de-Grâce, tout à l'heure, Julia a senti, à travers ses épais pansements qu'un rayon rôdait dans la salle. Je pense que la même tiédeur et la même lumière sont répandues dans vos bois et que votre bonne humeur naturelle s'en ressent. Votre dernier mot, déjà vieux de 9 jours, était si triste, cher ami. Celui que j'attends aura encore été écrit sans doute sous la même impression et le beau temps sera passé quand je saurai qu'il vous a fait du bien. Mais je pense à ce bien de tout mon désir. *L'Officiel* de ce matin m'a appris par une citation à l'ordre [*illisible*] la mort de Petrus, dans un assaut, le 22 décembre. Il y avait longtemps que je ne recevais plus rien de lui, et tout ce que j'avais reçu dénotait de grandes souffrances nouvelles. Il n'a jamais pu prendre son parti des contacts dont vous avez souffert aussi, mais que son goût du rêve lui rendait intolérables. Une grande affection. Paul Dupuy

85. Paul Dupuy à Maurice Genevoix.

7-2-15

Je suis mieux depuis ce matin, cher ami, de la présence de Paqui. J'avais beau me raisonner, je sentais en moi une vague inquiétude et je me donnais des prétextes pour aller voir chez Jean si les courriers n'étaient pas là. Votre rapide carte du 2 est arrivée à point : si elle avait manqué, il aurait fallu attendre jusqu'à demain et la journée m'aurait paru un peu longue, sous son ciel bas et sous sa pluie. Puisque vous êtes bien, tout le reste est bien aussi, et d'autant mieux à mon point de vue d'aujourd'hui que c'est votre dernier jour en première ligne. Les trois qui vont venir me laisseront plus de liberté d'esprit.

Julia, comme vous pensez, est toujours ma grande occupation. La cicatrisation fait des progrès rapides et l'œdème diminue. Ce matin, j'ai eu la surprise de lui trouver un pansement bien moins volumineux, avec une espèce de rabat au-dessus de l'œil gauche. Il le lève quand il veut voir, et entre les paupières encore tuméfiées on aperçoit une prunelle sombre dont le contour se noie par dégradation dans le blanc, comme aux yeux d'émail de certains masques funéraires égyptiens. Il y en a un au Louvre qui m'arrête toujours au passage : la fixité en est impressionnante. Même fixité chez Julia, qui doit tourner la tête tout entière pour changer la direction du regard. Mais cela s'arrangera, j'espère ; il m'a même semblé qu'il y avait progrès de ce matin à ce soir. Pour la parole, il est très rapide. Je viens d'avoir le récit de l'affaire, beau de simplicité et de verve. Quel tempérament ! Sa force morale est intacte ; il revoit chaque incident avec une lucidité parfaite, et à chacun retrouve la même réaction vigoureuse. Les mots que vous avez notés chez les hommes touchés, aveugles et muets, morts en apparence, il les a entendu prononcer lui-même : « le lieutenant a son compte ; il est foutu » et de la main il a fait signe que non. À peine ranimé, il a commencé à griffonner des bouts de papier, uniquement inquiet de savoir si la tranchée était conservée, et de même qu'il bottait les flanchards avant d'être blessé, il engueulait par écrit les geignards avec lesquels on l'évacuait. Ce matin, il m'a dit combien avait été pénible pour lui l'obscurité où il est renfermé depuis le 25, et il a ajouté, d'un ton presque sentencieux : « Vous savez, monsieur Dupuy, c'est un gros sacrifice que celui de la vue. » Il s'estime donc heureux, et il l'est en effet de ne pas se sentir par trop diminué. « Avouez, me disait-il tout à l'heure, que j'ai tout de même de la chance. »

S'il ne fallait pas, pendant qu'il parle, lui essuyer sans cesse la bouche encore bien misérable, on avouerait tout ce qu'il voudrait.

On pense le lever demain, si nous pouvons lui procurer une robe de chambre. On s'arrangera.

Je refaisais hier votre itinéraire des premiers jours de septembre avec vos notes. J'ai eu une hésitation sur le lieu où vous couchâtes trois nuits de suite avec un gros homme de cinquante ans. Est-ce Gercourt ? Est-ce Cuisy ? Je crois que c'est Cuisy : vous me direz cela. Je vais faire copier votre manuscrit à la machine à écrire et j'y joindrai cartes et photographies. Comme cela vos petits papiers et vos pattes de mouche ne risqueront pas trop le culottage, et si vous voulez utiliser cela plus tard, cela vous sera plus commode.

Avez-vous vu la menace aux neutres de l'amirauté allemande ? Est-ce une esbroufe ou vraiment se croient-ils en état avec leurs sous-marins de chambarder toute la navigation de commerce anglaise ? Ils ont annoncé que ça commencerait le 18. Je suis curieux de voir ce qui se passera ce jour-là. Les gens qui se croient raisonnables ont des surprises. Je n'en reviens pas de voir que 12 000 Turcs aient pu traverser le désert pour arriver jusqu'au canal de Suez. – Votre cantonnement sera fini quand vous recevrez ceci : je vous le souhaite bon tt de même ; en tt cas, j'en jouirai de loin. Je vous embrasse de grande amitié. Paul Dupuy

86. Paul Dupuy à Maurice Genevoix.

Mardi, 9-2-1915

Je me réjouis presque du temps lugubre qu'il fait aujourd'hui, en pensant que vous n'êtes pas dans les tranchées, et aussi en me disant qu'il est impossible de faire faire l'exercice aux hommes dans le cantonnement. Peut-être cela me vaudra-t-il quelque feuillet nouveau de notes. Mais je sens bien qu'il ne me faut plus compter sur des nouvelles régulières et abondantes. De tous les cotés se multiplient les indices que se prépare du nouveau, où disparaîtront sans doute la régularité et la monotonie d'existence dont votre correspondance a bénéficié. De tous côtés on me dit que le secret est de nouveau prescrit rigoureusement, et, surtout pour les sous-lieutenants nouvellement promus je ne reçois bien souvent que des adresses volontairement incomplètes.

Je prends *in petto* toutes sortes de bonnes résolutions pour me préparer à cet état de choses printanier ; mais c'est vous dire aussi que tout ce qui pourra prolonger un peu notre intimité hivernale me sera particulièrement cher. Trop souvent on ne s'aperçoit qu'après coup de ce que valent certains moments qu'on a vécus ; je peux bien vous dire, cher ami, que, jour après jour, j'ai senti à fond tout ce dont votre amitié pour moi et mon souci pour vous enrichissaient ma vie. Au point où elle en est, c'est quelque chose dont elle restera imprégnée désormais : il y aura toujours quelque chose de vous dans le tréfonds de mes sentiments et de mes pensées.

Voici Pascal pris de coliques néphrétiques très douloureuses, au moment même où il devait regagner Le Mans, dans l'état d'exaltation sentimentale, et, par suite, dans les bonnes dispositions de travail que vous devinez. C'est une de ces suites de scarlatine qui sont si fréquentes et rendent la maladie insupportable, même quand elle est bénigne. Dans le cas de Pascal la répugnance que lui inspiraient tous les breuvages de Teloché, gros vin au tannin ou eau suspecte, est pour beaucoup dans la complication actuelle : il n'a pas lavé ses reins, et c'est maintenant la débâcle, débâcle très douloureuse, comme vous savez. Hier nous dînions chez les Steeg : il a voulu y aller. Impossible de marcher ; la voiture par ses secousses a provoqué des déplacements de calculs, et il a passé l'heure du repas à faire bonne contenance, avec la sueur perlant sur le front. Il est au lit, agréablement gardé, j'en conviens, mais très embêté de penser que son retour au peloton est encore retardé. Il a une tendance à se croire déveinard : ceci n'est pas pour l'atténuer.

Julia ayant commencé à souffrir de son œil crevé, le Dr Jalaquier a jugé nécessaire de l'enlever immédiatement pour assurer la conservation de l'autre. L'opération a eu lieu ce matin, dans de bonnes conditions, paraît-il. Le pauvre petit sait maintenant que son sort est fixé et qu'il ne reprendra pas la campagne. Tout se mêlait jusque-là dans sa tête : l'idée de travailler comme Euler aveugle et le désir de repincer son sergent, qui avait flanché dans la tranchée. Ce n'est ni l'un ni l'autre qui se réalise : il jouit certainement moins du bonheur de conserver la vue, qu'il ne souffre du regret de s'être si peu battu. Il n'est pas encore au bout des efforts de courage qu'il lui faudra faire, pour s'adapter à son état nouveau.

Hermand est malade. On l'a évacué sur une ambulance de Braine, et on lui a ouvert un abcès d'origine appendiculaire qui le faisait beaucoup souffrir. Il m'écrit qu'il a encore dans le flanc un drain qui n'est pas un drain de plaisir. Et je sais percer dans cette blague innocente une joie secrète, bien excusable, bien légitime même, de voir en perspective quelques jours de repos, et peut-être de convalescence à l'École. Je suis surpris qu'il ait tenu bon si longtemps. Il est sans nouvelles de sa mère depuis l'occupation de Lille, et il en est mélancolique à fond. À demain, cher ami. Je vous embrasse avec tt ce que je pense avoir de joie ou d'amour dans le cœur. Paul Dupuy

87. Paul Dupuy à Maurice Genevoix.

Mercredi, 10-2-1915

À cette heure matinale où le brouillard estompe tout, mais laisse apercevoir sur les toits de larges plaques de gelée blanches, je travaille au bruit des mugissements qui remplissent la rue d'Ulm et la cour des omnibus en face. Les vaches sortent de leurs écuries, se pressent pour passer la porte, se flanquent des coups de cornes ; les bouviers jurent, distribuent impartialement les coups de bâton, agitent leurs bras pour empêcher les fugues et masser le troupeau, qui ne fait plus qu'une énorme tache brune hérissée des croissants clairs des cornes. Ces dames et ces demoiselles vont au taureau. Le pensionnat rentrera vers midi, plus calme, et une à une, chaque vache franchira la porte entrebâillée seulement, pour regagner son écurie qu'elle connaît parfaitement, et où mijotera dans son flanc le fruit de cette matinée d'amour. J'avais déjà remarqué plusieurs fois ces sorties et ces rentrées, sans me les expliquer. Je fus instruit hier par des charretiers qui amenaient un gigantesque chargement de son dans une charrette traînée par deux couples de bœufs. J'appris alors qu'on attelait les bœufs faute de chevaux, et que les vaches n'étaient là ni pour le lait ni pour la boucherie, mais pour reconstituer plus tard le cheptel du pays envahi. Cela me les a rendues tt de suite beaucoup plus sympathiques. Elles symbolisent maintenant pour moi l'idée que la guerre finira tt de même. On a besoin de cette idée-là, n'est-ce pas ? mon petit. Oui, mais, en attendant, il faudra que ça barde de nouveau. Dites-moi, avez-vous tt ce qu'il vous faut pour la campagne qui s'annonce ? Au bout de six mois, que vous reste-t-il de tt ce que vous avez emporté ? Vous devez être en loques. Excusez-moi, mais je me demande parfois si vous avez pu soigner vos dents dont la blancheur éclate dans mes souvenirs de vous. Avez-vous couvert de poste, gobelet de poste ? Vous ne tenez peut-être pas à vous encombrer, mais, s'il y a une petite commodité courante qui vous tente, je pense bien que vous ne vous sentirez pas gêné pour me la demander. Pascal est toujours obligé de rester au lit. Je vous embrasse aussi.

Paul Dupuy

88. Paul Dupuy à Maurice Genevoix.

Mercredi soir, 10-2-15

Et moi, mon cher Genevoix, je ne perds pas une miette de tout ce que les premières heures d'une journée de printemps ont fait entrer en vous de lumière et de gaîté. C'est tout mon Genevoix qui m'arrive dans ces quelques lignes, le Genevoix que j'aime, et dont j'ai besoin de savoir que le courage s'épanouit dans de la clarté et de la belle humeur. Jean m'a remis votre carte au moment où je sortais pour aller voir Julia au Val-de-Grâce. J'ai vu tt de suite qu'il y avait du bon dans la fine écriture lucide, et j'ai senti, en lisant, une bouffée d'air frais au visage. Je peux attendre sans impatience le bavardage promis. Une bonne embrassade, voulez-vous ?

Paul Dupuy

Julia est aussi bien que possible, encore impressionnant ttefois.

89. Paul Dupuy à Maurice Genevoix.

Jeudi, 11-2-1915

J'ai été brillant hier soir à dîner, cher ami. J'avais besoin de rire et de faire rire : toute sorte de vieilles histoires me sont revenues à l'esprit, histoires de la maison, plus ou moins chronique secrète, qui demandaient à la fois de la verve et du doigté. Je me suis souvenu de la recommandation de Madame [*illisible*] à son fils Sigismond : le bon goût est père de la bonne plaisanterie ; et j'ai réussi à amuser mes dames d'une manière qui leur parut imprévue. C'est que j'avais en poche une petite carte d'où je sentais rayonner en moi de la lumière et de la gaîté. C'est seulement en la relisant tt à l'heure que j'ai pris garde aux 250 percutants dont vous fûtes arrosés la veille. Un peu beaucoup, en effet. Mais puisqu'ils ne vous ont pas empêché de tenir grands ouverts vos yeux et tout vous-même à cette matinée de printemps, je ne veux pas m'en préoccuper plus que vous ni plus que je n'avais fait hier, où cette seule ligne a compté pour moi : « On y voit clair ! Je n'ai pas perdu une miette de ces premières heures charmantes d'une matinée de printemps. » Mots bien simples, d'une simplicité presque banale, mais qui éveillent en moi tant de souvenirs personnels, et surtout qui les font passer à travers vous, qui les fondent dans des impressions de vous où je sens du bonheur. Vous étiez si replié sur vous-même dans la carte précédente, si accablé sous le poids des poutres noircies ou des rondins parallèles, si abruti en un mot. En bon compagnon, j'ai porté dix bons pour ma part de cet abrutissement, et vrai, c'est comme si je me redressais depuis hier. Et puis, en effet, il y a un goût d'intimité dans ces lignes allègrement écrites en un lieu qui m'est devenu familier. C'est bien le 5 novembre que vous vous y êtes installé pour la première fois, et c'est de là que vous m'avez envoyé les premiers extraits de vos notes. Enfin, ami, je suis bien content ; je voudrais que ce que je vous renvoie de contentement vous arrive en une heure où vous vous sentiez encore vivre avec plénitude.

Pascal est mieux sans être encore débarrassé. Son lieutenant, que j'avais prévenu du retard, m'a écrit une très gentille lettre, mais d'où il résulte que le peloton d'élèves brigadiers dont il faisait partie est dissous et qu'un autre, le troisième depuis septembre, commence. Ce serait enrageant s'il le manquait encore. Je vous embrasse de tt mon vieux cœur. Paul Dupuy

90. Paul Dupuy à Maurice Genevoix.

Vendredi, 12-2-1915

Les 250 percutants sont tt de même bien embêtants. Est-ce que ça a recommencé ? Sont-ce des batteries nouvelles ou des vieilles qui vous bombardèrent jadis ? L'un ou l'autre, que signifie ce renouveau et serait-ce que des Boches préviennent notre offensive de la leur ? Réflexions de temps humide et froid où cela pince au cœur comme au bout des doigts. Je vous sens aujourd'hui dans le brouillard, dans la boue et sous les obus.

Le major de la place est venu voir Pascal et a été gentil : il l'a attribué à l'hôpital 103. S'il l'a fait par sympathie bourgeoise instinctive, c'est mal. S'il l'a fait par confiance a priori dans la conscience des gens, c'est bien. On n'abusera pas. J'ai eu, moi, la visite [*d'Hourlague*], l'inspecteur général d'anglais, qui est un bon ami un peu fatigant. Il m'a fait plaisir en me disant que Bourgeois était un imbécile. Il l'attendait à l'agrégation sur sa réputation et n'a trouvé qu'un bavard

surabondant et niais. Ça doit être absolument vrai. Le père est un intrigant et un capon qui depuis six mois nous rase et nous révolte. Le fils le laisse faire. Grand émoi maintenant parce qu'il est dans un bataillon de chasseurs en Alsace. On veut l'en faire sortir à tout prix, et entre autres inventions, pour se rendre intéressant, le papa a imaginé de nous dire et de nous redire que sa sœur et ses nièces avaient été violées. J'ai failli lui éclater de rire au nez. Je vous embrasse, mon petit.
Paul Dupuy

91. Paul Dupuy à Maurice Genevoix.

Samedi, 13-2-1915

Cher ami, il est 9 h ½ du soir et je n'ai encore pu trouver une minute pour vous écrire. C'est que la journée a été pour nous fort agitée et passablement énervante. Nous avons eu une cuisinière bretonne qui se tirait les cartes tous les matins, et, d'après ce qu'elles lui disaient, comptait sur une journée de petite, moyenne ou grande fâcherie. Aujourd'hui fut grandissime fâcherie. Pascal avait été affaibli par deux jours de souffrances parfois très vives ; pour le remonter le médecin avait ordonné une injection de cacodylate. Par malheur, on avait monté la nuit précédente une ampoule de chlorhydrate de morphine, pour le cas où les douleurs seraient trop vives ; inutilisée, elle était restée là : c'est elle qui est tombée sous la main, au moment de faire la piqûre au cacodylate ; ma femme n'a pas mis son lorgnon, a vu la terminaison ate, a passé l'ampoule à Pascal qui l'a cassée et introduite dans la seringue ; – cinq minutes après, le phénomène nerveux, secousses, contractions, crises de larmes, commençaient : ils finissent à peine. Comme il était certain que la dose absorbée ne pouvait être réellement nuisible, il n'y avait qu'à user de palliatifs et à attendre avec patience que le poison fût éliminé en hâtant autant que possible l'élimination. Mais il y avait un second malade : ma femme qui ne se pardonnait pas son étourderie, et dont la crise nerveuse fut beaucoup plus difficile à calmer que celle de Pascal. Cependant Simone Steeg pleurait tant qu'elle pouvait. J'ai encore les bras et les jambes cassés et la tête en capilotade. Mes filles m'ont aidé à garder mon sang-froid et Desroche[1] nous a été d'un grand secours. Maublanc est survenu sur ces entrefaites ; j'ignore ce qu'on en a fait. Et j'ai là une lettre de vous que je n'ouvrirai que lorsque tout sera fini des deux côtés. Me voici au poste d'écoute, probablement encore pour une heure ou deux. Où êtes-vous, que faisiez-vous aujourd'hui si le ciel vous a noyé comme nous. À demain, compagnon. Paul Dupuy

92. Paul Dupuy à Maurice Genevoix.

Dimanche, 14-2-15

La journée d'hier a bien fini. Après vous avoir écrit, je suis descendu pour mettre ma carte à la grande poste : la tempête qui nous avait tant arrosés dans la journée s'était retournée ; un vent du nord violent avait entièrement nettoyé le ciel où Orion et Sirius scintillaient d'une manière presque effrayante au-dessus des toits de la rue Claude-Bernard. En remontant, j'ai trouvé tout au calme chez moi ; j'ai même pu blaguer ma femme et la faire rire. Après quoi, dans mon cabinet de toilette, sur l'escabeau où je me déchausse, j'ai lu la lettre et les

1. Paul Desroche, agrégé-préparateur à l'École normale supérieure, promotion 1903, sciences.

notes, lu et relu les notes de ces trois journées de septembre qui sont si passionnantes. Comme j'ai bien fait, ami, d'acheter ces photographies de Rembercourt. J'ai sous les yeux la longue et puissante échine que vous avez vue brûler, et ce que vous en dites me remet au fond des yeux l'incendie de l'Hôtel de Ville en 1871 : les mêmes jeux de la flamme et des étincelles, les mêmes écroulements en feux d'artifice, le même rougeoiement des nuages dans le ciel. Et je me souviens aussi d'une anxiété égale à la vôtre, de l'impossibilité absolue de détacher mes yeux du spectacle admirable et terrifiant. Nous habitions au coin du quai de la Tournelle et de la rue de Poissy : un obus était tombé dans la maison, tout le monde s'était réfugié, pour y passer la nuit, chez un tapissier du rez-de-chaussée qui avait barricadé sa boutique avec les tapis qu'il avait en garde ; malgré ma mère, mes deux frères et moi, nous nous échappions à chaque instant, pour aller à la grille de la porte et suivre les progrès de l'incendie, qu'on apercevait par le bras de Seine, entre la Cité et l'île Saint-Louis. J'ai vu la dégringolade du clocheton, et, quand il n'y eut plus debout, au milieu des flammes, que la silhouette des murs et des fenêtres, l'incendie, gagnant les caves, détermina toute une série d'explosions qui s'accompagnèrent chacune d'une lueur différente, jaune, blanche, rouge violacé. Avez-vous senti comme moi que la sympathie la plus profonde va à l'incendie qui dévore ?

Et la rosse du 7 septembre[1] ? est-ce que c'est toujours la même ?

La dactylographe doit me rendre demain tout ce qui précède ; je lui ferai immédiatement copier les trois nouveaux feuillets, et je serai sûr ainsi de ne pas fatiguer trop le précieux

---

1. Voir le journal de Maurice Genevoix en date du lundi 7 septembre 1914 en Annexes.

manuscrit. Jusqu'où va le trou ? Il y avait, il me semble, des notes de novembre dans les premiers extraits que vous m'avez envoyés.

Merci des explications sur filou : vous me paraissez un collaborateur-né de la commission du dictionnaire. Déjà, l'autre jour, la définition du hotu par la négative était très bien dans son genre.

Vous devinez, ami, avec quel plaisir j'ai retrouvé dans la lettre les impressions de la carte de l'avant-veille, impressions de lumière, de santé, de force et de gaîté. Serait-ce mieux s'il y avait quelque Kodak dans vos tranchées ? C'est à savoir. L'amusant, c'est l'effort de l'imagination pour combiner les éléments du souvenir avec ceux de la description. Et ce que la photo ne donne pas, c'est précisément ce qui importe le plus, les sifflements du loriot, le galop sur les pentes, au-dessus des tas de boue, ou la descente de nuit vers le ruisseau. Au moins en prenez-vous, des écrevisses ? Par chez nous, il n'y en a plus une seule dans le Landion qui en regorgeait autrefois. En m'aidant de certains vallons du Barrois et des cartes, je pense, après ce que vous m'en dites, que je me représente assez bien celui des Éparges : il doit être ravissant à la belle saison. Et, n'étaient les obus et les sapes, maintenant que voici déchirés les voiles de la brume dont vous fûtes enveloppés si longtemps, il me semble que votre existence de demi-sauvage dans ces bois vous conviendrait à merveille. L'âme du pêcheur à la ligne est toujours, plus ou moins, une âme de primitif, ultra-sensible aux innombrables riens, par où s'exprime la vie lente et compliquée des choses. Vous devez être, sous votre vernis de gentil étudiant en lettres, un type dans le genre de Tegumai Bopsulai de Rudyard Kipling dans les *Histoires comme ça*. (Connaissez-vous ?)

Votre tenue la mieux adaptée est sans doute celle-là même que vous me décriviez, y compris les stalactites de bougie et les louches de sauce de Porchon (un bonjour, s.v.p.).

Pour moi, c'est une véritable jouissance de penser aux mille impressions nouvelles que, de tous vos sens si éveillés et si aigus, vous allez emmagasiner en vous-même pendant ces jours du renouveau. Et c'est, avec beaucoup d'autres, une des raisons pour lesquelles, avec vous, aussi fortement que vous, je garde l'espérance du revoir, je m'en nourris et je m'en soutiens. Voir ce que cette guerre aura fait de mon ami Genevoix, ce que donneront ses facultés d'observation et d'expression déjà sûres d'elles-mêmes, sa sensibilité enrichie par une vie si nouvelle et tant d'épreuves de ttes sortes, ce sera une des curiosités dominantes de mes dernières années, – pas une curiosité d'amateur, cher ami, une curiosité où il y aura de la passion et de la tendresse.

Dites-moi, avez-vous reçu les chocolats et l'eau de Cologne, ça n'a qu'une demi-importance, mais je serais ennuyé que l'eau de Cologne se fût égarée, car c'était un envoi assez bien combiné. Et pensez aussi, voulez-vous ? à quelque chose qui vous serait vraiment utile quand la régularité de l'hivernage sera rompue et à des choses pour vos poilus, de ces petits superflus qui vous sont si précieux. Leur affection pour vous est un des besoins de la mienne. Paul Dupuy

93. Paul Dupuy à Maurice Genevoix.

Lundi soir, 15-2-1915

Des considérations sur la chasteté et des variations sur la continence, ce n'est tt de même pas une correspondance de carnaval. Quel signe de la misère des temps ! Il paraît que c'est carnaval aujourd'hui. Tristement la Sorbonne a décidé que, vu les circonstances, elle ne fermerait pas ; il est vrai qu'elle est si peu ouverte. Moi, je me suis payé une sortie de flânerie sur le coup de six heures du soir, pour jouir de l'heure incertaine, par un temps qui est vraiment un temps de carnaval : bise aigre, grands pans de ciel clair, passage de nuées glacées aux formes échevelées, tt ce qu'il faut pour coller de bonnes bronchites à des reines de marché décolletées sur des chars. J'ai fait les quais, pleins d'imprévus grâce aux économies de lumière. Déjà en septembre, un soir que les Africains traversaient Paris et que tt était éteint sur les ponts, j'avais eu un clair de lune sur le petit bras, du côté de Notre-Dame qui nous avait fait errer, Herr et moi, longtemps après le passage des moricauds. Tout à l'heure, ce fut autre chose : de la place St-Michel tt le ciel derrière la cité s'enveloppait d'un immense nuage gris, au-dessous duquel les architectures mêmes du Palais de Justice, réduites à leurs grandes lignes s'éclairaient froidement de ce qu'il restait de lumière au sud et au couchant par des réverbères allumés, par des spirales brillantes vrillées dans la profondeur des eaux : un miroir simple et limpide où ne se reflétait que la grisaille du ciel. Harmonie gris sur gris comme les aimait Whistler. Au-delà de la Cité, sur le petit bout de quai pittoresque qui emboîte entre la Belle Jardinière et le Louvre, les boutiques aux devantures à demi baissées ne laissaient filtrer à la base des maisons qu'une étroite bande de lumière et la glissade des tramways tout brillants d'électricité avait une allure météorique. Presque personne sur le quai de la rive gauche que je suivais, de rares taxis : de la grandeur, de la solitude et de la tristesse. Je me suis attablé un quart d'heure chez le photographe des monuments historiques, pour feuilleter l'album de la Meuse et voir si j'y trouverais d'autres choses se rapportant à votre campagne ; mais rien. Je n'ai pas tt de même perdu mon quart d'heure, car j'ai vu, pour la première fois, l'ensemble auquel appartient la lanterne des morts d'Avioth dont le moulage est un des plus beaux morceaux du Trocadéro. Il y avait aussi, par hasard, une photographie de rue de village meusien, avec les fermiers devant les portes, le type que vous avez vu si souvent et noté au passage. Vous voyez, mon ami, que je n'ai pas fait ma promenade tt seul : à moi aussi votre amitié est toujours plus ou moins présente et je la sens filtrer aux fentes de mes idées ou de mes curiosités. C'est ainsi que je vous reviens ce soir en attendant qu'on m'appelle pour le dîner. J'ai d'ailleurs à vous demander (je n'y ai pas pensé ce matin) comment la fugue à Verdun s'accorde avec vos séries de jours par quatre. Le 12 devait être, si je ne me trompe, votre premier de 2e ligne ; c'en serait, si rien n'est changé, le dernier aujourd'hui, et demain recommencera la pêche aux écrevisses sous les obus. Est-ce cela ?

J'ai une lettre d'Hermand toujours à l'ambulance de Braine. Il a reçu un mot de vous, dont il est tt joyeux. Son ambulance vient de recevoir un lot de lainages « pour nos soldats ». À l'ouverture du paquet, parfums capiteux dans la pièce : des chaussettes sous-signées Bertha ; des moufles Alphonsine ; un chandail Lucie. « C'étaient ces dames, je cite naturellement Hermand, qui utilisant patriotiquement les loisirs que leur font les hostilités et rivalisant à leur façon cette union sacrée, dont parlent nos meilleurs auteurs, avaient joint leurs efforts, pour réchauffer un peu les hommes qui sont au front. » Hein, [*illisible*] Genevoix, qu'est-ce que tu dis de ça ?

Bonsoir, grand ami. Pas trop de blagues avec les écrevisses, n'est-ce pas ? et que ce mot vous trouve intact. Paul Dupuy

94. Paul Dupuy à Maurice Genevoix.

Mercredi, 17-2-15

J'ai raté l'heure du courrier, ce soir, alors que, depuis le matin, je prépare cette lettre. Au moment où j'allais commencer à l'écrire, Julia que j'avais déjà vu ce matin, et à qui j'avais justement lu vos notes, m'a fait demander. J'ai eu peur, parce que, depuis qq jours je le trouvais mélancolique, et que, ce matin, l'enflure au-dessous de l'œil conservé m'avait paru augmentée. Il m'a tout de suite rassuré ; mais il avait tout de même besoin de secours, tant il était ému : le major de son dépôt venait de lui annoncer officiellement sa décoration et de lui envoyer le texte des motifs. Il avait peine à croire que ce fût vrai et il en avait des palpitations de cœur. La fièvre a naturellement monté légèrement ce soir, ou plutôt, lui qui n'avait plus de fièvre depuis l'ablation de l'œil, en a eu un peu. Il a fallu rester assez longtemps auprès de lui pour l'aider à s'accoutumer. Et voilà pourquoi je vous arrive si tard. Ce matin, après avoir fait la lecture à Julia, j'ai collationné votre manuscrit avec la copie qu'on m'en a faite, et où la bonne femme avait fait des tas de fautes, portant, comme de juste, sur des mots importants ; elle avait aussi méconnu complètement le caractère de votre ponctuation, et du tiret, dont vous vous servez pour isoler des groupes de mots, fait des traits d'union qui empâtaient tout. Le travail, fait avec la carte sous les yeux, pour l'orthographe des noms de lieux, m'a mis en possession complète du récit. Je me suis aperçu que je vous avais posé une question idiote l'autre jour en vous demandant si c'était à Gercourt ou à Cuisy que vous aviez couché avec un homme. Je ne sais même pas comment un doute avait pu me venir là-dessus, Cuisy étant évident. Je vous envoie des morceaux de cartes au 1/50 000 feuilles de Verdun et Bar-le-Duc N.-E. et S.-E., au dos desquels j'ai inscrit les indications de détail que je voudrais bien avoir. C'est peut-être beaucoup, ce que je vous demande là, cher ami ; il va sans le dire que si cela vous gênait le moins du monde, d'une façon quelconque, vous n'auriez qu'à jeter ces petits bouts de carte. Je ne pense pas que pour des actions aussi anciennes il y ait défense de renseigner, et comme, ce que je désire, ce sont les traces de votre action personnelle, vous devinez, sans que je vous en dise davantage, comme j'aurais plaisir à la retrouver clairement.

Et vous me donnerez aussi, quand vous y penserez, une définition du mot « tinette ».

Il y a enfin, au jeudi 27 août, à l'entrée des officiers à la popote un mot que ma dactylographe a laissé en blanc ; j'avais lu loula (un lieutenant, grand type…). Ai-je bien lu ? Et alors quel est le sens exact ? Userai-je mal du mot tinette, en vous disant que les allusions à une entreprise sur les Dardanelles en sont une ? Cela dépendra sans doute de l'événement. Même histoire pour les bruits d'envoi de troupes en Serbie, par Salonique. Nous verrons bien.

Mais pas tinettes du tout, certainement, ces expéditions d'aéroplanes anglais et français, par masses au-dessus des bases maritimes que les Allemands ont établies en Belgique. Et on dit que les Hollandais craignent beaucoup la violation de la neutralité de l'Escaut quand Ostende et Zeebrugge ne pourront plus servir. Ils se préparent d'ailleurs en conséquence et toute la presse hollandaise est devenue franchement germanophobe. Je vous ai envoyé ces jours derniers un spécimen de ses malices à l'égard de Guillaume.

Quel effet vous a fait le retour aux cavernes après l'escapade à Verdun ? J'imagine que vous avez dû vous remunir de pas mal de choses ; mais je voudrais bien tt de même que, pour vous ou pour vos hommes, vous me mettiez gentiment à contribution. Et puis, depuis que j'ai lu vos notes du 7 septembre, j'ai l'histoire de l'oreiller sur le cœur et même une tendresse particulière pour l'ami Porchon. J'en ai une aussi pour vous, bien entendu. Paul Dupuy

95. Paul Dupuy à Maurice Genevoix.

Jeudi, 18-2-1915

Voici le texte de la décoration de Julia : « Le 25 janvier 1915, a montré le plus profond mépris du danger sous un bombardement d'une extrême violence. A su, malgré sa jeunesse, prendre sur ses hommes un réel ascendant. A repoussé une attaque menée contre les tranchées et a été atteint d'une balle en pleine figure, lui occasionnant une blessure affreuse. Ne pouvant plus parler, a écrit sur un billet qu'il ne voulait pas être évacué ; ne s'est rendu à l'ambulance que quand l'attaque ennemie a été refoulée. Cet officier, reçu à l'École Polytechnique et à l'École Normale, venait de rejoindre le front et voyait le feu pour la première fois. » – Il a passé une nuit agitée. Il faut dire aussi que des esquilles le tourmentent en ce moment et lui font enfler la joue gauche. Je l'ai interrogé sur le « s'est rendu à l'ambulance » ; comment ? moitié porté, moitié à pied ; dès qu'il ne marchait plus et n'avait plus d'effort de volonté à faire, la tête lui tournait. Il m'a dit ce matin toutes les réflexions qui lui étaient passées par la tête, pendant cette marche de 800 mètres ; l'idée de la cécité complète n'a été écartée que huit jours après la blessure. De toutes ses impressions physiques, la plus persistante est celle de la lèvre supérieure pendante sur sa barbe. Depuis qu'il est là, il n'a ri qu'une fois, en entendant le commencement de la lettre de Perrot, que je vous ai envoyée (l'avez-vous reçue ?), et ça lui a fait très mal. Mais certainement, l'idée de sa laideur actuelle lui est extrêmement pénible ; il en parle souvent et son allure habituelle est une gravité un peu déconcertante. Vos notes lui ont fait grand plaisir : il a aimé surtout le passage où vous dites l'aisance surprenante de votre action, quand à Sommaisne et à Rembercourt, il s'agissait d'enlever et de diriger vos hommes ; il a retrouvé là quelque chose de ce qu'il avait senti lui-même et de ce qui a fait son mépris ou plutôt son oubli du danger. Pourquoi vous aimé-je tant ce matin ? Paul Dupuy

96. Paul Dupuy à Maurice Genevoix.

Jeudi soir, 18-2-1915

Ayant un moment à moi, ami, je reviens à vos notes et je m'amuse à les rapprocher de vos lettres. J'ai sous les yeux une feuille de papier pelure, assez culottée, qui porte la date du 28 août. Vous m'écriviez pendant que vos hommes creusaient des tranchées ; c'était à Cuisy. C'est là aussi que vous m'avez demandé le plus de lettres possible. Voici maintenant une carte du 4-7bre, qui a été mise à la poste à Condé-en-Barrois le 5, et en porte le timbre. Vous me parlez de la rencontre de Bouvyer, la veille, à Brocourt, mais sans me dire que vous avez été malade, et vous vous félicitez de cantonner le soir. C'est donc que le mot a été écrit à Fleury-sur-Aire, où vous avez eu une si jolie grand-halte, soit à Nubécourt où le St-Maixentais vous a forcé à coucher dans la paille. La carte suivante est du 13, 14, 15 et 21 septembre, postérieure donc aux affaires de Rembercourt. Les neuf jours d'intervalle paraissent avoir été horribles, et, comme vous me le répétiez l'autre jour, vous me dites que vos souvenirs ne pâliront pas. Vous faites en particulier allusion à une attaque la nuit à la baïonnette. Rien de tt cela ne se retrouvera dans vos notes, et ce n'est pas le moment de faire appel à vos souvenirs. Mais quelque chose que j'aurais grand plaisir à savoir, c'est la série d'étapes par où vous êtes arrivé où vous vous trouvez en ce moment. J'ai déjà cédé à ma manie de géographe en vous envoyant hier les bouts de carte, où je voudrais trouver les repères de vos notes. J'y cède encore, en souhaitant de pouvoir joindre aux notes une carte où votre itinéraire sera marqué sans lacunes. Je vous embête, hein ! Il ne faut pas vous gêner pour me le dire. Mais vous avez eu le gentil souci, l'autre jour, de ne pas me laisser perdre votre trace dans l'avenir ; c'est la même chose que je souhaite pour le passé. Bonsoir, grand, grand ami. La couleur des bois commence-t-elle à changer ? Ici les bourgeons des lilas les piquent de mille petits points verts et ceux des fleurs d'ormeaux mettent leur guipure sombre dans les jeunes branches. Bonsoir. Paul Dupuy

97. Paul Dupuy à Maurice Genevoix.

Vendredi, 19-2-1915

Cher ami, ce matin pour la première fois depuis longtemps j'étais dès 5 heures à la porte, curieux de ramasser *Le Figaro* et d'y lire ce qu'avaient pu faire les sous-marins allemands dans la journée du 18. Pas grand-chose : un charbonnier raté au large de Dieppe. Mais le communiqué de la nuit dit qu'on s'est battu aux Éparges le 17, qu'on y a pris des tranchées allemandes et repoussé [*illisible*] attaques. Il ne s'agit plus de canonnades comme au temps où vous apprîtes par les journaux les cinq attaques en masse repoussées. De tt ce que je reçois de vous, ami, la confiance dans le revoir final est ce qui me tient le plus au cœur. Je m'ancre donc de ttes mes forces dans la conviction que cette action, à laquelle vous avez certainement pris part, s'est bien terminée pour vous ; mais tout de même l'attente du mot qui me le dira va se faire un peu nerveuse. Que celui-ci vous trouve au cantonnement, dispos et de belle humeur. Je suis ennuyé de Pascal : il se réveille ce matin avec une éruption intense sur la poitrine et sur la figure ; pas de fièvre, du reste. Qu'est-ce que cette nouvelle anicroche qui va retarder encore pour lui la sortie et le départ ? J'en serais peut-être moins agacé, si ce diable de communiqué ne m'avait mis sur le qui-vive ! Voilà donc pourquoi on vous a envoyé à Verdun : pour prendre un air de distraction avant le coup de chien qui se préparait. Du reste, avec l'avance certaine des Allemands dans la Prusse Orientale, on sent très bien la nécessité d'une forte pression chez nous. Ce n'est sans doute qu'un commencement. Avec l'allégresse de Sommaisne et de Rembercourt, retrouvez-en la chance. Vôtre plus que je ne peux dire. Paul Dupuy

98. Paul Dupuy à Maurice Genevoix.

21-2-1915

Mon ami, j'ai reçu hier soir ce que vous m'avez écrit le 15, avant d'aller dormir. Sinon en joie, du moins en force, vous m'avez rendu là d'un seul coup plus que vous n'avez pu recevoir de moi.

J'étais anxieux et agité depuis que je savais ce qui se passe aux Éparges ; votre calme, votre gravité tendre m'enveloppent maintenant. Je veux rester digne de cette confiance que vous m'avez donnée tout entière, de ce cœur d'homme où il a passé quelque chose de moi.

Entre l'heure où vous m'avez écrit et celle où je vous réponds, l'épreuve s'est décidée sans doute : confiance, espérance sont en ce moment, pour moi, des mots à peu près dénués de sens, puisqu'il ne me reste plus qu'à savoir. J'attends.

Mais mon attente n'est pas vide et morne. Elle est toute pleine d'une certitude dont mon affection et mon respect pour vous veulent se contenter aujourd'hui. Je sais que vous avez fait de votre mieux, comme vous me le dîtes un jour simplement. Je suis sûr que ce qu'il y a de meilleur en vous s'est réalisé tout entier dans cette épreuve : tant de force, que je devinais sous la joie de vivre ; tant d'allégresse dont les menaces de la mort ont déjà fait de l'héroïsme.

Je relis vos lettres ; je relis vos notes de bataille ; je pense à vos hommes en même temps qu'à vous ; je pense à votre ami Porchon[1] ; je remplis mon cœur de vous et de tout ce qui tient à vous ; je le serre de mes deux mains, pour que lui non plus ne faiblisse pas et ne batte pas trop vite ; et c'est en moi-même, au plus profond de moi-même, en communion de tendresse et de force à la fois, que je vous rends le baiser que vous m'avez donné.

Paul Dupuy

1. Robert Porchon est porté mort sur le journal de marche et des opérations du régiment du 19 février 1915. Le flou règne cependant sur la date exacte de sa mort, sa tombe et sa fiche « Mort pour la France » portant la date du 20 février. Maurice Genevoix lui dédiera *Sous Verdun*, paru chez Hachette en 1916.

99. Paul Dupuy à Maurice Genevoix.

Lundi, 22-2-1915

J'étais si troublé samedi que j'ai oublié de mettre dans l'enveloppe les coupures du *Cri de Paris*, dont je vous parlais. Les voici. Je vous les envoie par convenance. Par convenance aussi je m'oblige à faire des besognes administratives que j'avais un peu négligées. Le père de Julia m'a beaucoup aidé samedi : il devait arriver, mais on ne savait à quelle heure, à cause du bateau. J'ai fait toute la journée la navette entre l'École et la gare de Lyon. J'aurais voulu continuer tant qu'il sera question des Éparges dans le communiqué. Malheureusement, ce brave homme est là depuis hier matin. Il faudrait trouver autre chose. Il y a des heures où la vie est parfaitement stupide. Paul Dupuy

100. Paul Dupuy à Maurice Genevoix.

Mardi, 23-2-1915

Encore un jour passé. Le communiqué d'hier soir m'avait impressionné désagréablement, en parlant du recul sur un point des Éparges et d'une avance sur un autre ; celui de ce matin, lu à 5 heures, m'a procuré au moins un peu de satisfaction intellectuelle, d'abord en ayant l'air d'affirmer que les opérations avaient atteint leur but, en mettant Combres sous notre feu, puis en parlant d'une offensive du côté d'Apremont qui semblait coordonnée à celle des Éparges. Être inquiet sans comprendre, c'est l'être à la fois d'esprit et de cœur, et c'est très déprimant. Ce soir, le communiqué ne parle plus des Éparges. On souffle sans doute après 6 jours de bataille.

Allons, mon vieux cœur, tiens-toi et sache attendre. Julia suit les communiqués avec moi : encore un qui me rend plus que je ne lui donne. Paul Dupuy

101. Maurice Genevoix à Paul Dupuy.

23 février

J'ai quelques instants pour vous parler un peu des heures que nous venons de vivre. Je me borne à un récit très bref, qui vous donne une idée sommaire de ce que nous avons fait. Le 17, à 2 heures, les mines creusées par le génie sautaient. Puis c'était un bombardement d'une heure, bombardement effroyable qui faisait trembler le sol, emplissait les crânes de tumulte et donnait une étrange impression de surnaturel et de prodigieux. Puis l'assaut. Nous avons pris la côte des Éparges, presque sans coup férir. Mais nous marchions sur une terre bouleversée, calcinée, puante, semée de débris de fils de fer, de piquets, de vêtements hachés et sanglants, de paquets de chair humaine. À cinq heures le bombardement allemand commençait. Jusqu'à minuit, les projectiles sont tombés, par milliers, dans un espace étroit où le bataillon était massé. Rien que du gros calibre : 150, 210 et 305. Pendant le même temps, des mitrailleuses qui tiraient des flancs combinaient leurs effets avec ceux de l'artillerie. De minuit à 6 heures, bombardement moins intense. Mais, dès 6 heures, la danse a recommencé, épileptique jusqu'à 9 heures ; et à 9 heures, l'infanterie allemande attaquait. Nous avons reçu des grenades, des bombes, un tas d'engins infernaux qui affolent nos hommes. Je me suis lancé en avant, le revolver à la main. J'en ai tué 3 à bout portant. Deux caporaux m'avaient suivi : ils ont été tués tous les deux. Nous avons perdu les tranchées conquises. Mais le soir, à 4 heures, nous y retournions et les occupions à nouveau. Nous y restions malgré les contre-attaques. Nous y restions malgré le bombardement incessant et formidable. Le plus affreux fut le quatrième jour au soir. Il restait à ma section 20 hommes : 3 dans un petit élément de tranchée, en liaison avec une autre compagnie, 17 avec moi dans la grande tranchée. Un 305 est tombé dedans devant moi. Mes deux voisins ont été tués net ; celui de droite est resté dans l'attitude qu'il avait au moment où l'obus est arrivé ; il avait à la main, encore, le morceau de pain qu'il était en train de manger. Deux autres sont morts une heure après. Sept autres qu'on n'avait pu emmener, sont restés jusqu'au lendemain matin dans un entonnoir de mine, m'appelant, moi, me demandant à boire, me réclamant mon revolver, si je ne voulais pas les achever moi-même, me décrivant leurs blessures, me demandant d'écrire à leur femme, à leur mère, de leur couper le bras, tout de suite, si je ne voulais pas qu'ils meurent. J'ai passé une nuit de cauchemar. Porchon avait été tué le matin. Je restais avec trois hommes, ceux qui étaient séparés de moi. Les 17 autres étaient morts ou blessés. Moi, j'avais la tête douloureuse, la poitrine serrée, le front ensanglanté par un éclat. Je me suis évanoui dans les bras du commandant. Quand je suis revenu à moi, mon capitaine était parti, le tympan crevé, toute son énergie à bout. J'ai pris le commandement de la compagnie. Je ne sais pas ce qu'on va faire de nous maintenant. Porchon est mort : il avait été blessé légèrement ; il allait se faire panser ; un éclat d'obus lui a ouvert la poitrine au moment même où il arrivait aux abris. Cette guerre est ignoble ; j'ai été pendant 4 jours souillé de terre, de sang, de cervelle. J'ai reçu au travers de la figure des paquets d'entrailles, et sur une main une langue, à quoi l'arrière-gorge était attachée. Je suis écœuré, saoul d'horreur. Je sais que je resterai ; il faut que je reste. J'accepte la responsabilité qui m'échoit. Je ne sens pas ma force entamée…

102. Paul Dupuy à Maurice Genevoix.

Mercredi, 24-2-1915

Les distractions, au sens rigoureusement étymologique du terme, ne manquent pas. J'ai le père de Julia à la maison et je le promène. – Pascal est toujours assez mal en point, et, mystère ! on l'informe par l'hôpital qu'il est désormais affecté au 4e d'artillerie lourde à Versailles. Il va falloir tirer cela au clair. – Enfin, le ministre s'avise d'aller voir Julia et de passer par l'École au retour, après-demain : il faut préparer cette petite comédie. Ainsi les pensées errantes sont accrochées et retenues au passage. Il y a tout de même des heures où elles s'échappent et vous cherchent, mon ami. Paul Dupuy

103. Paul Dupuy à Maurice Genevoix.

Jeudi, 25 février 1915

J'ai vos cinq lignes douloureuses d'avant-hier. Moi aussi, cette mort me navre. Je vous plains autant que je vous aime et je vous serre sur mon cœur tristement. Votre autre ami. Paul Dupuy

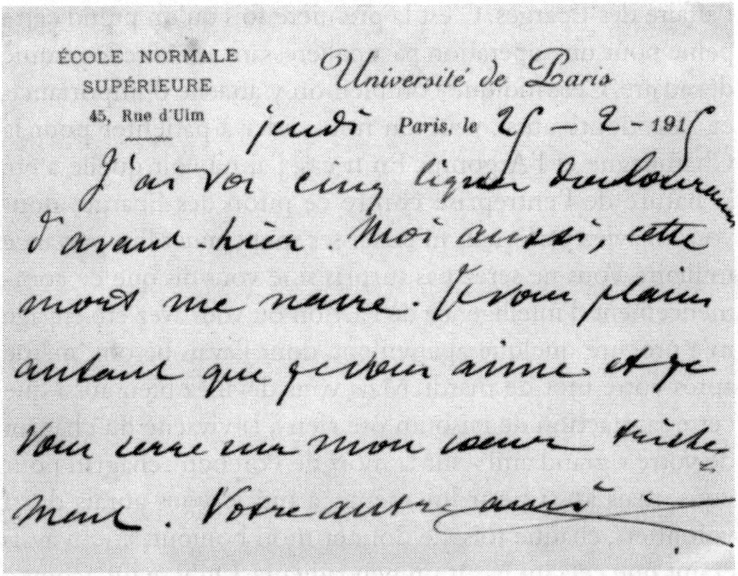

ÉCOLE NORMALE SUPÉRIEURE
45, Rue d'Ulm

Université de Paris

jeudi Paris, le 25-2-1915

J'ai vu vos cinq lignes douloureuses d'avant-hier. Moi aussi, cette mort me navre. Je vous plains autant que je vous aime et je vous serre sur mon cœur tristement. Votre autre ami

Carte de Paul Dupuy du 25 février 1915.

104. Paul Dupuy à Maurice Genevoix.

Vendredi, 26-2-1915

Nous avons, ce matin, un long compte rendu officiel de l'affaire des Éparges. C'est la première fois qu'on prend cette peine pour une opération particulière, sans attendre le résumé décadaire. Cela indique combien on y attache d'importance, et, sans doute aussi, veut-on nous aider à patienter pour la Champagne et l'Argonne. En tt cas, j'ai pu voir quelle a été la nature de l'entreprise contre ce piton des Éparges dont vous m'aviez parlé, sans m'en laisser soupçonner l'importance militaire. Vous ne serez pas surpris si je vous dis que ce commencement d'intelligence de l'action où vous avez été engagé m'a procuré quelque apaisement, dont j'avais besoin, même après votre mot de mardi. Mais vous devinez bien aussi que cette satisfaction de raison n'ôte rien à la vivacité du chagrin de votre « grand ami » sur la mort de Porchon : chagrin pour vous, mais aussi pour lui-même, à qui je vous aurais dit si volontiers, chaque fois, de donner mon bonjour, si je n'avais craint que cela lui parût un peu ridicule. Qu'il se fût acquis à ce point votre confiance, que vos deux existences se fussent si étroitement entremêlées, dans leurs réactions intérieures comme dans leurs actions extérieures, cela valait bien que mon affection pour vous débordât aussi sur lui. C'est de lui surtout qu'il faudra me parler, quand vous pourrez m'écrire un peu plus que quelques lignes. Mais, quand le pourrez-vous ? Ce que vous avez obtenu n'a de valeur que si c'est un commencement. Le temps de vous reposer et celui de vous repréparer. Je me dis que vous n'avez peut-être pas le temps de vous laisser gagner par la détresse ; mais je me réponds que la nécessité d'agir est peut-être aussi ce qui vous fait le mieux sentir l'absence de celui avec qui vous aviez accoutumé d'agir.

Être le plus près de vous possible dans ce chagrin que vous m'avez crié, être celui devant qui vous pleurez librement tout ce que vous aurez à pleurer, c'est dans ce désir, ami, que se fond ma joie de vous avoir encore. Je vous embrasse de tout mon cœur. Paul Dupuy

105. Paul Dupuy à Maurice Genevoix.

Samedi, 27-2-1915

J'ose à peine vous écrire, après avoir lu votre lettre du 23. Où est la commune mesure entre nos sensations et nos émotions les plus fortes et celles par où vous passez ? Il n'y en a pas. Il n'y en a pas non plus entre l'affection qu'on vous doit et celle qu'on vous donne. La conscience qu'on prend de son impuissance et presque de son indignité a quelque chose d'affolant. À quoi bon vous dire que je vous aime de tout mon cœur, puisque ce tout est si peu. Il n'y a que votre force qui compte en ce moment : je vais vivre de l'idée qu'elle est intacte après l'épreuve, grandie même avec ses devoirs nouveaux, et que sous cette force vit un peu d'amitié pour moi.

Votre Paul Dupuy

MARS 1915

106. Paul Dupuy à Maurice Genevoix.

Lundi, 1er mars 1915

Voici que je me tourmente, sans raison sans doute, parce que je n'ai rien eu aujourd'hui. J'ai peur que vous ne vous aperceviez maintenant mieux qu'il y a quelques jours de la dépense physique et morale à laquelle vous avez été soumis ; l'idée du front ensanglanté m'obsède – était-ce blessure ou simplement une écorchure ? surtout ce « je ne sais pas ce qu'on va faire de nous maintenant » me rend incapable de deviner ce qui se passe autour de vous maintenant. Est-ce bien de Verdun même que vous m'avez écrit ? y êtes-vous encore ? pour combien de temps ? Je saurai probablement tout cela quand mes questions vous arriveront. Pardonnez-moi, ami, d'être un peu nerveux : je viens de faire un recensement des nôtres et j'ai trouvé 43 morts. Je ne voulais plus compter depuis quelque temps ; j'avais bien raison et c'est dans cette tristesse que votre grand ami se sent le plus attentif à vous, qu'il a le plus besoin de savoir ce que vous devenez.
Paul Dupuy

107. Paul Dupuy à Maurice Genevoix.

Mardi, 2-3-1915

J'ai été très ému, ce matin, de trouver, en rentrant, votre père qui m'attendait, amené par votre frère. J'ai pensé tout de suite à une phrase d'une de vos dernières lettres où vous me disiez : « J'ai gardé toujours, jamais faiblissant, l'espoir de revoir un jour ceux que j'aime. » Et de les avoir là, devant moi, après cette terrible épreuve que vous venez de traverser, cela m'a remué le fond du cœur, où moins que cela suffit pour faire surgir votre image. J'ai peur de n'avoir pas su donner à votre père ce qu'il venait sans doute chercher auprès de moi, le réconfort qui l'aide à faire face aux craintes, ou à en supporter le souvenir, quand elles sont passées. Je lui ai lu le passage d'une lettre où Hermand me remerciait de lui avoir télégraphié dans son ambulance de Château-Thierry que vous étiez sauf, et où il exprimait sa confiance dans votre étoile. Comme je voudrais, mon ami, vous être bon à quelque chose, de ce côté-là aussi. Si vous désirez de moi quoi que ce soit, je pense bien que vous me le direz. Naturellement, je n'ai pas montré la lettre que vous m'avez écrite. Mais, demain j'écrirai à votre père pour le remercier de sa visite, et je tâcherai de le remonter. Vous m'avez dit une fois qu'on paraissait éprouver de la lassitude chez vous, plus que vous n'en éprouviez vous-même. Je comprends bien maintenant ce que vous vouliez dire. Je vous embrasse très fort, ami. Paul Dupuy

108. Paul Dupuy à Maurice Genevoix.

Mercredi, 3-3-1915

J'ai écrit ce matin à votre père. Ce fut un effort, ami, pour entrer aussi complètement que possible, dans votre manière de sentir et de penser en ce moment, et je vous assure que je m'en trouve meilleur. Je lui ai dit la force et la volonté d'espérance que vous m'avez si souvent exprimée : il faut que nous y ajoutions la nôtre et que nous nous sentions, lui et moi, étroitement unis avec vous dans cette assurance du revoir. Je lui ai dit aussi que mon affection pour vous, la vôtre pour moi m'étaient un secours puissant dont je souhaitais qu'il pût bénéficier. Ai-je bien fait, ami – et cela aussi est-il selon votre cœur à vous ? – Mes filles de Fontenay ignorent votre nom ; mais elles savent que vous êtes sauf ; je leur ai lu votre lettre, et elles ont éprouvé cette même joie douloureuse que je retrouve ttes les fois que je vous relis. Comme je voudrais savoir ce que vous devenez. Je vous aime de tt mon cœur. P. D.

109. Paul Dupuy à Maurice Genevoix.

Jeudi, 4 mars 1915

Je suis bien heureux, ami, d'avoir votre mot du 28. Il est calme et il est intime. J'avais peur, je vous l'avoue qu'après ce tourbillonnement où vous avez été emporté, il n'y ait eu une espèce de vertige, et qu'à la violence des émotions en ait succédé la faiblesse. Me voici rassuré. Je m'étais bien dit aussi que votre commandement nouveau ne devait pas aller sans beaucoup de travail et de préoccupation ; mais nous sommes si inexpérimentés, si peu capables de nous représenter votre

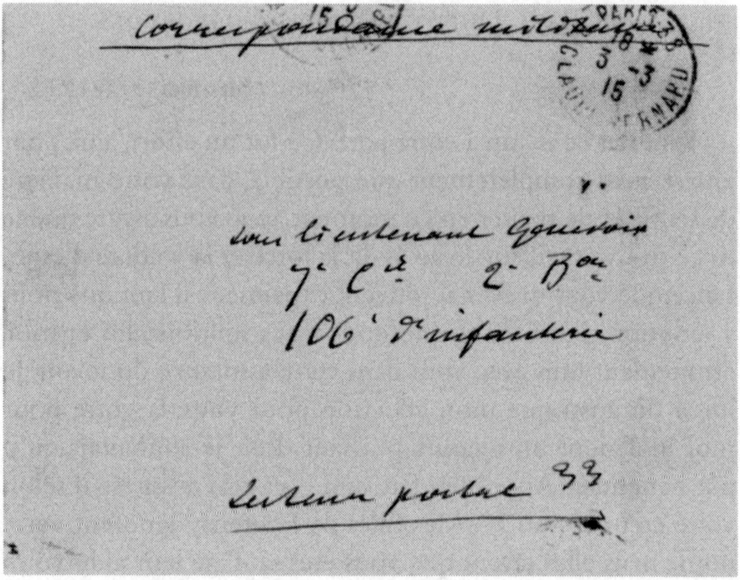

Correspondance militaire

5-3 15

Sous lieutenant Genevoix
7e Cie 2e Bon
106e d'infanterie

Secteur postal 33

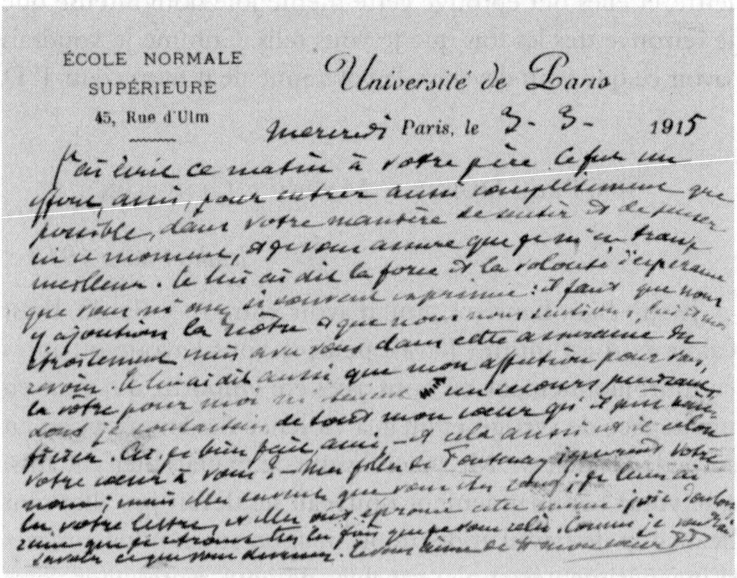

ÉCOLE NORMALE
SUPÉRIEURE
45, Rue d'Ulm

Université de Paris

Mercredi Paris, le 3-3-1915

J'ai écrit ce matin à votre père. Ce fut un effort, aussi, pour entrer aussi complètement que possible, dans votre manière de sentir et de penser en ce moment, et je vous assure que je m'en trouve meilleur. Je lui ai dit la force et la volonté d'espérance que vous m'avez si souvent exprimée : il faut que nous y ajoutions la nôtre [illegible]

Lettre de Paul Dupuy du 3 mars 1915.

vie sur le front, que je m'imaginais volontiers une sorte de répit où vous auriez même le loisir de sentir une détente des muscles, des nerfs, de tout vous. Il vaut mieux, après tout, que cette liberté ne vous soit pas laissée de trop regarder à l'intérieur de vous-même ; c'est assez que vous voyiez les rides du visage. Et moi, cher ami, je ne veux pas les voir : je sais qu'elles s'effaceront. Je veux seulement être avec vous tous les soirs, comme vous me le dites, me serrer silencieusement près de vous, en laissant aller mes pensées au rythme de celles que vous taisez. Oui, je suis bien là, mon ami, mon grand ami, mon courageux ami ; je suis avec vous de tout mon recueillement et de toute ma bonté. J'entends battre votre cœur ; je sais ce dont il est plein et que de tout il y a un peu pour moi. Mon recueillement en devient plus profond : vous ne me devez rien, mon ami, mais je m'enrichis, moi, de ce que vous croyez me devoir, et le mot d'âme prend un sens, pour que je puisse mieux exprimer cet échange mystérieux de vous à moi, auquel s'applique toute l'intensité de mon recueillement.

Il y a eu hier une cérémonie intéressante ; cérémonie est mal dit car c'était très intime, et par là d'autant plus émouvant. Un de nos malades a été décoré pour avoir assuré la prise de possession de la grande dune ; c'est un ancien sergent, nommé Barachet, promu sous-lieutenant depuis la guerre, resté très fruste, puisqu'il parle de ceux qui sont été tués, ne sachant pas trop, chaque fois qu'il sort, quand il rentrera, ni même s'il rentrera, mais doué d'un de ces courages qui s'ignorent eux-mêmes et sont comme des forces de la nature. Il a été décoré. Les médecins et les infirmières ont voulu lui offrir la médaille de Roty *Patria non immemor* et elles ont prié Lavisse de la lui remettre. On s'est réuni à 4 heures dans la salle des Cubes où j'ai eu l'impression étrange d'être quelqu'un du dehors. Pour la seconde fois depuis dix ans, j'ai entendu Lavisse parler sans note. La première, c'était à l'enterrement de [*Lamery*] : aucun discours ne devait être prononcé sur la tombe ; nous ne voulûmes pas que le cercueil quittât l'École sans nous être réunis pour entendre parler de lui, et Lavisse prononça sans notes, de la voix que vous savez, une courte allocution, aussi parfaite qu'aucune de celles qu'il avait jamais lues. Il l'avait écrite et apprise. Il a fait la même chose hier, mais, cette fois, et cela c'était tout à fait du nouveau, il a été si ému qu'il a perdu une partie de ses moyens. Les premières phrases ont été à peine perceptibles, même quand la diction se fut assurée, il y eut des lapsus, et notamment le 1862 attendu se changea en 1662, si bien que cet animal de Vaillant, à côté de qui je me dissimulais au dernier rang, m'envoya un grand coup de coude dans les côtes. Cela ne gâta d'ailleurs rien du tout, car la composition et la forme étaient aussi bien combinées l'une que l'autre pour toucher à la fois les cultivés et incultes. L'effet fut très grand. Barachet pleurait éperdument et Filloleau, l'homme à la fusée d'obus, dit presque tt haut : Nom de Dieu qu'il parle bien ! Après cela une *Marseillaise* chantée, pas gueulée, et une tournée de champagne. Les officiers ont bu dans des coupes mais les sous-officiers et soldats avaient été priés d'apporter leurs verres. Vaillant en tira un dégoûtant des poches de sa capote et l'essuya avec un mouchoir plus dégoûtant encore. Il n'est pas à prendre avec des pincettes. Il est tout à fait le miteux d'hôpital et malheureusement je crains que sa santé, elle aussi, ne soit un peu miteuse : il ne se remet pas, a les yeux très cernés et n'est capable d'aucun effort.

Julia m'a annoncé hier, en riant, que Morestin allait lui détacher le nez des joues pour le rabattre provisoirement sur le front, afin de nettoyer et de simplifier les fosses nasales. La confiance et la dureté au mal de l'un égalent la hardiesse et la brutalité de l'autre. Il y a eu pourtant, ces jours-ci, des pansements de la bouche à la teinture d'iode si pénibles que le pauvre garçon en a fermé la porte. Après avoir entendu votre lettre, il m'a chargé de ttes ses amitiés pour vous, commission précieuse à laquelle j'ose à peine ajouter les miennes. P. D.

110. Paul Dupuy à Maurice Genevoix.

Vendredi, 5 mars 1915

Le bruit court que d'aujourd'hui au 20 ou au 25 mars les relations postales avec le front vont être interrompues. J'imagine que ce seront surtout vos lettres qui seront retardées, mais que les nôtres continueront à vous parvenir autant que les circonstances le permettront. Pour moi, je ne saurais maintenant m'empêcher de vous écrire ma lettre quotidienne, n'eussé-je rien d'autre à vous dire que ce que vous savez. Je me résigne d'avance à ne rien recevoir, mais avec l'espoir, quand les communications seront rétablies, d'avoir une petite série me permettant de remonter la route en vous rencontrant aux étapes. Votre père a reçu ma lettre : il me dit qu'elle lui a fait un « bien énorme ». Vous devinez si j'en suis heureux, d'un de ces bonheurs qui s'étalent et s'établissent solidement dans le cœur. Vous êtes content de moi ? ami. – Je suis ennuyé de voir se prolonger l'état de faiblesse de Pascal ; la moindre sortie le met à bas. Le cœur a été touché par l'infection, légèrement je pense ; mais il faut tarder à le renvoyer, et cela est énervant, pour lui comme pour moi, le grand ami. Paul Dupuy

111. Paul Dupuy à Maurice Genevoix.

Lundi, 8 mars 1915

Sous une neige prodigieusement drue, mais qui ne tient pas sur terre. Celle qui tombe ici ne tombe pas chez nous ; mais je serais surpris que vous n'en eussiez pas votre bonne part, et au sortir du trou de mine dont il est question dans votre lettre du 3 à Fanchette, cela ne doit pas rendre le cantonnement confortable. Mais où cantonnez-vous et cantonnez-vous ? Je perçois dans cette lettre des indices de retour à la régularité antérieure : il est question de 4 jours pour les trous de mine ; c'est donc que les séries ont recommencé. Si elles ont été indifférentes au grand grabuge, le 3 était, à mon compte, votre dernier jour en 1re ligne, et vous seriez retourné aujourd'hui en 2e. Vous m'aiderez à vous rattraper, n'est-ce pas ? Et à deviner où vous pouvez bien évoluer maintenant entre vos trois lignes. Fanchette vous dira sans doute la décoration de Boussac. Je ne voulais pas vous parler des récompenses que vous pourrez obtenir, mais cette occasion m'y décide. Il y aura bien au moins un galon supplémentaire. J'y pense surtout à cause de votre père à qui cela ferait tant de bien. Si vous préférez ne pas me parler de cela, ne vous gênez en rien. – Voici un potin intéressant, provenant bien entendu des sources les plus sûres. La flotte anglaise aurait découvert le rendez-vous de ravitaillement en essence des sous-marins boches, rendez-vous en pleine mer. Sept auraient été coulés sûrement ; deux très probablement ; un dixième aurait été pris dans un filet comme Mars et Vénus et ramené à Douvres. Ce serait la raison pour laquelle il y aurait si peu de dégâts en mer la semaine dernière. Et il est vrai qu'on peut supposer aussi le désir de faciliter les négociations avec les États-Unis.

Ça n'a pas l'air de mal marcher aux Dardanelles. L'abstention grecque est intéressante. Je ne suis pas sûr qu'elle soit regrettable. Je suis toujours celui que vous savez. Paul Dupuy

Les lettres recommencent à arriver ; il y en a même du 5. L'interruption de service redoutée ne s'est donc pas produite.

112. Maurice Genevoix à Paul Dupuy.

8 mars

Après l'affaire, mon bataillon, plus éprouvé que les autres, est resté 9 jours au repos. Le régiment n'en a pas eu ; les autres bataillons ont assuré le service. Depuis, nous avons repris comme par le passé. Mais nous n'avions pas d'obus avant. À présent, nous en avons jour et nuit, perdant du monde, sans que nous puissions rien faire. Les quatre jours que nous passons là-haut ne finissent point ; on ne peut bouger ; on ne peut respirer ; à peine a-t-on le loisir de penser, d'être soi-même. Dans la galerie où je me tenais, les blessés descendaient. Je m'occupais à les panser, à les réconforter, en attendant la nuit qui leur permettrait de descendre. Heureusement, nous avons un repos qui est un repos. Pas d'obus ; nous sommes loin de la ligne de feu. Verdun à 5 kilomètres : des bains, chaque fois que je reviens des tranchées, des coiffeurs, des restaurants, et des magasins où l'on trouve de tout… Demain, je repars aux Éparges. Ma compagnie est détachée. Je serai : 4 jours au village, 4 jours sur l'éperon que nous occupons maintenant, puis 4 jours au repos… Je commence à connaître ma compagnie : ce sera lancé bientôt…

113. Paul Dupuy à Maurice Genevoix.

Mercredi, 10-3-1915

Me voici avec vous, mon grand ami, à la fin d'une journée très chargée, dont l'incident principal a été l'arrivée ici d'un petit de la promotion 14 qui a eu les poumons perforés du côté de Lassigny et qui est resté un mois entre vie et mort. Il avait rêvé d'une autre entrée à l'École. Celle-ci n'est tt de même pas dépourvue d'allure, et elle signifie en outre la certitude de la guérison. De l'Argonne, de Champagne, de Vauquois, les nouvelles des pertes sont aussi dures que celles des Éparges. Comment vous reconstitue-t-on vos compagnies ? Vous est-il arrivé de nouveaux officiers ? Avez-vous enfin un sergent-major qui vous aide pour la comptabilité ? Je ne sais encore rien sur la réorganisation de votre vie après la bourrasque et j'en suis tout décontenancé. – Il semble que cela marche du côté des Dardanelles. Hier, par exemple, les sous-marins ont recommencé assez joliment leurs exploits, un dans la Mer du Nord, un dans la Manche, un dans la Mer d'Irlande : cela fait une cible réussie. Julia m'a chargé ce matin de vous dire ses amitiés. – J'ai toujours oublié de vous demander si le 132e avait été engagé et si vous aviez des nouvelles de Laveine. On dit Audiat blessé pour la seconde fois. Je vous embrasse, mon ami, de tt mon vieux cœur.

Paul Dupuy

114. Paul Dupuy à Maurice Genevoix.

Jeudi, 11-3-1915

10 h du soir. J'ai eu tant de fâcheux ce soir, à l'heure où je pensais vous écrire que le temps s'en est allé en lambeaux et que me voici réduit à vous griffonner un mot avant le coucher. Il me tarde bien d'avoir quelque chose de vous qui m'aide à voir où vous êtes et où vous en êtes, le commandant de compagnie, et aussi le Genevoix intérieur après ce cyclone. Je vous cherche sur la carte, et dans ma tête aussi et dans mon cœur, sans arriver à vous retrouver, à me sentir avec vous comme je l'étais pendant les longues semaines qui ont précédé. Nous nous étions faits ensemble, ami, à vos quartiers d'hiver. Il me semble maintenant que nous errions l'un et l'autre et nous cherchions à tâtons. J'ai grand chagrin de l'état où je vois Desroche : il a fallu aujourd'hui l'opérer de nouveau de ganglions tuberculeux au cou. Il s'est épuisé volontairement au travail de l'hôpital et je crains bien que le grand danger ne soit très proche. Il tiendra jusqu'au bout et tombera d'un coup. C'est un cœur admirable. Je vous embrasse de tt cœur. Paul Dupuy

115. Paul Dupuy à Maurice Genevoix.

Vendredi, 12-3-1915

En même temps que votre lettre du 7, j'en ai reçu, ce matin, une d'Hermand et une carte de Gainsette. L'un et l'autre me parlent de vous. Je n'ai donc pas à me plaindre ce matin : j'ai eu la bonne mesure. D'ailleurs, quelque bref que vous ayez été, ce que vous m'avez dit vous-même répond à une préoccupation que vous sentez sans doute à travers tt ce que je vous écris depuis une quinzaine de jours. Je suis bien sûr que vous avez repris possession de vous-même et que vous dominez autant que vous le voulez les souvenirs des émotions brutales. Mais la douleur du fond du cœur, quelque maître que vous en puissiez être, comment la portez-vous, comment vivez-vous avec elle dans la solitude morale où vous a sans doute laissé la mort de votre ami ? Je suis presque heureux que vous n'ayez pas eu le temps de m'écrire à moi parce que votre souffrance s'est entretenue avec d'autres souffrances. Et vrai, j'ai un contentement intime à penser que ces pauvres gens reçoivent de vous tous ces souvenirs des dernières journées communes : je suis sûr qu'il doit y vivre tout entier et qu'ils s'y retrouveront toujours toutes les fois qu'ils voudront l'évoquer. C'est lui à travers vous que vous leur avez envoyé ; moi, ce que j'espère recevoir, c'est vous à travers lui.

Je voudrais bien aussi sortir, ami, de l'incertitude où me met ce papier à en-tête de Verdun, et ces enveloppes à timbre-poste avec le timbre du bureau de Verdun. Est-ce à Verdun maintenant que l'on vous envoie pour le repos ? Si vous y êtes, est-ce pour quelque temps ? Questions auxquelles pour sûr vous avez déjà répondu dans la lettre que j'attends.

Nous avons assisté tt à l'heure à la décoration officielle de Julia dans le jardin du Val-de-Grâce, cérémonie peu impressionnante. J'ai été déçu. Et j'ai peur qu'on ne l'ait fatigué.

Voici Fanchette avec la rougeole prise où ? impossible de le dire. Il doit y avoir des porteurs de germe parmi les blessés. Et j'ai peur qu'elle ne la passe à Pascal dont cela retarderait encore le retour au régiment. Je suis déjà assez agacé par le retard actuel.

Je vous cherchais hier, sans vous trouver. Votre lettre a suffi pour que je vous retrouve et me sente plus près de vous que jamais puisque vous souffrez. Votre Paul Dupuy

116. MAURICE GENEVOIX À PAUL DUPUY.

13 mars

Période douloureuse : deuils sur deuils. J'allais commencer ma lettre, dans cette chambre de presbytère que je vous ai décrite un jour, lorsque est arrivé mon agent de liaison auprès du chef du bataillon. « Mon lieutenant, vous savez le malheur ? – Non, pas du tout. Qu'est-ce qu'il y a ? – Deux 150 viennent de tomber sur l'abri du colonel, au flanc de la côte. Le commandant Marchal y était avec le nouveau commandant, celui qui est arrivé hier, et le capitaine Lavaud. Le commandant Marchal a été tué, l'autre a les deux yeux crevés, le capitaine Lavaud est très grièvement blessé. On ne sait pas combien de cyclistes et d'agents de liaison sont morts. » Voilà. Le régiment, encore une fois, n'a plus un chef de bataillon. Il y reste trois capitaines. On aura beau nommer du jour au lendemain des sergents ou des adjudants sous-lieutenants, on n'arrivera pas à faire revivre le 106e. C'était un beau régiment : le voilà qui agonise. Encore un mois là où nous sommes, et ce sera la fin. Pensez que les Boches ont occupé pendant presque cinq mois la crête d'où nous les avons chassés. Ils la connaissent mètre par mètre ; tous les obus portent. Alors, qu'on avance. Je recevrai avec joie un ordre nouveau d'attaquer. Une balle en plein combat, je veux bien ; mais je ne veux pas de cette immobilité angoissée, de cette inaction brute, où la mort vous prend sans qu'on puisse la regarder en face. Cinq heures un quart ; le jour baisse ;

la chambre s'emplit peu à peu d'ombre grise. De minute en minute, les quelques vitres restées à la fenêtre tremblent au souffle des explosions. Le jardin abandonné est lugubre, avec les détritus qui l'encombrent, avec ses murs lézardés, que crèvent de larges brèches. Il n'y a pas longtemps, pourtant, que les pommiers y mettaient la joie de leur floraison neigeuse, que les abeilles bourdonnaient dans la lumière, et que le curé s'y promenait en lisant son bréviaire, avec un regard, de temps en temps, à ses poires mûrissantes. Deuil et tristesse aujourd'hui : de la terre nue crevée par les obus, des arbres chauves, et la puanteur éparse des cadavres. Hier soir, je bavardais avec le commandant Marchal. Il était décoré ; il était heureux franchement, sans attitude, et je l'aimais de toute sa grosse jovialité, qui était sa manière d'être bon. C'est lui qui m'avait soigné, le 20, lorsque j'avais perdu connaissance. Il y avait quatre mois que nous vivions presque chaque jour ensemble. Et l'autre, que je n'avais pourtant jamais vu ; ses deux yeux crevés me hantent. Il était arrivé hier du Havre ; il voyait le front pour la première fois. Il repart ce soir, aveugle. Et je repense aux autres, à Porchon à la blessure saignante barrant son front, à son grand corps allongé près du trou noir de poudre, dans une flaque de sang, tout son sang qui coulait. Voilà, c'est la nuit. On allume la bougie ; je vais dîner, tout seul sur un coin de table. Il fait sombre dans le fond de la chambre. L'obscurité, ce soir, est peuplée des visages blêmes de ceux qui sont morts. Plus jamais. Plus jamais. Soyez tout près, ma détresse vous appelle, mon ami.

117. Paul Dupuy à Maurice Genevoix.

Dimanche, 14-3-1915

Je reçois seulement aujourd'hui, cher ami, votre lettre du 8 emportée par les deux cheminots. Vous voyez que leur complaisance n'a pas fait gagner de temps, puisque votre mot du 7 était arrivé avant-hier. L'enveloppe portait le timbre de Châlons-Gare avec la date du 10. Ce qui montre que, de Châlons ici il faut quatre jours. Il faut nous résigner, voyez-vous, à ce que, au moins de vous à moi, les lettres mettent 5 ou 6 jours.

Je ne peux vous dire combien cela contribue à me remettre d'aplomb de voir clair dans l'emploi de votre temps et dans vos déplacements. Je vous sais aujourd'hui sur le piton, et, par cette jolie journée de printemps où les bourgeons se gonflent de sève, enfoui dans la galerie où vous pansez et réconfortez les blessés. Ce n'est pas une pensée de tout repos, bien sûr ; mais je l'aime mieux que l'ahurissement d'ignorance des quinze derniers jours. Cette amitié entre vos hommes et vous, que je sens depuis le commencement, est pour moi l'une des idées les plus chères que je puisse me faire de votre vie actuelle, une aussi de celles qui me sont le plus aisément accessibles. Ici, vos camarades jouissaient de vous en dilettantes. Voici maintenant que la joie s'est faite pitié, et la bonne humeur bonté et que de pauvres diables y sentent leur vie attachée. J'imagine que la conquête de vos nouveaux hommes est déjà faite et je me la figure à la fois comme la contrepartie de vos soucis de commandement, et comme la seule distraction possible de votre cœur désolé. Je comprends que vous n'ayez pas quitté la 7e sans tristesse et que vous ayez le désir d'y retourner ; il me semble pourtant qu'il a mieux valu vous dépayser un peu tout de suite, en vous donnant des cœurs neufs à conquérir. Êtes-vous toujours sans sergent-major ?

Je suis las aujourd'hui. Hier, une lettre au préparateur Lévy nous a appris que le 81e avait été très éprouvé le 5 à Beauséjour, et que son prédécesseur Roques était à l'hôpital d'Orléans, grièvement blessé. Or, il y a quinze jours, une carte amicale qui m'était venue du 81e portait 7 signatures d'archicubes et d'élèves. J'ai écrit tt de suite à Jérôme pour demander des nouvelles. Une lettre du [*illisible*] Clavel et de lui était déjà en route et m'est arrivée ce matin, me disant qu'eux seuls étaient vivants, et que Bourjade (germaniste de 2e année) et l'archicube [*illisible*] étaient tués. Songez qu'au 81e nous avions déjà 5 des nôtres au moment de la mobilisation, qu'Antoni et Reverdy ont été tués, Jérôme et Andral blessés. Estève fait prisonnier. Je suis démonté et je le reste même après une heure passée avec Julia.

À la maison pas de changement. Pascal, avec ses pansements de tête et la mine misérable qu'ils encadrent, a l'air d'un grand blessé. Nous étions gênés, de la pitié visible qu'il inspirait à la rue St-Jacques, quand nous sommes allés déjeuner chez la grand-mère. Il a, pour le moment, perdu tout appétit.

Je serai bien heureux de la photographie. Votre Paul Dupuy

118. Paul Dupuy à Maurice Genevoix.

Dimanche soir, 14-3-1915

Cher ami, d'une lettre que je viens seulement d'ouvrir ce soir, il résulte que Launais a été blessé le 28 février au bois de Cousenvoye : une balle dans le bras droit. Il est à l'hôpital militaire de Verdun. Je vous le signale en hâte pour votre prochain repos et j'espère vous arriver à temps pour que vous puissiez l'aller voir. Paul Dupuy

119. Paul Dupuy à Maurice Genevoix.

Mardi, 16-3-1915

Bien, bien content de pouvoir vous regarder dans les yeux. Votre photographie m'est arrivée ce matin. Je l'ai mise tt de suite à côté de l'autre, celle qui date de 1912. Pour la mine pas grand changement. Vous étiez certainement en bonne forme le 12 février. Pour l'allure, c'est autre chose et pour l'expression aussi. Vous aviez tout le temps de poser en 1912, et il s'agissait de ne rien oublier de tout le fourniment ; à Verdun, une minute et vous filez : vous faites déjà le premier pas et vous avez la mine de quelqu'un qui sait où il va, qui y va tout droit et de très bonne humeur. Il y en avait tant dans la petite carte que vous m'avez envoyée ce jour-là.

Dites-moi, votre ami s'est aussi fait photographier ce jour-là sans doute. J'aimerais l'avoir. Ce n'est pas moi, c'est lui qui a été l'amitié réellement présente, l'aide de tous les instants dans la vie nouvelle et pour la vie nouvelle. Moi, j'ai tâché de vous donner le sentiment que la vie d'autrefois n'était pas définitivement abolie, que quelque chose d'elle vous rejoignait en pensées et en affections tous les jours : petite aide auprès de la grande, et inquiète de rester seule aujourd'hui. Si vous le pouvez, n'est-ce pas ? vous me ferez avoir le portrait de Porchon.

J'avais envoyé tout de suite à Bormel le passage de votre lettre sur la lâcheté. J'ai seulement aujourd'hui une lettre de lui, d'une tout autre allure que celle qui m'avait tant inquiété.

Il n'est tout de même pas d'aplomb, ce garçon-là. Je vous la copierai et vous l'enverrai. Il ne peut pas croire que votre jugement soit de quelqu'un qui vive dans les bois comme lui et qui fasse la guerre des bois. Il est bien tombé. – C'est vrai qu'il aurait mieux valu derrière vous un coin de vos forêts ; mais c'est déjà beaucoup qu'il n'y ait pas une balustrade, un vase et un départ d'escalier.

Un mois déjà, ami, depuis le jour où vous m'avez écrit à la veille de l'épreuve ! Les semaines sont aussi rapides que les jours sont longs.

Votre Paul Dupuy

Dernier jour de 1re ligne, n'est-ce pas ?

120. Maurice Genevoix à Paul Dupuy.

16 mars.

Une lettre bride abattue : – je suis en première ligne. C'est le sixième jour, puisque j'ai déjà été détaché 4 jours au village, par le bataillon de 2e ligne. Ma compagnie est en réserve, pour cette raison précisément. Pour combien de temps ? Je n'en sais rien. Voici que le bataillon au repos depuis deux jours part au cantonnement et vient nous rejoindre. Le sens de ce mouvement est clair : il y aura du nouveau demain. Mais je crois, je suis sûr même, que nous ne serons pas directement engagés. Ce sont nos voisins qui donneront ; si tout marche bien, nous en serons quittes avec une distribution de gros noirs un peu plus généreuse que d'habitude. Je voudrais bien pouvoir vous dire comment se répartit notre temps. Le sais-je moi-même ? Désormais, ça va être l'incertitude de l'avenir même immédiat. Le printemps s'annonce ; l'alouette a

Maurice Genevoix.

chanté tout ce jour ; on entendait ses trilles chaque fois que les canons se taisaient. Mais le printemps, cette année, c'est la reprise des mouvements par des grandes masses, la ruée hors des tranchées où l'on s'est abrité l'hiver, et les milliers de morts après les milliers de morts du dernier automne. Je vous aiderai à me suivre, en vous écrivant, ne serait-ce qu'un mot, aux heures d'accalmie. Du repos ? Je ne l'espère plus : notre colonel a supplié pour que notre régiment fût ramené à l'arrière, après les combats de février. Il s'est heurté à une résistance polie, mais obstinée…

121. Paul Dupuy à Maurice Genevoix.

Jeudi, 18-3-1915

J'ai votre triste lettre du 13. Ce matin, j'avais eu vraiment de la gaîté à vous griffonner quelques lignes au revers de la carpe d'Hokusai. Me voici maintenant face à votre détresse. De quelle tendresse je voudrais l'envelopper et la calmer, je ne peux vous l'exprimer, mon ami. Vous m'appelez, mais, sachez-le, je suis toujours là, je suis toujours tout près, il ne se passe pas d'heure où ma pensée ne vous retrouve, où votre image ne se présente à moi. Être avec vous m'est devenu un tel besoin que tout vous évoque, que tout me ramène à vous. De quelque somme d'affection que tout ce qui souffre en vous ait besoin de se sentir entouré, soyez sûr que mon cœur vous la donne, avec gaucherie et maladresse peut-être, mais d'un élan où se concentrent toute sa force présente et tout le souvenir de ses affections les meilleures. C'est de la substance de ma vie entière, où l'amitié a tenu tant de place, qu'est faite mon amitié pour vous. De tout le poids de vos peines, de votre anxiété, appuyez-vous sur elle. Comme à

Sommaisne vous auriez voulu consoler, endormir et protéger vos hommes blessés[1], ainsi que des enfants, moi, je voudrais vous serrer dans mes bras, je vous y serre, mon cher Genevoix, et je vous dis tout bas : pleure, mon petit, ne te retiens pas de pleurer, mais aie confiance. C'est toi qui m'as appris à avoir confiance ; je veux te l'apprendre à mon tour. Je crois que j'en ai rendu à ton père ; laisse-moi t'en rendre à toi. Ne permets pas que s'affaiblisse en toi l'espoir ni la volonté du revoir. Ta destinée est d'un métal aussi souple et aussi fin que toi-même : vous allez vous redresser tous les deux. Je t'embrasse, mon petit, avec gravité, avec force, avec tendresse, avec orgueil, avec certitude. Paul Dupuy

122. Maurice Genevoix à Paul Dupuy.

21 mars

Je vais bien. Nous avons eu encore des difficultés avec les Boches. Aujourd'hui, repos, mais pas au cantonnement. Un cycliste part pour ravitailler. J'en profite pour vous faire passer ce mot. Je suis arrivé hier éreinté, surtout par le manque de sommeil. À présent, j'ai dormi ; je ne m'aperçois plus de rien…

123. Maurice Genevoix à Paul Dupuy.

25 mars

Le temps se traîne, lourdement, dans la veulerie et l'abrutissement : nous nous sommes encore trouvés engagés, pen-

1. Voir le journal de Maurice Genevoix en date du dimanche 6 septembre 1914 en Annexes.

dant deux jours, et le régiment a perdu 320 hommes de plus. Cela s'arrange le plus simplement du monde : on envoie un renfort de 400 hommes, et les gens de l'arrière, après avoir pris cette mesure entre poire et fromage, estiment qu'ils ont agi sagement et que nous leur devons reconnaissance. Mais les autres, ceux qui restent. Ceux qui ont vu les derniers combats, et ceux de février, et les mois d'hiver dans l'eau et la boue des tranchées, et les affaires d'octobre, et les combats sous bois, fin septembre, pour arrêter la ruée des Boches aux fesses du 288 et consorts, et les batailles du 6 au 10, qui fauchaient des compagnies entières, les égorgements dans la nuit noire, et encore les massacres sous bois, les avalanches des marmites au passage de la Meuse, à Septsarges, à Cuisy, à Montfaucon ? Ceux-là, est-ce qu'on pense à eux ? Il n'y en a presque plus ; ils ont vu le régiment diminuer, diminuer, jusqu'à n'être plus, presque ; et c'étaient toujours des renforts, des renforts. Les visages changeaient autour d'eux ; ceux qui les avaient connus mouraient, s'en allaient. Eux qui restaient là, on n'avait pas l'air de savoir qu'ils étaient là depuis des mois, accumulant eux seuls les souffrances dont les autres ne connurent qu'une part : trop heureux, sans doute, d'avoir sauvé leur peau. Mais, à la longue, la fatigue du cœur les prend, ceux-là, si leur corps est resté fort. Le dégoût aussi, malgré la volonté qu'ils ont eue de ne pas s'indigner. Et peu à peu, à leur insu, un grand désir les envahit de se reposer à leur tour, d'échapper à l'atmosphère tueuse où leur vie se ralentit, diminue. Changer d'air ; s'en aller loin de ces cadavres, de ces centaines de cadavres que les premiers soleils pourrissent et qui font horriblement mou le sol où nous marchons. Il y a six mois que mes yeux voient le même bois de sapins couronnant la montagne de Combres, et la vallée du Longeau, avec les ruines du Moulin-Bas, et le Montgirmont pelé et la sévère côte des Hures. Chaque mitrailleuse a une voie connue, chaque batterie, chaque canon. Maintenant, maintenant que tant et tant de cadavres s'allongent au flanc de ces pentes, au fond de ces ravins, j'ai du mal à supporter la vue de ces choses. Allons-nous-en. Allons nous battre d'ailleurs. Le supplice recommence à chaque retour de ces tranchées, où la survie du passé ne peut être que cruelle. Et puis, mon ami, je suis loin de tout ce que j'aime. Je me tends ardemment vers les bonheurs que je sais. Et de les appeler en vain, depuis si longtemps et si fort, voici que je souffre, et que ma force décroît. N'est-ce pas que j'ai mérité un peu de repos dans la paix, et dans la sécurité des affections…

124. Maurice Genevoix à Paul Dupuy.

28 mars

Cinquième jour de cantonnement : cantonnement d'alerte depuis hier après-midi. Notre bataillon se trouvait au repos, pendant que les canons crachaient encore, aux Éparges. Nous en sommes éloignés ici, de presque 20 kilomètres ; et pourtant, nous avons entendu toute la journée et toute la nuit, le grondement ininterrompu des batteries. Nous nous attendons à partir d'une minute à l'autre ; pour aller où ? Cette crête est mon cauchemar. Je voudrais bien que soit rétabli l'ancien tour, avec notre deuxième ligne à Calonne : c'est là encore que nous étions le plus tranquilles. Au cantonnement : va-et-vient perpétuel, défilé de camarades braillards, revues, convocations par le chef de bataillon. Les journées fondent insensiblement dans une inaction agitée, qui ne sauve point de l'ennui. J'ai bien peur de ne pouvoir vous écrire plus que quelques mots, avant de retourner au piton. J'ai encore des embêtements avec mon sergent-major, un gosse écervelé, peu intelligent, infatué de son insignifiante personne et consciencieux, je crois, un peu moins que le nécessaire. Il fait gaffe sur gaffe, et ça retombe sur mon nez : j'accepte avec sérénité. Le deuxième galon est arrivé il y a deux ou trois jours. La citation point…

125. Paul Dupuy à Maurice Genevoix.

Dimanche, 28-3-1915

Les vacances de Pâques commencent aujourd'hui ! Ainsi, plus de la moitié de l'année nouvelle est déjà derrière nous, et, aussi vite qu'elle a passé, arrivera l'anniversaire des jours où l'on vous vit partir. Il semble que ce mot de « vacances » soit vide de sens, ne puisse répondre à rien de réel, puisque vous, vous êtes toujours là-bas, tendant vos énergies et risquant la mort pour nous. Des gens cependant s'apprêtent à faire comme tous les ans. Nous ne verrons pas seulement partir ceux qui vont « chez eux », et qui ont peut-être plus grand besoin d'y aller qu'à l'ordinaire, mais aussi ceux qui veulent se laisser vivre pendant une quinzaine et voir s'il fait toujours meilleur du côté de Nice ou de Biarritz qu'ici. Bon voyage. Moi, je gagnerai simplement à ces quinze jours de n'avoir plus à penser qu'aux nôtres, et ce sera là mon repos. Mes cours ont été, cette année, une fatigue insupportable : non seulement il fallait les préparer en hâte et refaire chaque fois un effort de mise en train douloureux ; mais le travail même en était sans intérêt et me dégoûtait comme un simple jeu d'esprit. J'ai tâché à Fontenay de me justifier à mes propres yeux, en étudiant à fond la ligne de bataille française, mais cela a été très éreintant, et chaque mardi soir, en rentrant je n'avais plus qu'à me fourrer au lit, aussitôt après avoir dîné. C'est cela qui m'a fait le mieux sentir que je suis décidément un vieux bonhomme, sans souplesse et sans ressort, incapable de mener librement de front plusieurs préoccupations parallèles. Voici venir, du moins, quinze jours pendant lesquels je n'en aurai qu'une seule et pourrai m'y donner tout entier. Ami, je ne serai pas avec vous plus que je n'y ai été, puisque j'y suis toujours ; mais j'y serai plus librement. Et puis, j'y veux être aussi autrement. Il faut tout de même que je fasse une cure d'air et d'exercice. Depuis huit mois, j'ai à peine remué, toujours embusqué entre le classeur de ma correspondance, derrière l'immense table de Pariset et de Weill, restée dans le grand salon et sur laquelle s'étalent mes papiers et mes cartes. Il faut que je tâche de marcher, de faire quelques promenades aux environs, pour me mettre en état de passer le dernier trimestre sans faiblir. Vous serez avec moi dans ces promenades, mon grand ami. Je ne regarderai pas seulement avec mes yeux, mais aussi avec les vôtres. Je suis maintenant, ou plutôt je commence à être si familier avec votre sensibilité, et elle m'est si chère ! Quand je pense au jour où nous nous reverrons, où chacun de nous pourra lire sur le visage de l'autre et dans son regard, tout ce que la séparation anxieuse y aura concentré d'affection, j'ai un peu peur, je l'avoue. Je me fais d'avance la leçon à moi-même, pour que vos vingt-cinq ans ne sentent jamais sur eux le poids de mes soixante. Mais je me dis aussi timidement que, s'il m'est donné quelquefois de jouir avec vous du spectacle des choses, de sentir en votre compagnie les lignes, les mouvements, les couleurs, ce sera pour moi une grande joie, et comme une source de rajeunissement.

Je vais m'y préparer. Seulement, cette fois, ce sont des contrastes sans doute qu'il me faudra évoquer. Je ne sais si je reverrai les merveilles de l'an passé ; j'ai peine à croire que, deux ans de suite, les vergers puissent faire jaillir d'eux-mêmes une pareille profusion de fleurs ; mais y arriveraient-ils que toute cette beauté triomphante m'obligera à voir les ruines et la désolation où vous vivez. Vous revoyez, vous, sous le tumulte des bombardements, le jardin du curé dans sa gentillesse passée ; je le verrai, moi, dans la dévastation que vous m'avez décrite. Mais, de tout mon espoir, de toute ma tendresse, j'appellerai les jours où, de nouveau, vos yeux rieurs, votre âme vigoureuse et charmante s'ouvriront à la beauté et à la joie d'un printemps pacifique.

À vous comme vous le savez. Paul Dupuy

126. Paul Dupuy à Maurice Genevoix.

Dimanche soir, 28-3-1915

Je veux vous écrire un mot supplémentaire aujourd'hui. Cet abruti de [*Galon*] a laissé hier soir, sur ma table, le paquet de lettres qu'il devait mettre à la poste ; j'ai ragé en les retrouvant ce matin, sur le coup de cinq heures et demie, et je suis allé à la poste en pantoufles, pyjama et robe de chambre. Un serin échappé faisait cui-cui sur la grille de l'École : il m'a nargué en s'épuçant le croupion et en lissant soigneusement une à une toutes les plumes de sa queue. Il doit être mort de faim à cette heure ou mangé par la chatte. – Il est encore question de ces sacrées Éparges dans le communiqué de ce soir. Cela aussi me donne le besoin de revenir à vous. J'ai reçu cette douche froide au retour d'une promenade radieuse faite au bois en compagnie de Julia. Je l'ai fait aller à pied de la porte d'Auteuil à la porte Dauphine, par le champ de courses et les bois. Soleil charmant et bise assez âpre. Tous les peupliers ont déjà laissé tomber leurs chatons, qui semblent à leur pied d'énormes chenilles rouges. Les premiers pourpres entrouvrent timidement des fleurs frêles, qui frissonnent sous le vent du nord. Tout le monde végétal se méfie : on n'aperçoit encore que des yeux qui sourient à travers le masque de l'hiver. Vos bois dévastés doivent rester plus sévères encore. Pour Julia public plus varié que rue St-Jacques, mais tt aussi intéressé. Noté entre autres deux fines petites grues, serrées frileusement l'une contre l'autre, et serrant chacune frileusement ses petites cuisses l'une contre l'autre sous la jupe étroite demi-ouverte. Elles ont trotté plus menu encore au passage de Julia. Lui rit sous ses pansements, plus masqué que le printemps puisqu'il ne laisse voir qu'un œil. Cette promenade nous avait tonifiés tous les deux : il nous semblait que tt fût bien dans l'univers, quand nous avons lu ce diable de communiqué. Je vous embrasse très fort, mon ami. Paul Dupuy

127. Paul Dupuy à Maurice Genevoix.

Lundi, 29-3-1915

J'ai votre triste lettre, mon ami[1]. J'ouvre mon cœur tout grand à votre tristesse. Vous m'avez dit votre lassitude ; vous n'entendrez de moi ni les encouragements bêtes, ni les consolations banales. Parlez-moi. Dites-moi encore tout ce dont votre cœur est plein. Si j'étais réellement près de vous, je vous écouterais en silence, je vous serrerais contre moi et je passerais doucement ma main sur votre front. La tendresse

1. Lettre 123, du 25 mars 1915.

muette dont vous avez besoin depuis que vous avez perdu votre ami, vous savez que je vous la donne sans compter. Il faut vous écrire, puisque nous sommes séparés ; mais les minutes que j'y donne ne sont rien auprès de celles que ma pensée passe auprès de vous ; celles que vous prenez pour me lire valent seulement pour vous donner la certitude que je ne vous quitte jamais. Je n'ose me flatter qu'elle suffise pour enrayer la déperdition de force morale dont vous vous plaignez. J'ai toujours, vous vous le rappelez, mesuré juste la différence entre ce que valaient pour vous mon amitié et celle de Porchon ; je la mesure encore. Je sens à plein la solitude réelle où vous laisse mon compagnonnage idéal, et combien plus que moi sont près de vous tous ces morts que vous avez connus. Je craindrais même de rendre plus douloureuse votre tension vers ceux que vous appelez, si vous ne m'aviez répété vous-même que, dans les passes difficiles, vous m'avez senti là et que cela vous a fait du bien. Voici la plus difficile de toutes, celle où vous doutez des autres et de vous-même. Des autres, rien à vous dire. C'est l'évidence même que vous avez raison : je le sais par d'autres que vous. Le roulement, tel qu'il est établi pour vous, est beaucoup trop serré pour vous laisser le répit nécessaire à la détente, fussiez-vous même encore entouré de vos amis de campagne ; on me dit d'autres organisations qui me paraissent bien plus raisonnables. Et c'est une méconnaissance redoutable de ce que sont et de ce que valent les forces morales que de les supposer intactes après sept mois de campagne, dans un renouvellement incessant du régiment, de les user impitoyablement sans le moindre répit, de ne pas aider à les refaire ceux qui les ont dépensées sans compter. Mais, tout de même, ami, ne vous croyez pas diminué. Moi, je ne doute pas de vous. Je sais que l'intensité de votre souffrance exprime celle de votre vitalité. C'est pourquoi je n'essaye pas de vous consoler : je veux seulement, comme vous me l'avez dit un jour, partager. N'hésitez jamais, je vous en prie, mon ami, à crier et à pleurer avec moi, quand vous aurez besoin de crier et de pleurer. C'est la souffrance muette qui use et qui déprime.

Puisque nous nous aimons assez pour que vous n'ayez jamais à craindre de me laisser voir jusqu'au fond de vous-même, usez pleinement de cette amitié. Qu'elle vous libère et vous soutienne. Oui, ami, je sais que vous m'aimez bien ; j'ose à peine en être heureux à l'heure où vous souffrez ; je le suis tout de même, mais pour vous plus encore que pour moi, et par la pensée du réconfort intérieur, du soutien intime et profond que vous y trouvez.

Je ne sais plus que vous dire, ami, sinon que, moi aussi, je vous aime bien, du mieux que je peux tout au moins. Paul Dupuy

128. Paul Dupuy à Maurice Genevoix.

Mardi, 30-3-1915

Hier encore, le communiqué de 3 heures a parlé des tranchées prises et partiellement reperdues aux Éparges ; le communiqué allemand d'avant-hier annonce la fin des affaires des Combres et notre échec. Mais, depuis votre lettre d'hier, très absurdement sans doute, j'ai peine à fixer mes préoccupations là-dessus : c'est votre détresse morale qui me prend tout entier ; je la vois trop clairement, je la sens trop profondément en moi. Infirmité de ma tête et de mon cœur : il me faut un effort de réflexion et relire encore ce que vous m'avez écrit, pour me représenter que le supplice le plus cruel est précisément là, dans les tranchées où vous vous trouvez aux prises avec l'ennemi. Vous y êtes probablement à cette heure, ami. Avec ferveur toute ma pensée s'applique à vous : ce que j'aime tant en vous c'est le mélange de délicatesse et d'énergie que m'exprime en ce moment même votre dernière image. Vos réserves de force égalent ou dépassent la richesse de votre sensibilité. J'y tends du moins tout mon désir, toute ma confiance, toute la tendresse avec laquelle je vous embrasse, mon ami. Paul Dupuy

129. Paul Dupuy à Maurice Genevoix.

Mardi soir, 30-3-1915

J'achève la journée avec vous, mon ami, comme je l'ai commencée. L'idée que vous souffrez m'est dure ; l'idée que mon affection peut adoucir un peu votre souffrance m'est douce. Je n'ai rien à vous dire de plus que cette affection, et puisqu'elle n'est pas tout à fait impuissante, je peux vous le redire sans trop de découragement. Tout ce qui vient de vous retentit longuement en moi, mon ami. À cette heure la neige tombe d'un ciel bas et gris qui pèse là-bas sur vous comme votre tristesse pèse ici sur moi. Je suis tout près, tout près de vous et je vous aime comme vous le méritez de l'être. Paul Dupuy

130. Paul Dupuy à Maurice Genevoix.

Mercredi matin, 31-3-1915

Hier et avant-hier, ami le plus cher, j'ai relu et encore relu bien des fois votre lettre douloureuse. Sombre plaisir de sentir votre cœur épancher dans le mien tout ce que ces derniers mois y ont accumulé de tristesses. La plainte de l'ami le rend plus présent que la joie, et c'est maintenant un si profond, un si permanent besoin de ma vie intérieure, de vous sentir près de moi, de m'identifier presque à vous. Je m'en veux un peu d'éprouver en ce moment ce sentiment avec une telle force, de trouver tant de bonheur à votre confiance, quand vous n'avez à me confier que de la souffrance. Ai-je fait assez pour mériter ce bonheur ? Suffit-il vraiment que je m'ouvre à vos plaintes, que je m'imprègne de votre tristesse, que je vous serre et berce dans mes bras ?

Hier, j'étais disposé à le croire. Aujourd'hui, à force de vous avoir lu, je suis aussi inquiet de comprendre que de compatir. Non pas de vous comprendre, vous : cela, c'est vraiment simple pour une affection comme la mienne, et ce n'est toujours que de la compassion : votre cœur saigne dans votre corps intact ; ses blessures ne sont que trop visibles, larges et profondes, mettant à vif les mille lésions intérieures dont votre courage s'était refusé à écouter les élancements. Ce que je voudrais comprendre, mon ami, c'est pourquoi vous vous voyez refuser, et votre régiment avec vous, ce répit qui fut accordé à tant d'autres pour se refaire physiquement et moralement. Il ne peut y avoir là ni parti pris ni défaveur. Il n'y a sans doute qu'un retard dont les raisons apparaîtront au même moment où il y sera mis terme. Vous aurez, vous ne pourrez pas ne pas avoir bientôt le repos mérité. Rassemblez toutes vos énergies pour l'attendre ; et si, de l'amitié que je vous donne comme de celle que vous me rendez, il peut sortir de la force pour vous, que cela soit le lien dans lequel les énergies se retrouvent serrées et tendues. Je vous embrasse de toute cette amitié.

Paul Dupuy

131. Maurice Genevoix à Paul Dupuy.

31 mars

Compagnie de renfort, avant d'aller prendre les avant-postes sur notre piton. Nous sommes voisins de mitrailleurs de l'échelon ; ils sont là depuis 4 ou 5 mois, et se sont bâti des abris somptueux. Hier au soir, nous étions chez le lieutenant qui commande la compagnie. Il avait entassé dans la cheminée des bûches et des bûches ; la flamme ronflait quand nous sommes arrivés, si haute et claire que la bougie sur la table en oubliait d'éclairer. Nous venions, mes deux sous-lieutenants et moi, de reconnaître les tranchées de deuxième ligne, que ma compagnie doit occuper en cas d'alerte. Il neigeait, neige drue à demi fondue, que le vent assez vif nous lançait au visage. Nous avions pataugé dans les prés que traverse le Longeau, tâtant de la canne les fils de fer barbelés tendus entre les piquets, louvoyant entre les innombrables trous d'obus emplis d'eau croupie. Ce fut une joie de nous rôtir les jambes à ce brasier. Nous avons pris le café, dans des tasses en porcelaine, pas trop grossières, pas trop dorées ; et j'ai oublié que nous étions en guerre. Il y avait une heure peut-être que nous étions là, lorsque la porte s'est ouverte, poussée par un adjudant mitrailleur de retour du piton : de la neige sur le képi, sur les épaules ; de l'eau perlant aux moustaches, et aux pieds de la boue des sapes et des galeries, de la boue jaune, épaisse, gluante, lourde et tenace des Éparges. J'ai eu alors l'étrange impression de me trouver là en spectateur, en touriste : je me promenais sur le front, par curiosité d'amateur, qui tout de même s'intéresse à la guerre. Et pendant que j'étais reçu par « un de nos vaillants officiers », dans son « home », j'avais la bonne fortune de voir un « héros » descendre des tranchées de première ligne. J'avais envie de le questionner, de lui demander ce qu'il avait vu là-haut, si les Boches étaient agressifs, s'ils étaient loin les uns des autres, s'il tombait beaucoup d'obus, si les obus tuaient beaucoup d'hommes. Mais point n'était besoin de questionner : l'adjudant était du Midi et mitrailleur ; par conséquent deux fois bavard. De plus, il descendait de là-haut dans la perspective de six jours de repos ; il faisait chaud, il était attablé devant une large tranche de rosbif saignant, et avec un verre de solide vin rouge. Il était bien ; il pérorait. Et il nous disait l'amoncellement des cadavres, les pioches qui s'enfonçaient dans les crânes, les mains et les pieds qui sortaient de terre, dans les parapets des boyaux, et la puanteur grandissante qui flottait sur ce charnier. Il pérorait trop, l'adjudant, tellement qu'il a fait tout casser, et que je lui en ai voulu de m'avoir rappelé, malgré lui, que l'abri confortable, où les bûches flambaient si clair, était creusé au flanc d'une crête, que cette crête dominait les Éparges, et qu'au-delà des Éparges les Boches veillaient dans leurs trous, comme ils y veillaient depuis six mois. J'ai dit au revoir aux mitrailleurs, et suis reparti chez moi. Mais j'étais à peine dehors que je suis resté stupéfait et ravi par la splendeur de la nuit. Clair de lune sur la neige. Une blancheur laiteuse et bleuâtre, une blancheur prodigieuse, nullement crue, semi-éteinte dans une brume douce, flottante, et qui semblait irréelle. Près de moi des paillettes scintillaient aux branches des sapins et sur le toit des abris. En face, le flanc du coteau s'étalait, également lumineux, sans une tache, sans un accroc. Et plus loin, sur la vallée qui s'enfonce au nord, des nuages gris, encore chargés de neige, éteignaient d'un coup le rayonnement immense de la lune, et bouchaient l'horizon.

Ce matin, la neige tombait encore, flocons rares, menus, dont je me demandais s'ils n'étaient pas plutôt des pétales envolés de quelque verger. Car le soleil brillait sur la plaine blanche, et le dégel laissait tomber des gouttes d'eau lourdes et pressées à l'entrée de notre abri. J'ai flâné dans les bois toute une heure, heureux de sentir craquer les feuilles mortes à chacun de mes pas, parce que je voyais, au bout des branches, les bourgeons vernis se gonfler à craquer, la mousse neuve ramper au pied des arbres, et les anémones poindre entre les pierres soulevées par les éclatements d'obus. J'en ai cueilli quelques-unes, de ces anémones des Éparges, et je vous les envoie, comme un peu de ce coin de terre où j'ai souffert, espéré, depuis six mois, et où votre amitié n'a pas cessé de me suivre. Retour par le chemin du Jouveaux, un tout petit bout de ruisseau qui roule son eau transparente sur de gros cailloux avec un gargouillis très gai. La neige, en fondant, avait formé de la boue partout ; c'est de la boue qui ne durera pas. Je n'avais point de colère contre elle en secouant les mottes énormes qui s'attachaient à mes semelles. Nous sommes rentrés à notre abri avec une bonne provision de mâche, de « doucette », comme disent les paysans de la Meuse. Demain nous mangerons peut-être un civet de lièvre. Nous avons découvert des passées dans des sapins, et tendu des collets improvisés avec du fil téléphonique. Voici qu'il est tard : il y a longtemps déjà que mes deux camarades se sont étendus sur la paille du bat-flanc. Je n'entends plus que le pas égal de la sentinelle qui va et vient sur le chemin, devant la porte de l'abri. On m'avait prévenu tout à l'heure que des forces allemandes importantes avaient été vues dans les boyaux de communication conduisant à leur première ligne, et que des officiers observaient par les créneaux. Roman, je crois : la source du renseignement m'est suspecte. Bonsoir, grand ami. Les heures actuelles sont moins lourdes.

AVRIL 1915

132. Maurice Genevoix à Paul Dupuy.

1er avril

Il n'y a pas eu d'alerte. Trois lièvres dans nos collets. J'aurais fait un fameux braconnier de pêche et de chasse…

133. Paul Dupuy à Maurice Genevoix.

Vendredi, 2 avril 1915

Je suis un peu décontenancé aujourd'hui par l'absence de lettre. Je m'étais persuadé que j'aurais une carte ce matin. Je me l'étais persuadé hier, en revenant de Creil, et en passant en tête à tête avec vous les deux heures du voyage. J'ai reconstruit à peu près complètement dans ma mémoire cette lettre du 1er janvier à Fanchette, que j'avais si fort admirée et qui m'avait tant ému. Il y avait dans cette lettre l'assaut des souvenirs dans la semaine qui précéda le Nouvel An : nous voici dans celle qui précède Pâques. Elle finissait auprès du capitaine mort sur qui pleurait la pluie ; tant d'autres maintenant vous environnent et vous n'avez plus auprès de vous l'ami avec le courage duquel le vôtre ne faisait qu'un. Mais il y avait aussi dans cette lettre un sursaut de volonté avec un « il ne fallait pas que ça dure, et ça n'a pas duré, vrai ! » où se reconnaissait toute l'énergique gentillesse de votre nature.

Comme je l'aimais hier soir, cette énergique gentillesse ; comme j'étais anxieux de savoir si, de la source que vous croyiez tarie, vous ne sentiez point sourdre un renouveau. La soirée était d'une douceur apaisante et réconfortante à la fois : à travers les bois de Chantilly, j'essayais d'imaginer votre forêt d'Amblainville. Peut-il encore goûter, me demandai-je, cette finesse des ramures dans la lumière du jour finissant, ce brillant des écorces lisses sous lequel on sent le gonflement de la sève, ces bourgeons aigus comme des fers de lame qui se relayent sur les branches pour en accentuer la vigueur, ou ces pendeloques des chatons qui les parent de leur grâce frémissante ? Il n'y a pas de tombes dans ces bois ; j'échappe à leur étreinte ; passant rapide, je les vois du dehors se préparer à la fête du printemps. Mon ami est le prisonnier des siens et la fête va y accrocher des décors au-dessus du charnier où gisent tous ceux qu'il a connus. Tous les grands mots ne feront pas que son cœur ne soit un cœur de vingt-cinq ans et que l'ardeur du courage n'y soit sœur de l'ardeur d'aimer. Par quel effort miraculeux échappera-t-il à la détresse ? Et pourtant il le faut.

C'est pourquoi, cher ami, il me tarde tant d'avoir de vous une lettre ou une simple carte. J'étais si complètement avec vous hier dans ce voyage de retour auquel m'avait préparé l'aller en compagnie de Thérèse[1] dont l'âme est parfaitement harmonisée à la mienne. Il y a, chez les deux autres[2], de cette défense instinctive d'enfant à père, qui est la règle générale. Chez elle pas. Dès la plus petite enfance, nos manières de sentir se sont pénétrées l'une l'autre. Il est rare maintenant que je puisse passer une heure en tête à tête avec elle ; quand

1. Marie-Thérèse Maurette.
2. Françoise et Pascal Dupuy.

je l'ai fait, je me sens deux fois moi-même. C'est pourquoi, hier soir, resté seul avec vous, je vous aimais deux fois plus qu'à l'ordinaire.

Paul Dupuy

134. Paul Dupuy à Maurice Genevoix.

Samedi, 3-4-1915

C'est moi, mon ami, qui viens vous confier ma peine aujourd'hui. J'ai appris hier soir la mort de l'archicube Bourquin qui était pour moi un véritable ami. Blessé dans les Vosges, en même temps que son ordonnance, il a voulu que les brancardiers enlevassent d'abord son soldat et les a attendus huit heures dans la neige. À l'hôpital, il a fallu lui couper la jambe. Une congestion pulmonaire se déclara. Voici quinze jours qu'il attendait la mort pensant à ses amis, essayant de leur communiquer une confiance que lui-même avait perdue. J'ai eu une de ses dernières pensées, un souvenir de son mariage, où, il y a quatre ans, il m'avait voulu comme témoin. Et je sens remonter à mes yeux tant de larmes que je comprime. De cette peine aussi se nourrit mon affection pour vous, ami, grand ami, ami d'entre les amis. Paul Dupuy

135. Maurice Genevoix à Paul Dupuy.

7 avril

Je reçois ce matin votre carte du 3, et je descends de ma tranchée, pour vous répondre tout de suite. Quelques mots seulement. Je ne puis vous donner que des minutes de fraude : car nous sommes encore une fois en pleine bataille.

136. Maurice Genevoix à Paul Dupuy.

8 avril

Obligé de m'interrompre brusquement hier, pour remonter dans la tranchée. Les Boches contre-attaquaient en masse : bombardement invraisemblable. Ces journées dépassent en horreur celles de février. En février, peu de boue ; ces jours-ci, une mer de boue. Des blessés peu gravement atteints se sont noyés en essayant de se traîner jusqu'au poste de secours. On s'exalte jusqu'à pouvoir tenir. « J'ai » mes hommes ; deux officiers admirables, qui se donnent sans vouloir convenir qu'ils sont admirables…

137. Paul Dupuy à Maurice Genevoix.

Jeudi, 8 avril 1915

Décidément, c'est la bataille pour le dégagement de Verdun et la délivrance de St-Mihiel. Dans tous les communiqués de ces derniers jours on sentait une pression énergique du nord et du sud sur la pointe allemande. Voici que les Éparges reparaissent dans celui d'hier après-midi et de la nuit. Les dernières nouvelles de vous datant du dimanche des Rameaux, il m'est absolument impossible de conjecturer où vous étiez hier, et quand ce mot vous parviendra, cette action sera finie sans doute : vous serez autre part. Que vous dire ? ami. Aussi certainement qu'on peut savoir, je sais que, si vous avez été engagé, votre énergie s'est retrouvée intacte. De toutes les forces de mon désir je souhaite qu'au moment où cette carte vous arrivera, vous ayez comme récompense de votre énergie l'assurance de son utilité. Puisse-t-elle vous trouver au-delà des pentes et des ravins peuplés de vos morts, dont l'obsession tournait au cauchemar. Ces jours-ci vont être de nouveau pour moi des jours d'attente anxieuse, mais c'est beaucoup pour m'aider à les traverser qu'il me soit venu de vous une lettre où je sente calmée la crise de souffrance intime où vous étiez il y a quinze jours. Que cela est loin déjà ! De toute mon affection je cherche à combler ce vide du temps, de mon temps. De quoi le vôtre est-il rempli ? Je vous embrasse bien fort. Paul Dupuy

138. Paul Dupuy à Maurice Genevoix.

Vendredi, 9 avril 1915

Avec vous plus étroitement que jamais, Genevoix, mon cher Genevoix, en cette matinée où je viens de lire le long communiqué de la nuit qui résume tous les gains réalisés du côté d'Étain, des Éparges, de St-Mihiel, du Bois-le-Prêtre. La montagne de Combres n'est pas encore entièrement à vous, et déjà plus de mille cadavres allemands ont été relevés sur le terrain. C'est la formidable tourmente de février qui recommence, et vous y êtes, et elle ne peut cesser désormais que par la délivrance de St-Mihiel. Que vous soyez pour quelque chose dans cette vraie victoire qui s'apprête, c'est pour moi une émotion dont je n'ai pas besoin de vous dire toute la complexité. Je vous aime tendrement et fortement, mon ami. Je sais et je sens toute la profondeur de votre affection pour moi ; la pensée que le souvenir de votre vieil ami peut quelquefois traverser votre esprit et réconforter votre courage dans cette rude bataille me prend, moi, tout entier et me livre à vous. Quand vous lirez ceci, dites-vous bien que je suis vôtre autant qu'on peut l'être et que je le suis à toujours.

Paul Dupuy

139. Paul Dupuy à Maurice Genevoix.

Samedi matin, 10-4-1915

Hier, j'étais hors d'état de faire quoi que ce soit. Une visite douloureuse de la veuve de Chatanay a achevé de tendre mes nerfs : je me suis sauvé, et j'ai passé ma journée avec Julia, avant le déjeuner avec Doll et Mauchaussat après ! Tous trois souffraient : Julia de son orbite vide, Doll de son bras amputé, Mauchaussat de sa jambe qui ne veut pas encore le porter. Longs bavardages pour les distraire. Nous avons à peine parlé de vous, tant j'y pensais, mon ami. Pendant que j'étais avec Mauchaussat dans le luxe bête des Rothschild, la mère de Roger Caheu nous a apporté des bruits contradictoires : 80 000 Boches auraient été faits prisonniers à l'est de Verdun ; nous aurions subi un échec, en perdant 15 000 hommes. J'ai réussi à ne m'émouvoir ni des uns ni des autres ; le communiqué du soir m'a montré que rien n'était fini. Et voici, ce matin, qu'on nous apprend la conquête complète du piton, la prise des dernières tranchées. Je regarde la carte d'un œil satisfait et stupide. Qu'y a-t-il pour moi dans les dessous de ce communiqué ? Combien de jours me faudra-t-il attendre encore les lignes qui desserreront l'étau où mon cœur est pris ? Je relis en attendant, je l'ai relue tous ces derniers jours, je la relirai jusqu'à ce que l'autre arrive, une lettre du 30 octobre, la grande lettre écrite sur le papier de Lucien Miquet et qui me donna tant de joie. « Je voudrais sortir des bois, sauter sur les Hauts-de-Meuse où ils ont masqué leurs batteries, et puis courir comme un fou, avec tous mes hommes, baïonnette au canon, jusqu'au bout de cette plaine, que ferment les hauteurs de Metz. » Le saut a pris cinq mois ; la course n'a pas encore commencé ; ceux que tu rêvais d'entraîner derrière toi dorment presque tous pour toujours au fond des ravins ou aux flancs des côtes ; – les yeux voient-ils moins la plaine, les dix-huit kilomètres de plaine, au-delà desquels ils ne seront plus chez nous ? T'a-t-il été donné d'échapper à l'obsession des noirs sapins, qui, depuis tant de jours te tenaient sous leur menace et te barraient l'horizon ? et du haut de la montagne conquise l'espace libre et la vie se déroulent-ils devant toi ? Comme cette récompense t'est due, mon ami. Et, si tu l'as reçue, quelle joie pour ton vieux compagnon des longues nuits d'hiver, dans les trous enterrés, de sentir que tu le gardes encore près de toi, à l'heure où se réalise le rêve que tu lui confiais. Paul Dupuy

140. Paul Dupuy à Maurice Genevoix.

Samedi, 10-4-1915

Quelle aide dans mon attente, cher ami, que cette lettre, où les petites fleurs sont déjà sèches, mais m'apportent bien en effet quelque chose des lieux où vous vivez. Vous avez voulu m'en donner et vous m'en avez donné réellement à la veille de la bataille, une sensation plus complète et plus forte que je ne l'avais jamais eue, et vous-même, je vous ai tout entier dans ces visions de la vallée et des bois dont mes yeux, grâce à vous, se remplissent après les vôtres ; je vous ai, je vous aime, et je vous espère. Paul Dupuy

[*Gastoul*] m'a chargé tt à l'heure de ses amitiés pour vous, dont nous avons dit du mal ensemble.

141. Paul Dupuy à Maurice Genevoix.

Lundi, 12-4-1915

Je fais des adresses depuis ce matin, pour l'expédition de l'annuaire des anciens élèves à tous ceux qui sont mobilisés. Besogne qui serait stupide et juste ce qu'il me faut en ce moment si les noms que j'écris n'éveillaient des images. J'ai écrit votre adresse, et il a fallu, après, m'interrompre pour tirer de ma poche l'enveloppe où sont vos dernières lettres. J'ai relu de tous mes yeux, de tout mon cœur, de toute ma sensibilité artistique le paysage de neige sous la lune, dans la vallée du Longeau. Je retrouverai toujours la même émotion, en le relisant, une émotion qui me vient de vous, du parfait accord qu'il y a entre votre faculté de sentir et votre faculté d'exprimer, et du profond accord qu'il y a aussi entre vos émotions et les miennes. C'est pour moi maintenant que les heures sont lourdes. Paul Dupuy

142. Paul Dupuy à Maurice Genevoix.

Mardi, 13-4-1915

Toujours le même sentiment de vide, qui oppresse du dedans au dehors. Il m'est impossible d'appliquer mon attention à autre chose qu'à des besognes machinales et je ne me suis pas senti le courage d'aller à Fontenay aujourd'hui. Je sais que ce n'est pas bien, mais je n'ai pas même la force d'en avoir honte. Vos actions à vous peuvent dominer vos inquiétudes ; que sont les nôtres pour cela ? – Et voici que les mauvaises nouvelles commencent à arriver : le mathématicien Durand, qui fut votre cube en 1912-13, a été blessé pour la seconde fois au Bois-Brûlé ; du côté d'Étain, deux petits sous-lieutenants de la promotion de janvier ont étrenné, l'un à la cuisse, blessure splendide, dit-il, l'autre à la poitrine et à la main droite. Tout cela est du lundi de Pâques, c'est-à-dire de cinq jours après votre dernière lettre. Nous avons eu un long communiqué allemand sur toutes ces affaires : lui, naturellement, insiste sur la sévérité de nos pertes, et le temps d'arrêt indique assez qu'elles ont été équivalentes des deux côtés. Pour que je puisse maîtriser mon anxiété, il faudrait que je rafraîchisse mes yeux comme vous aux choses de la nature ; et encore. Il est moins facile d'oublier ses amis que de s'oublier soi-même. – C'est vrai que vous auriez fait un chic trappeur, un braconnier numéro un. C'est ça qui vous a fait tant aimer et si bien pénétrer Maupassant. – Je ne vous l'ai jamais dit, mais j'ai passé tout l'hiver en compagnie de votre travail : ce fut presque mon unique lecture aux rares heures où je pouvais lire, à celle du chauffe-bain surtout. Aujourd'hui, je suis trop las même pour cela, et puis le chauffe-bain est en réparation. La lecture n'a pas été assez suivie pour que je sois bien maître du tout, mais j'ai causé bien souvent intérieurement avec vous ; je vous ai fait des objections auxquelles je trouvais parfois réponse autre part ; je me suis promis surtout de causer plus tard, et j'ai, en attendant, joui de ce qui fut votre travail de prédilection d'une année. J'étais avec le Genevoix d'hier comme avec celui d'aujourd'hui. Les deux me sont infiniment chers. Celui de demain me le sera davantage encore. Paul Dupuy

143. Maurice Genevoix à Paul Dupuy.

13 avril

Encore des déménagements. Trois compagnies du régiment n'arrivent que ce matin ; il faut se serrer, faire de la place, car la consigne est de loger tout le régiment dans un secteur où ne loge d'habitude qu'un bataillon. La moitié du 106 est encore restée aux Éparges ; mais tout de même il reste un bataillon et demi, et la place manque. Du nouveau maintenant, il faut qu'un bataillon décampe ; j'ai peur que ce soit le nôtre. Le Petit-Monthairon ne me disait rien qui vaille. Heureusement, nous restons ; je garde ma chambre et mon lit. Que de mal, d'ailleurs, pour les garder. J'ai commis l'imprudence de choisir la plus spacieuse, la plus claire et la plus propre de toutes les chambres que j'ai vues. La mairie de Dieue sait qu'elle existe, et la réserve, en principe, au chef de corps. J'en ai cherché une autre pour le colonel ; je l'ai trouvée. J'en serai quitte pour ne pas recevoir de visite chez moi et garder dans ma poche la clef de mes appartements. Ainsi nous avons pris la côte des Éparges. Mais quels efforts, quelles souffrances, quels sacrifices. Et il reste encore les hauteurs de Combres. Notre régiment n'en peut plus. Les cadres sont, encore une fois, anéantis : cinquante officiers tués ou blessés depuis le 17 février. Je me demande par quel miracle, n'ayant jamais quitté la place où je devais être, n'ayant jamais cherché le trou, le fond de galerie où l'on est à l'abri des balles et des obus, il se trouve que je vis encore. Je vis dans l'abrutissement, c'est vrai ; mais quelques journées de repos me referont alerte et prêt.

144. Paul Dupuy à Maurice Genevoix.

Mercredi, 14-4-1915

Cher ami, cher ami, que ces heures sont donc longues ! Et tant de gens semblent se donner le mot pour me dire : « Avez-vous des nouvelles des Éparges ? » Je réponds que je ne suis point surpris de n'en point avoir aujourd'hui, en ayant reçu il y a 4 jours seulement, mais que j'en attends avec impatience, les dernières datant de 14 jours. Est-ce bien de l'impatience ? On est impatient de ce qu'on pourrait sentir, ou d'une action pour laquelle on se sent bridé. Ici point d'action possible ; certitude d'un fait accompli hors de ma portée ; ignorance de sa nature, et, à mesure que l'ignorance se prolonge, tendance à sortir de l'ataraxie dans un sens déterminé, et qui n'est pas le bon. La meule intérieure tourne à vide, avec un bruit qui fait peur, et si, par hasard, elle rencontre quoi que ce soit, elle a vite fait de le réduire à néant. Il faut se résigner à la laisser tourner et à l'écouter. Je voudrais bien que vous vous moquiez de moi en lisant tout ceci, d'une moquerie affectueuse, en homme reposé, bien portant et indulgent.

Paul Dupuy

Ci-jointes qq fleurettes d'ici.

145. Paul Dupuy à Maurice Genevoix.

Jeudi, 15-4-1915

J'ai eu ce matin un mot de votre père me disant que vous lui aviez écrit le 7, en plein combat. Voilà du coup 50 % de mon anxiété disparue. J'avais eu une petite émotion hier soir. Rentrant vers 7 heures, par un crépuscule glacial, j'ai aperçu place Médicis, sur le quai du tramway, un képi à 2 galons avec le n° 106. Je suis timide, vous savez, et j'étais déjà passé sans oser l'aborder. L'apparition à petite distance du tram m'a brusquement décidé, et ma foi, je le lui ai fait manquer. C'était le lieutenant Donon, blessé dans l'affaire du 19 octobre. Bête que j'étais, je me figurais qu'il allait me donner des renseignements ; c'est lui qui m'en a demandé. Je lui ai appris la mort du commandant Marchal et celle de Porchon, qui lui a paru très sensible. Si j'avais osé, je l'aurais fait bavarder sur la période entre Rembercourt et le 19 octobre ; mais un autre tram arrivait, avec son œil de feu et ses ombres chinoises derrière ses stores baissés, j'ai laissé mon bonhomme en lui donnant une carte pour qu'il m'envoie des nouvelles. Je vous embrasse, cher ami, d'un cœur plus léger. Vôtre.

Paul Dupuy

146. Paul Dupuy à Maurice Genevoix.

Vendredi, 16-4-1915

De vraies journées de délivrance hier et aujourd'hui, cher ami, et par une atmosphère si lumineuse et douce, dont je peux enfin jouir. Hier j'étais tout ragaillardi par la rencontre du lieutenant Donon et par la lettre de votre père. Je savais que j'aurais la mienne aujourd'hui. J'en ai eu deux : celle du 8 n'a été timbrée par la poste que le 12 et m'a été distribuée ce matin en même temps que la carte du 12. À la première heure, j'avais lu le compte rendu officiel des affaires des Éparges dans *Le Figaro* et l'avais rapproché de toutes vos lettres et cartes depuis 6 mois. Cela m'a inspiré beaucoup de confiance dans la manière dont ces comptes rendus sont faits ;

seulement ce sont les comptes rendus des joueurs d'échecs, et moi j'avais, au jour le jour, l'humble et émouvante vie d'un des plus petits pions de l'échiquier. Les deux communiqués d'hier annonçaient des contre-attaques allemandes parties en Combres ; cela m'a agacé pour mon pion ; mais je m'étais déjà persuadé à moi-même que si vous aviez été dans les affaires de la semaine précédente, vous ne pouviez pas être resté sur les positions conquises. Le grand compte rendu et votre carte m'ont montré qu'en effet un autre régiment avait eu la charge de tout terminer. Mais quel régiment ? Est-ce celui de Bouzol ou celui d'Hanniet. S'il n'y a aucun inconvénient à cela, dites-le-moi, je vous prie. Vous voyez, ami, que votre réserve de force morale était vivante, la source d'exaltation intérieure qui soutient les sources physiques. Cher Genevoix, que je vous aime respectueusement et tendrement, dans ces crises où de mon affection vous vous faites une aide, où toute la richesse de votre nature se renouvelle d'elle-même et se dépense sans jamais s'épuiser. Moi aussi, je vous embrasse très, très fort. Une grande joie qui donne tout son prix à celle que j'ai de vous savoir sauf, c'est ce que vous me dites de vos deux sous-lieutenants. Je n'osais vous questionner sur les camarades qui dormaient l'autre jour sur la paille pendant que vous m'écriviez votre lettre du 31 mars. Vous m'en direz plus long sur eux, n'est-ce pas ? L'idée qu'il peut ne pas y avoir convenance morale entre eux et vous m'était une inquiétude que voici dissipée. Et je suis si heureux aussi en pensant à votre père ! Les épreuves reviendront, jouissons du répit dans la plénitude de l'affection qu'elles ont fait naître entre nous. Hermand et Bouché sont venus tt à l'heure aux nouvelles et sont partis contents. Paul Dupuy

Pascal a eu hier son mois de convalescence. Reste à attendre la feuille de route pour Nice.

147. Paul Dupuy à Maurice Genevoix.

Samedi, 17-4-1915

Ce matin, au lever, j'avais une grande envie de vous écrire tt de suite ; j'ai préféré attendre avec le pressentiment, juste pour une fois, que le courrier d'aujourd'hui m'apporterait la lettre annoncée dans la carte du 12. Elle y était, et sur le dessus d'un paquet énorme. Comment vous exprimer, ami si cher, tout le flot de bonheur qui passe en moi, à vous savoir sauf, à penser que vous vous reposez enfin, que vous reprenez possession de toute votre force physique et de toute votre énergie morale, et qu'abruti ou dispos vous me sentez près de vous. De cela, j'ai envie de pleurer ; je suis obligé de me surveiller pour ne pas me laisser absorber par cette idée. Je me secoue, en voyant cette allure alerte qu'un jour de repos vous a rendue déjà. Vous savez que je connais très bien la vallée de la Meuse ; un de mes oncles habitait Vaucouleurs, j'y suis allé bien souvent et j'ai gardé dans mes yeux l'image du large fond de prairies entre les côtes qui le bordent. Dieue ne doit pas différer beaucoup de Vaucouleurs. Je vous y vois, mon ami. *Le Petit Parisien* de ce matin m'a fait le grand plaisir de me donner une photo des Éparges. Quelque habitude qu'on ait de faire les transpositions de l'image qu'est la carte à son indice réel, l'imagination a toujours une tendance à rétrécir et à approfondir les vallées : la photo du PP m'a mis au point. Là aussi je vous vois encore mieux maintenant. – Quelle que soit la tâche qu'il reste à accomplir, il va bien falloir qu'on laisse enfin le 106 souffler. Ce n'est pas lui ni ceux qui depuis six mois ont travaillé avec lui, qui peuvent maintenant s'attaquer au plateau de Combres. Le seul reproche que je faisais au compte rendu officiel, c'était d'avoir prétendu que les Allemands débaptisaient la crête pour nier votre succès. Aucun communiqué allemand n'a parlé des Éparges : c'est toujours le nom de Combres qui a servi à désigner l'ensemble de leur position, et il me semblait trop clair, avant que vous me l'eussiez dit, que la moitié seulement de la besogne était faite tant que l'ennemi gardait l'une des positions jumelles. Mais ne pensons pas à cela pour le moment et n'en parlons pas. Je veux seulement jouir du bonheur de vous savoir intact et enraciner en moi la conviction passionnée que vous le resterez. Vous sentez, Genevoix, que vous êtes pour moi un ami unique. Paul Dupuy

148. Maurice Genevoix à Paul Dupuy.

17 avril

Presque une heure à moi, enfin. Ma compagnie est aux douches ; je ne serai peut-être pas dérangé tant qu'elle ne sera pas rentrée. Vous avez lu maintenant, dans tous les journaux, la relation officielle de nos derniers combats. Elle est exacte, presque rigoureuse. Mes hommes et moi ne nous sommes pas battus, car notre bataillon tenait les tranchées conquises en février, dans la partie ouest de la crête. Pas d'assaut, pas de corps à corps, mais des obus et des balles quand même. Nous avons souffert autant que les autres. Ce qui fut le plus dur de l'épreuve, ce qui a fait que nos soldats sont vraiment héroïques, c'est la boue. La boue dans laquelle nous avons vécu pendant les mois d'hiver, la boue que les premiers soleils avaient séchée, la boue qui avait réapparu la veille de notre attaque, plus épaisse et collante que jamais, on eût dit que nous nous retrouvions nous-mêmes, fangeux des pieds à la tête, à l'heure où nous devions nous battre. Des cartouches terreuses, des fusils dont le mécanisme englué ne fonctionnait plus ; les hommes pissaient dessus pour les rendre utilisables. Nous avons perdu deux fois des tranchées prises, parce qu'il était impossible d'arrêter les Boches par le feu. Ils arrivaient à vingt mètres sans être inquiétés, lançaient des grenades et tiraient sur tout homme qui se montrait, jusqu'à ce que la position devînt intenable. Quand ils s'y étaient réinstallés, les nôtres contre-attaquaient.

Le 3, le 4 avril nous étions déjà dans les tranchées, tous les hommes en ligne de nuit ; ils se sont reposés un peu dans la journée du 4 : c'est tout. Le 4 au soir, ils étaient tous là-haut. Ils y sont tous restés de la boue jusqu'aux cuisses, jusqu'au milieu de la nuit du 10 au 11.

Et continuellement des obus pleuraient ; et le canon revolver de Combres démolissait les parapets de la tranchée, qu'inlassablement nous refaisions avec des sacs à terre. Par crises, les gros arrivaient, éclatant avec un fracas énorme, et projetant des masses de terre, jusqu'à trente mètres de haut. Il en tombait cent, deux cents, qui ne faisaient rien qu'ensevelir quelques hommes sous la boue des parapets ; et puis tout d'un coup, il y en avait un qui trouvait la tranchée, et qui éclatait en plein dedans : alors c'était des plaintes et des hurlements, quelques hommes qui se sauvaient, la face rouge de sang clair et jaune de boue liquide, ou du rouge encore dégoulinant au bout des doigts, éclatant en taches vermeilles en plein dans la croûte terreuse des capotes. Et tout autour de l'entonnoir calciné, empli encore de fumée noire et puante, il y avait des cadavres déchiquetés, un tronc sans membres et sans tête qui palpitait, un homme accroupi qui râlait en vomissant des glaires rouges par la bouche et par le nez, le crâne fendu bavant de la cervelle rose, un autre assis au fond du trou qu'il s'était creusé, face sans souffrance, incroyablement pâle et la pipe aux dents encore. Et tous les autres attendaient, tous les autres restaient là, les deux jambes prises dans ce ruisseau lourd, profond et glacé, sentant leurs pieds peu à peu s'engourdir et mourir. Croyez-vous qu'aux annonces d'attaques allemandes, quand le mot d'alerte courait d'un bout à l'autre de la tranchée, tous ces pauvres diables gelés sautaient sur leur fusil, grimpaient à un créneau, et le doigt sur la gâchette, attendaient avec un frémissement joyeux, oui joyeux, le moment de tirer et d'en descendre ? Mais il y avait des heures de dépression, des heures de calme où la tension nerveuse cassait tout à coup, et où l'on sentait jusqu'au désespoir la pesanteur des jambes, l'enflure des mains, et le froid mouillé, pénétrant, qui prenait les os, les moelles, cœur et cerveau. Ces heures-là, je passais tout le long de la tranchée, je me forçais à être gai, pour que ma gaîté voulue réchauffât un peu du moins ces gosses ou ces hommes à bout de forces. J'avais du bagout, je trouvais des choses qui purent leur paraître drôles et réconfortantes, et je me sauvais moi-même, en me donnant à cette mission que je sentais nécessaire et due. Mais quelle angoisse douloureuse, menace de défaillance, à certaines surprises contre quoi mon cœur n'avait pas eu le temps de s'armer. Je me rappelle cette nuit où je fus arrêté net par la plainte si poignante d'un classe quatorze, qui se croyait bien seul dans un angle de tranchée, et qui, terré au fond d'un trou, derrière sa toile de tente, grelottait de fièvre, et pleurait doucement, et disait tout bas sa souffrance, à sa maman. À présent, nous sommes au repos, un repos avec des exercices, des marches militaires, et le service intérieur à quoi l'état-major attache tant de prix. Car nous côtoyons chaque jour ces messieurs ; nous avons cet honneur. Le soir, on passe devant des fenêtres flamboyantes, dont les flonflons gambillent dans la nuit. Le canon gronde encore là-bas, où tant et tant de camarades et un ami ont donné tout leur sang. Ils s'en foutent. On en a décoré quelques-uns de la Légion d'honneur. Nous leur avons porté les armes.

149. Paul Dupuy à Maurice Genevoix.

Dimanche, 18 avril 1915

Comme il fallait s'y attendre, les tristes nouvelles se succèdent. Hier soir, un même courrier m'a appris la mort d'Hanniet, tué par une torpille aérienne, et celle d'Hervé tombé en Woëvre dans une tranchée ennemie qui a été reperdue. Hervé est mort en héros : son colonel m'a écrit sur lui une lettre pleine d'admiration, et il y a joint le texte d'une proposition pour sa croix qui, maintenant, ne peut plus avoir de suite. Dans ma tristesse, mon ami, je me sens plus étroitement uni à vous que jamais, je comprends mieux tout ce que vous êtes devenu pour moi et la part de ma vie qu'est la vôtre. Je viens d'écrire à M. Hervé pour lui apprendre la triste nouvelle : son autre fils, le petit polytechnicien qui passait le mur l'an dernier pour venir voir son frère, a déjà été tué en octobre et cité à l'ordre du jour. C'est vous dire que je suis remué jusqu'au plus profond de moi-même, et, dans ce plus profond, je vous retrouve, ami, image très chère de ce que j'ai de plus précieux dans ma chère École. La joie que j'ai de vous savoir sauf après les nouvelles journées d'épreuves se fait grave et s'enveloppe de pitié : des mots me viennent de vous pour s'ajouter à la peine que j'éprouve de ces derniers décès : plus jamais, plus jamais. Hervé était quelqu'un de si fort et de si droit, une intelligence si loyale et si vigoureuse ; il était si sûr qu'à la guerre lui aussi serait admirable sans le savoir et sans en convenir. Et ce pauvre Hanniet, quel mérite il a eu d'adapter sa nature timide et tranquille aux brutalités de l'existence en campagne. Il rêvait encore dans la tranchée d'une cellule de travail ; son penchant à la méditation le portait surtout à voir une foule de laideurs contre lesquelles vous aussi vous vous êtes révolté. Mais vous, vous avez le ressort qu'il faut pour dominer vos révoltes ; la souffrance d'Hanniet était probablement moins vive et, par contre, plus tenace. Il ne m'avait plus écrit depuis la fin de février : c'était pour me demander de vos nouvelles, et sa lettre respirait la mélancolie. Excusez-moi, ami, de me laisser aller avec vous aujourd'hui ; mais j'ai encore un autre chagrin qui me rend plus sensible : Madame Lavisse est morte hier, après quelques jours à peine de maladie. La meilleure et la plus simple des femmes, si effacée, tenant si peu de place en apparence dans la vie de son mari, mais si essentielle à cette vie par un dévouement et des attentions de toutes les minutes. Herr et moi, nous l'aimions beaucoup, beaucoup ; nous sommes aussi peinés pour nous que pour Lavisse lui-même. Il n'y comprend rien ; il ne lui était jamais entré dans l'esprit que sa femme ne serait pas là pour l'assister lui-même à ses derniers moments, il s'est à peine douté de la gravité du mal, qui ne s'est du reste précisée que vendredi soir : une crise d'urémie s'est greffée sur une bronchite, a fait succéder le coma au sommeil et tout [*finit*] hier à 3 heures de l'après-midi. Vendredi, Lavisse ne m'avait rien dit ; une bonne est venue hier à 1 h ½ m'apporter un mot qui m'a très alarmé ; je partais quand une autre est arrivée et m'a annoncé la mort. Beaucoup s'alarment pour Lavisse lui-même. Je n'en suis pas, au moins en ce moment. L'effet se fera sentir au moment du retour au Nouvion devant les ruines de la maison familiale. Jusque-là, je crains que jamais la vie n'aura eu pour Lavisse de distractions plus prenantes que cette année. Elles l'ont empêché de sentir à fond et la ruine de sa maison, et tant de morts ici. La pauvre femme n'avait pas les mêmes moyens que lui de fixer sa pensée sur autre chose.

Êtes-vous encore à Dieue ? Le repos s'est-il prolongé ? Vous n'y avez plus les mêmes commodités que dans le voisinage immédiat de Verdun : avez-vous pu tout de même vous nettoyer à fond de la boue ? Le commandement de la Cie vous ôte-t-il tt moyen de fixer rapidement sur le papier les « choses vues » ? Quelque sûre que soit votre mémoire, il vaut la peine, ami, que vous notiez vos impressions toutes chaudes. Vous ne vous doutez sans doute pas de ce qu'est la lettre que vous m'avez écrite après les journées de février. Pour moi, j'ai besoin de savoir surtout en ce moment si vous avez sauvé vos deux sous-lieutenants, ce qu'ils sont, d'où ils vous sont venus. Peu de choses m'ont plus réconforté dans mes inquiétudes sur vous que de vous savoir entouré selon votre cœur.

Je vous aime et je vous embrasse bien fort, mon cher Genevoix.

Paul Dupuy

150. Paul Dupuy à Maurice Genevoix.

Lundi, 19-4-1915

Vous me direz, n'est-ce pas ? ne serait-ce que d'un mot, cher ami, ce que vous avez fait et où vous étiez pendant cette merveilleuse journée d'hier. Le soleil et le vent ont dû [*illisible*] ferme sur la surface de la Voivre. Ici les marronniers ont débourré leurs bourgeons tt d'un coup, et la tendre verdure faisait couler délicieusement le regard d'un bout à l'autre du boulevard Arago. J'ai vu Audiat, à l'hôpital Péan, rue de la Glacière, tt à fait rétabli des infections diverses qui ont empêché jusqu'à présent d'extraire l'éclat de 75 qu'il a dans l'épaule. En rentrant à l'École, trouvé Bouché tt à fait mélancolique et déprimé ; le travail du chirurgien [Gosset] a beaucoup amélioré les articulations du bras droit, mais le voici qui se met à perdre rapidement du poids. Le pauvre garçon se ronge : il va falloir qu'il quitte Paris et fasse une cure d'air en montagne. Nous l'avons gardé à dîner pour le remonter, et si les choses se passent comme elles le doivent, les oreilles ont dû vous tinter, car il a été parlé de vous, du Genevoix qui imita une nuit une poule pourchassée le long du mur de l'Observatoire, fbg St-Jacques, du cher gosse dont la bonne humeur toujours prête, faisait un camarade délicieux. Que tes souffrances ne l'aient pas tarie, qu'elle puisse un jour jaillir de nouveau pour des jeunes comme toi, c'est le souhait où le vieil ami que tu as accepté pour les heures douloureuses met toute la tendresse de son affection.

Paul Dupuy

151. Paul Dupuy à Maurice Genevoix.

Lundi, 19-4-1915

Encore une journée radieuse, où il ferait bon vivre si vous étiez tous là. Le cerisier double de la cour intérieure commence à fleurir.

Un racontar de Sofia. Le général Pau a couché dans le même appartement que [*illisible*] Galty. Il a trouvé dans une armoire (qu'il a crochetée peut-être) une bouteille de champagne, une de bourgogne et une d'eau purgative, toutes les trois vides. Cela prouve, entre autres choses que les valets de chambre bulgares sont mal stylés. On a l'air de croire que les choses s'arrangent du côté de l'Italie et des diverses canailles balkaniques. Je vous le dis pour vous le dire, et c'est tout. David et Laveine sont cités aujourd'hui à l'ordre de l'armée.

Pascal a chanté en s'habillant ce matin, la première fois depuis longtemps. Bonsoir, grand ami. Paul Dupuy

152. Maurice Genevoix à Paul Dupuy.

21 avril

Reçu aujourd'hui votre lettre du 18, où vous m'apprenez la mort d'Hanniet et d'Hervé. Encore un choc ; bon gré mal gré, quelque volonté qu'on ait de s'étourdir, il faut qu'on sente, qu'on mesure, en comprenant clairement. Et alors, c'est fini ; ils reviennent tous ; on est tout à eux. La mort près de vous aussi. Vous pouvez du moins vous donner à l'âpreté consolante du ressouvenir, répondre à l'appel du passé. Nous pas. On se doit à l'action, sous peine de faiblir. Il faut imposer silence à la plainte du cœur de crainte qu'elle devienne tyrannique. Moi aussi j'avais dû un temps me résigner à laisser la meule intérieure tourner. Ce m'est une fierté de l'avoir arrêtée, et de sentir qu'elle m'obéit…

153. Paul Dupuy à Maurice Genevoix.

Jeudi, 22-4-1915

Je rate ce soir le courrier de six heures. J'espère tt de même que ma lettre ne vous manquera pas le jour où elle doit vous arriver. J'avais eu envie d'aller cette après-midi voir l'exposition au Luxembourg des eaux-fortes de Brangwyn, pour lequel j'ai une très ancienne admiration ; je ne le connaissais que par des expositions partielles à Paris ou à Londres, et il a donné au Luxembourg sa série entière. Je m'en suis régalé l'œil sans doute un peu trop longtemps ; surtout à peine rentré, il m'est tombé successivement sur mon propre poil deux archicubes assez anciens mobilisés tous deux dans l'active comme sergents, et qu'une maladie propice a amenés pour quelques jours ici. Ils en avaient long et de l'intéressant à me raconter. Je vous assure qu'ils n'aiment pas l'arrière plus que vous ; je les ai poussés moi-même au bavardage et le temps a passé. C'est là mon service intérieur, cher ami, service toujours le même et pourtant toujours plein d'imprévu.

Je suis content d'avoir enfin votre vision de ces dernières affaires. Je comprends maintenant ce que vous vouliez me dire, lorsque vous m'écriviez : « On s'exalte jusqu'à tenir. » On aimait tant votre gaîté naturelle, dont le rayonnement, par-dessus vos camarades, se faisait sentir jusque chez les vieux refroidis de l'administration. Comme on l'aime davantage en pensant qu'il vous en reste assez, malgré tant et de si longues souffrances et toutes les rancœurs accumulées, pour que, en pleine horreur, vous ayez pu, d'un effort, en faire jaillir les mots qui ont réconforté vos hommes. L'effort, ami, était du dehors au dedans : il fallait bien qu'au-dedans la source où vous vouliez puiser ne fût pas tarie, et, dans la préoccupation où je suis de ce que vous serez quand je vous retrouverai, vous ne pouviez rien me dire sur vous-même qui me touchât davantage. C'est mon tour de vous embrasser bien fort.

Paul Dupuy

154. Paul Dupuy à Maurice Genevoix.

Vendredi, 23 avril 1915

Je vous ai expédié ce matin, mon grand ami, un album de caricatures anglaises, qui vous amusera, je l'espère. C'est à mon avis, la seule invention vraiment drôle que nous ait value la guerre : une scie, qui, à chaque image, renouvelle son thème avec une fantaisie charmante, tout en fixant les types dans la mémoire d'une manière impitoyable. Le petit Willie l'est pour l'éternité, comme la tête de poire sur laquelle s'évertuèrent tous les caricaturistes du père Louis-Philippe. L'anglais des légendes est très facile. Je vous enverrai les traductions, si vous voulez. Mais, par ces temps de réceptions, vous trouverez bien quelqu'un qui vous les explique. Au reste, il vaut mieux se mettre à plusieurs pour tirer de cet album tout le rire qu'il contient. Hier soir, nous nous tordions à la maison, quand on m'a apporté une petite lettre, où j'ai lu le nom de l'archicube Hertz (1901) : « Il est mort sans regrets, m'écrivait sa femme, en acceptant pleinement, avec un bonheur parfait, son destin. Il ne voudrait pas qu'on le pleure, je le sais. » C'est l'exacte vérité, sans l'ombre de pose ; mais, pour moi, un tel empire sur soi-même est presque aussi douloureux que la mort. L'album nous est tombé des mains, les rires se sont tus, et Herr a arpenté longtemps le corridor sans mot dire, pendant que je restais stupide sur le canapé. Les dames au moins avaient la ressource du tricot. Je vous serre silencieusement sur mon cœur, ami. Paul Dupuy

155. Paul Dupuy à Maurice Genevoix.

Samedi, 24-4-1915

Longue insomnie, cette nuit. Des blessés sont arrivés à l'hôpital vers une heure du matin ; la cloche a trop longtemps tinté, pour réveiller les infirmières couchées dans vos turnes de cubes ; je n'ai pas pu me rendormir tout à fait. J'étais obsédé par la visite que j'ai faite hier soir à Madame Hertz, après vous avoir écrit. Je ne peux pas me faire à cette idée de bonheur parfait avec lequel il a accepté son destin. Elle m'a montré toute une série de lettres, où il semblait presque qu'il désirât, qu'il appelât la mort. Et le gamin de cinq ans et demi était près de nous. Quand il a compris qu'il ne reverrait plus jamais son père, il a dit, paraît-il : « Alors la guerre durera toujours pour nous. » – Que la mort de son père puisse avoir pour cet enfant une vertu d'exemple plus précieuse que ce que lui auraient donné sa tendresse et son intelligence vivantes, voilà ce que je ne veux pas admettre, il a pourtant bien fallu que Hertz le crût, pour que rien n'ait gâté son bonheur de mourir. Faisait-il donc si peu de cas de lui-même ? ou, au contraire, y attachait-il tant de prix que son propre sacrifice lui parût nécessaire au salut de la France ? Que ce soit l'un ou l'autre, ce mysticisme me révolte. Dussé-je en souffrir davantage, je ne veux pas étouffer ma raison pour épargner ma sensibilité. Je souhaite chez ceux que j'aime, chez ceux pour lesquels je crains, un courage moins tranquille et que l'acceptation de leur chance ne soit faite ni du mépris d'eux-mêmes, ni du dédain des promesses de la vie. Mais peut-être Hertz a-t-il voulu seulement fortifier par avance le cœur de sa femme contre l'épreuve possible. C'était un ménage délicieux, deux âmes toujours tendues ensemble et d'un effort commun, vers un même idéal d'intelligence et de bonté. Proches, ils vivaient simplement, non pour accumuler mais pour donner, et aussi parce que la vie simple peut seule être la vie tout à fait noble. Non, quelque haute idée qu'il ait pu se faire sur la valeur de son sacrifice, ce qu'il a souhaité sans doute, ce n'est pas que cette noblesse et ce bonheur fussent abolis, c'est que s'il advenait qu'ils le fussent en effet, sa femme en pût mieux supporter, en sentir moins cruellement le désastre. Et il y a réussi, du moins pour le moment et par moments. Cette nuit, je me souvenais de l'exaltation calme avec laquelle elle m'avait parlé, lu les lettres, montré, du haut de son cinquième de l'avenue de Versailles, le puissant paysage de Seine, devant lequel il aimait à rester en contemplation avec elle, et je me demandais si, dans la chambre close et noire, près du lit où l'enfant dormait, son tête à tête avec la douleur pouvait rester aussi paisible.

Et comme toujours, mon si cher ami, c'est vous que mes pensées ont fini par retrouver, vous qui êtes au fond de toutes mes anxiétés, vous en qui j'ai eu le bonheur de découvrir tout ce qui répond le mieux aux besoins les plus profonds de ma raison et de mon cœur, vous dont la vie m'est si précieuse et l'affection si nécessaire. Dans la tristesse et la joie, mon cœur se double toujours du vôtre.

Pascal part demain pour Nice.

Thérèse emmène ce soir au Plessis-Piquet, dans un coin charmant, ses deux petits que l'hiver, l'absence des vacances de Pâques, et aussi, je le crains, le voisinage trop étroit et trop prolongé des malades ont débilités. Elle y restera trois semaines ou un mois, pendant lequel elle et eux me manqueront beaucoup. Le vieil ami. Paul Dupuy

156. Paul Dupuy à Maurice Genevoix.

Dimanche, 25-4-1915

Vous laisse-t-on au moins tranquille le dimanche, cher ami ? Celui-ci est pour nous désagréablement maussade : il pleut par vent du nord, ce même vent qui, l'autre jour, en Belgique, a si bien conduit les gaz boches jusque sur nos tranchées, a asphyxié tout net les gens de première ligne, obligé les autres à lâcher pied, et même à abandonner des canons, et finalement déterminé un recul de 5 km. Je tiens les détails du futur beau-père de Pascal qui les avait reçus lui-même de la meilleure source possible. Ce vilain temps a déterminé Thérèse à retarder son départ pour le Plessis-Piquet, mais il met l'eau à la bouche de Pascal, par la promesse de compensations solaires inévitables à la latitude de Nice : il part ce soir. Nous avons eu hier soir à dîner sa belle-famille. Elle est assez bien renseignée, et malgré mon vœu de ne plus croire à rien, de ne plus espérer rien, d'attendre en ne m'intéressant qu'aux personnes, je me suis laissé prendre à tout ce qui s'est dit sur les interventions imminentes. Il paraît que l'Italie se fait payer très cher, que Grecs et Bulgares finissent par s'accorder et, eux aussi, s'assurent de gros morceaux. Si les signatures ne sont pas encore échangées, on dit qu'elles vont l'être et qu'on tient à tout régler pour l'avenir avec précision avant de marcher. Les opérations du côté des Dardanelles seraient naturellement subordonnées d'une certaine manière à ce que feront les Balkaniques. Je ne reçois plus rien du conscrit scientifique qui m'avait écrit de [*Lemmer*] le mois dernier ; je suppose que toute correspondance est interceptée jusqu'à nouvel ordre. Les communiqués nous apprennent qu'il y a encore du grabuge aux Éparges. Quels corps vous y ont remplacés ? Boussac remis de sa jaunisse est en convalescence dans sa famille, nous ne tarderons pas sans doute à le voir à Paris. Maublanc vient de prendre le poste de philosophie à Épernay, dans l'espoir d'entendre le canon et d'aller à Reims. Vous savez que vous me ferez un très grand plaisir quand vous me parlerez de vos sous-lieutenants. De tout mon cœur, votre vieil ami. Paul Dupuy

157. Paul Dupuy à Maurice Genevoix.

Lundi, 26-4-1915[1].

Je suis retourné hier, mon ami, chez Madame Hertz. Il y avait déjà plusieurs dames dans son salon, venues pour les condoléances. Elle, parlait avec calme, parfois même le sourire aux lèvres ; mais le cerne des yeux, quelque chose de tendu et de las à la fois dans les traits du visage, disait assez les pleurs cachés. On lui avait envoyé des photographies, qu'elle nous montrait, des cercueils dans l'église d'Haudiomont, de l'enclos dans le cimetière, où des croix, pour le juif comme pour les autres, marquent les tombes des officiers du 330e morts le 13 avril, entre Fresnes-en-Woëvre et Marchéville. Le clocher d'Haudiomont ne doit pas différer beaucoup de celui de Mont-sous-les-Côtes ; les deux cimetières doivent aussi se ressembler, surtout depuis que s'y entassent les tombes militaires ; je croyais voir celle de votre ami en même temps que celle du mien. La conversation était banale et triste, coupée de silences après lesquels chaque parole nouvelle sentait l'effort et le convenu. À la fin, Madame Hertz me dit : « Connaissez-vous le cabinet de travail de mon mari ? Il faut que je vous le

1. Enveloppe portant la mention manuscrite : « Blessé évacué ».

montre. » – Sans la moindre gêne, nous laissâmes là les dames en noir, pour aller dans la petite pièce qui, de l'autre côté de l'appartement, domine les immenses jardins de la maison de retraite Chardon-Lagache. Un rosier grimpant merveilleusement fleuri, posé sur le parquet, devant la table, donnait un air de fête. Il manquait cependant les traces du travail interrompu : la bibliothèque était parfaitement en ordre, le grand casier où sont les papiers de la thèse fermé ; sur la table, à côté du buvard où Durkheim a retrouvé la préface de cette thèse, le paquet de lettres échangées depuis huit mois (il a toujours renvoyé celles auxquelles il répondait). Et là, oubliant les visiteuses qu'elle avait laissées au salon, n'entendant même pas les coups de sonnette qui en annonçaient de nouvelles, la pauvre femme m'a encore fait des lectures, d'une voix qui réussissait à être ferme, mais que coupaient des arrêts, quand la gorge se serrait, ou que les larmes défendues avaient envie de jaillir. Cette fois, elle a voulu que j'y visse tt à fait clair. Elle m'a lu ces passages où s'exprimait le mieux l'état d'âme dont elle m'avait senti troublé. Et j'y vois clair maintenant en effet. C'est le juif qui s'est offert en sacrifice pour que son « petit gars » fût et se sentît bien français. Le père de Hertz était (je l'ignorais) venu d'Allemagne en France et ne s'était fait naturaliser que sur le tard, ses enfants déjà grands. La lettre capitale dit positivement que la position des juifs récemment immigrés a « quelque chose de louche » ; elle respire l'admiration mystique de la France, une reconnaissance sans bornes pour ce que Hertz savait qu'il lui devait ; elle transpose au peuple français l'idée d'un peuple élu, auquel on ne saurait appartenir simplement par option et par l'accueil. Hertz a voulu, il le dit en ses propres termes, que son fils pût faire sonner fermement son pas sur le sol de France, en disant : Mon père y était. Certains passages rappelaient des impressions, des rêves, des inquiétudes d'enfance, comme les soirs où, dans son lit, avant de s'endormir, il se demandait à lui-même : « Es-tu bien français ? » et se sentait le cœur inondé de joie à la pensée qu'il l'était.

Moi, je devinais ce qui n'était exprimé nulle part, ce dont est née l'idée du sacrifice nécessaire, les souffrances que le jeune homme avait endurées pendant l'affaire[1]. Il me semblait que ces confidences émouvantes fussent une récompense imprévue à la tâche à laquelle je me donnais alors, et qui est restée pour moi le cœur de ma vie. Je n'ai jamais souhaité qu'on parlât de moi après ma mort ; mais de ce que l'on en pourrait bien dire, la seule chose à laquelle je tiendrais vraiment, c'est que j'ai été un bon dreyfusard. Les jeunes gens de votre génération, mon ami, ne se doutent pas du tout de ce que ce mot peut signifier, et voici qu'une bien autre Affaire semble repousser la première dans un lointain plus profond encore. Cependant, vous le voyez, pour ceux qui l'ont connue, qui l'ont vécue, des rappels douloureux unissent le présent au passé. J'en ai ressenti hier une émotion bien profonde, et j'aurais été malheureux de ne vous la point confier.

Du plus profond, du meilleur de mon cœur et de mon esprit, Genevoix, je suis votre ami ; je veux l'être de tt moi-même, de celui d'autrefois comme de celui d'aujourd'hui.

Votre Paul Dupuy

Pascal est en route pour Nice.

---

1. L'affaire Dreyfus, à laquelle Paul Dupuy a consacré deux ouvrages : *Le Petit Bleu* et *Le Général Rouget*.

158. Paul Dupuy à Maurice Genevoix.

Lundi, 26-4-1915

Ma lettre du matin était déjà partie quand le courrier m'a apporté votre carte du 21. Tout votre cœur est là, cher ami, votre cœur qui souffre et qui commande à sa souffrance. Oui, vous pouvez être fier d'avoir gardé toute votre sensibilité et d'en être assez maître pour demeurer sûr de votre action. C'est là, ami, ce qui m'est si cher en vous, et cela me fait tant de bien de vous le dire que je ne veux pas attendre à demain. Restez certain que dans l'échange entre nous, je reçois beaucoup plus que je ne donne ; je vous embrasse de tt mon cœur. Paul Dupuy

L'Illustration a publié des photographies en Éparges. Je vous en envoie un exemplaire.

159. Paul Dupuy à Maurice Genevoix.

Mercredi, 28 avril 1915 – 11 h ½

Cher ami, je devrais être à cette heure auprès de vous[1]. Il m'était trop insupportable d'ignorer au juste vos blessures ; grâce à M. Steeg, j'ai pu me procurer un sauf-conduit jusqu'à Verdun, et je suis parti de Paris hier soir à 5 h ½. Le train d'11 heures du soir pour Verdun ayant été supprimé, j'ai dû coucher ici où j'étais déjà venu autrefois, et où j'ai retrouvé sans peine, par un clair de lune admirable, cet hôtel au nom moyen-âgeux. Et voilà : je ne sais plus du tout maintenant si je pourrai aller à Verdun. Si les trains d'aujourd'hui sont aussi

1. Maurice Genevoix avait été blessé le 25 avril à la Tranchée de Calonne, de deux balles dans le bras gauche et d'une dans l'épaule.

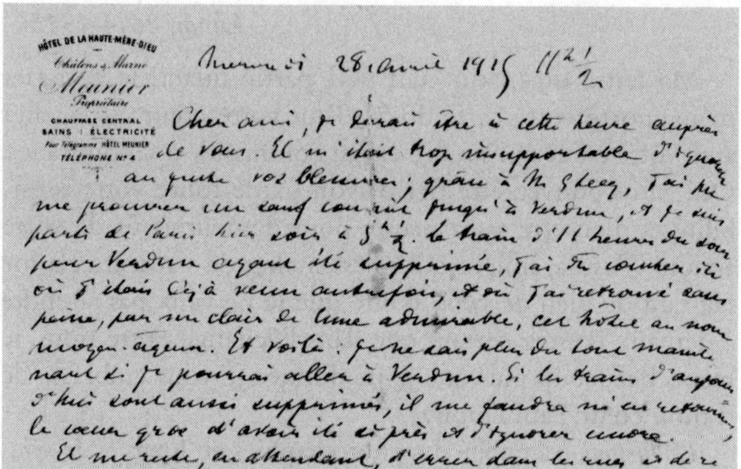

HÔTEL DE LA HAUTE-MÈRE-DIEU
Châlons-s-Marne
Meunier
Propriétaire
CHAUFFAGE CENTRAL
BAINS | ÉLECTRICITÉ
Pour Télégramme HÔTEL MEUNIER
TÉLÉPHONE N° 4

Mercredi 28 avril 1915 11h ½

Cher ami, je devrais être à cette heure auprès de vous. Il m'était trop insupportable d'ignorer au juste vos blessures ; grâce à M. Gheeg(?), j'ai pu me procurer un sauf conduit jusqu'à Verdun, et je suis parti de Paris hier soir à 5h ½. Le train d'11 heures du soir pour Verdun ayant été supprimé, j'ai dû coucher ici où j'étais déjà venu autrefois, et où j'ai retrouvé sans peine, par un clair de lune admirable, cet hôtel au nom moyen-âgeux. Et voilà : je ne sais plus du tout maintenant si je pourrai aller à Verdun. Si les trains d'aujourd'hui sont aussi supprimés, il me faudra m'en retourner le cœur gros d'avoir été si près et d'ignorer encore.

Il me reste, en attendant, d'errer dans les rues, et de regarder toutes choses en pensant à vous, en me rappelant(?) que vous y avez vécu en août, et en mettant au fond de mes yeux des images qui sont sans doute restées au fond des vôtres. Si j'avais su le nom des dames D., j'y serais allé pour parler de vous. C'est chez elles que vous avez logé, n'est-ce pas ? J'ai très présentes à l'esprit les premières pages de vos notes : les bords du canal ne se hérissent plus de pêcheurs à la ligne, puisque la pêche est fermée, mais les eaux sont toujours aussi glauques ; de grosses périssoires(?) vident les bouillons(?) de leurs couleurs et les leurs formes vigoureuses et la jeune verdure du printemps y répand une ombre encore transparente. Je suis près de vous, ami souffrant, plus près que je ne l'ai jamais été par l'imagination, ... bien de vous voir vraiment ...

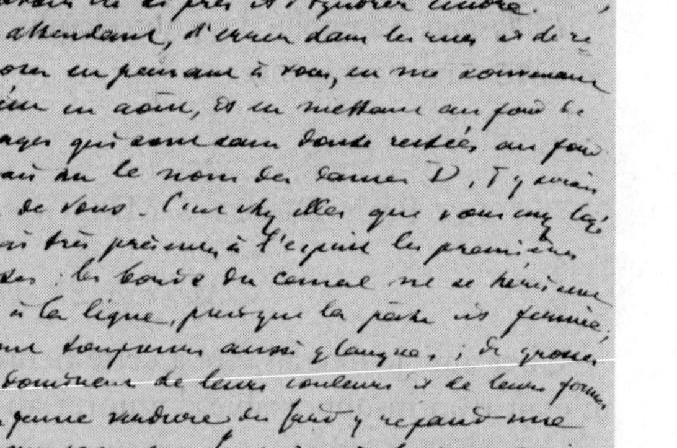

Lettre de Paul Dupuy du 28 avril 1915.

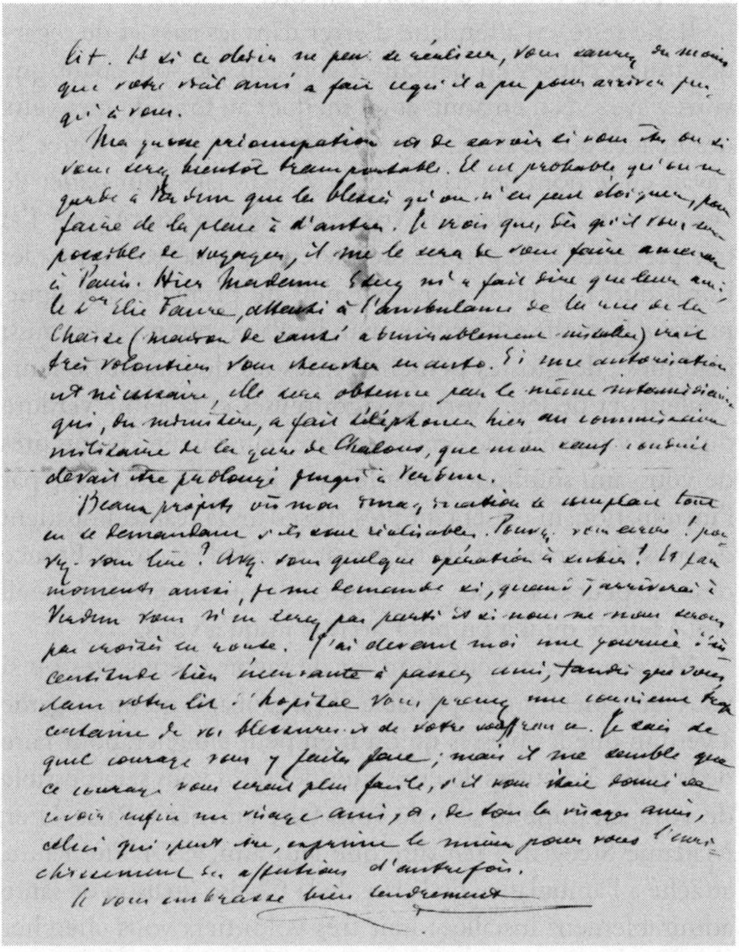
lit. Et si ce désir ne peut se réaliser, vous saurez du moins que votre vieil ami a fait ce qu'il a pu pour arriver jusqu'à vous.

Ma grosse préoccupation est de savoir si vous êtes ou si vous serez bientôt transportable. Il est probable qu'on ne garde à Verdun que les blessés qu'on n'en peut éloigner, pour faire de la place à d'autres. Je crois que, dès qu'il vous sera possible de voyager, il me le sera de vous faire amener à Paris. Hier Madame [illegible] m'a fait dire que leur ami le Dr Élie Faure, attaché à l'ambulance de la rue de la Chaise (maison de santé admirablement installée) irait très volontiers vous chercher en auto. Si une autorisation est nécessaire, elle sera obtenue par le même intermédiaire qui, du ministère, a fait téléphoner hier au commissaire militaire de la gare de Chalons, que mon sauf-conduit devait être prolongé jusqu'à Verdun.

Beaux projets où mon imagination se complaît tout en se demandant s'ils sont réalisables. Pouvez-vous écrire ? pouvez-vous lire ? Avez-vous quelque opération à subir ? Et par moments aussi, je me demande si, quand j'arriverai à Verdun vous n'en serez pas parti et si nous ne nous serons pas croisés en route. J'ai devant moi une journée d'incertitude bien énervante à passer ainsi, tandis que vous dans votre lit d'hôpital vous prenez une conscience plus certaine de vos blessures et de votre souffrance. Je sais de quel courage vous y faites face ; mais il me semble que ce courage vous serait plus facile, s'il vous était donné de revoir enfin un visage ami, et, de tous les visages amis, celui qui peut être, exprime le mieux pour vous l'enrichissement de ses affections d'autrefois.

Je vous embrasse bien tendrement

supprimés, il me faudra m'en retourner, le cœur gros d'avoir été si près de vous et d'ignorer encore.

Il me reste, en attendant, d'errer dans les rues et de regarder toutes choses en pensant à vous, en me souvenant que vous y avez vécu en août, et en mettant au fond de mes yeux des images qui sont sans doute restées au fond des vôtres. Si j'avais eu le nom des dames D[1], j'y serais allé pour parler de vous. C'est chez elles que vous avez logé, n'est-ce pas ? J'ai très présentes à l'esprit les premières pages de vos notes : les bords du canal ne se hérissent plus de pêcheurs à la ligne, puisque la pêche est fermée, mais les eaux sont toujours aussi glauques ; de grosses péniches vides les dominent de leurs couleurs et de leurs formes vigoureuses et la jeune verdure du fond y répand une ombre encore transparente. Je suis près de vous, ami souffrant, plus près que je ne l'ai jamais été par l'imagination, m'en sentant près aussi dans la réalité, impatient de vous voir vraiment, de m'asseoir auprès de votre lit. Et si ce désir ne peut se réaliser, vous saurez du moins que votre vieil ami a fait ce qu'il a pu pour arriver jusqu'à vous.

Ma grosse préoccupation est de savoir si vous êtes ou si vous serez bientôt transportable. Il est probable qu'on ne garde à Verdun que les blessés qu'on n'en peut éloigner, pour faire de la place à d'autres. Je crois que, dès qu'il vous sera possible de voyager, il me le sera de vous faire amener à Paris. Hier, Madame Steeg m'a fait dire que leur ami, le Dr Élie Faure, attaché à l'ambulance de la rue de la Chaise (maison de santé admirablement installée) irait très volontiers vous chercher en auto. Si une autorisation est nécessaire, elle sera obtenue par le même intermédiaire qui, du ministère, a fait téléphoner

1. Domballe.

hier au commissaire militaire de la gare de Châlons, que mon sauf-conduit devait être prolongé jusqu'à Verdun.

Beaux projets où mon imagination se complaît tout en se demandant s'ils sont réalisables. Pouvez-vous écrire ? pouvez-vous lire ? Avez-vous quelque opération à subir ? Et par moments aussi, je me demande si, quand j'arriverai à Verdun vous n'en serez pas parti et si nous ne nous serons pas croisés en route. J'ai devant moi une journée d'incertitude bien énervante à passer, ami, tandis que vous, dans votre lit d'hôpital vous prenez une conscience trop certaine de vos blessures et de votre souffrance. Je sais de quel courage vous y faites face ; mais il me semble que ce courage vous serait plus facile, s'il vous était donné de revoir enfin un visage ami, et, de tous les visages amis, celui qui, peut-être, exprime le mieux pour vous l'enrichissement des affections d'autrefois.

Je vous embrasse bien tendrement.

Paul Dupuy

160. Paul Dupuy à Maurice Genevoix.

Vendredi, 30 avril 1915

Mon cher ami, je viens de voir M. Steeg au Sénat. Une fois de plus, je constate qu'il faut se défier des propos féminins. Madame Steeg savait que J.-L. Faure allait chercher des blessés jusque sur le front ; mais elle ignorait qu'il ne le faisait que pour les grands blessés, intéressants sur le plan chirurgical. Il est absolument impossible de lui demander cela pour une blessure comme la vôtre. M. Steeg va s'occuper de vous par le cabinet du ministre ; il ne me garantit pas le succès, mais il sait combien le succès me ferait de plaisir, et il ne négligera certainement rien.

Retour mélancolique. J'en voudrai longtemps aux Boches d'avoir bombardé Ste-Menehould mercredi matin.

Aurai-je souvent de vos nouvelles ? J'en ai grand besoin. J'ai là votre paquet de lettres : c'est déjà du passé ! un passé qui me fut bienfaisant, mon ami. Mais laissons cela : ce qui importe en ce moment c'est que vous guérissiez et ne souffriez pas trop. On m'assure ici que, pour le nerf médian, les suppléances s'établissent assez aisément. Ne vous tourmentez pas. Je voudrais bien que vous échappiez à la longue période d'ennui dans un hôpital de province.

Je peux continuer à vous écrire tous les jours ?

Votre vieil ami. Paul Dupuy

Une dépêche, si on vous déménage.

ANNEXES

Feuillets du journal de Maurice Genevoix recopiés et envoyés à Paul Dupuy

(Mardi 25 août – mercredi 9 septembre 1914)

Mardi 25 août.

8 heures. Je suis de garde. La salle de service, avec les caisses de bois peintes en noir de caserne où les scribes de toutes mains fourrent la paperasse quotidienne. La chaleur monte, les mouches recommencent à bourdonner, essaimant du plafond culotté où elles se sont collées la nuit, par grappes.

Je relis distraitement mon rapport de la veille et de la nuit – « Rapport de l'officier de service » – : 8 voitures à la corvée de pain, 6 à la corvée d'effets… Des gendarmes ont amené l'insoumis Untel que j'ai « fait écrouer, comme prescrit, aux locaux disciplinaires du corps… Le chef de poste de la manutention signale que la literie est infestée de punaises… ».

Je bâille. C'est la vie du dépôt. Tout à l'heure, je déjeunerai à la cantine Chatard ; et puis je fumerai quelques pipes sirotantes ; et puis j'attendrai, en somnolant, que la garde montante vienne me relever. Le vieux commandant à la tunique trop large promènera son dos rond et sa silhouette de héron triste le long des deux rangs alignés dans la cour du quartier. Alors, je serai libre.

Libre ? Pour quoi faire ? Boire à Tautonville ou aux Oiseaux les apéritifs diversement toniques ? Écouter sans broncher les officiers ronds-de-cuir laissés pour compte en garnison exposer l'infaillible moyen d'écrabouiller l'Allemagne en 20 jours ? – à moins qu'ils ne redisent avec détails leurs exploits érotiques ? À moins qu'ils ne stoïcisent leurs faces de poivrots pour rappeler les passe-droits dont ils ont été les fades victimes ? – Irai-je, plutôt, traîner mon désœuvrement dans les allées du « Jard », au long du canal glauque ? – Alors, patiemment, j'attendrai qu'au bout d'une des lignes en roseau dont se hérisse la berge frétillent un hotu molasse ou un frai de gardon qui ne demande qu'à vivre.

Trois longues semaines que cela dure ! Trois semaines que je stagne, que je m'enlise peu à peu dans un vide engourdisseur, lentement abruti d'oisiveté morose. Accoudé sur la table, entre mon rapport et ma pipe, je songe aux camarades qui se battent. Rêve éveillé, défilé d'images auquel j'assiste, toute mon attention sollicitée. Et voilà que ces images se précisent, se colorent, s'enchaînent : lignes de tirailleurs déployées dans les chaumes, bonds rapides au sifflement des balles, assauts allègres à la baïonnette, fuites de casques à la pointe dorée, bandes éparses, tronquées, disloquées par l'éclatement formidable de nos obus.

Et je les vois, ceux qui seront mes soldats : jeunes gars presque imberbes qui poussaient la charrue dans les campagnes paisibles, et ralliaient au soir le village accueillant, jambes pendantes au bord de la vieille carriole…

L'ordre de départ est tombé comme un coup de tonnerre. Courses précipitées par la ville, avec la crainte et la certitude d'oublier quelque chose. Je trouve à peine le temps de prévenir ceux qui me sont chers. Dernière revue dans la cour du quartier : j'ai bondi hors de la cantine, où je suis allé manger un peu, traversé la cour d'un saut ; et me voici, raide comme un piquet, devant deux files de capotes bleues et de pantalons rouges. Il était temps : le général arrive déjà à la droite de ma section. Au port de sabre, ma main droite serrant la poignée de l'arme, ma main gauche pétrissant, à travers un papier gras, ma récente emplette : deux sous de pain et une charcuterie sans nom, qui sue.

Le général est devant moi ; jeune, bien pris dans la tunique, visage énergique et fin : « Lieutenant, je vous souhaite bonne chance.

– Merci, mon général !

– Je vous tends la main, lieutenant ! »

Eh ! parbleu, je le vois bien ! Je sens mon sandwich qui s'écrase. « Seriez-vous ému, lieutenant ? »

Un tour de passe-passe : mon sabre a filé dans ma main gauche. Une ferme secousse à la main tendue vers moi, et je réponds, bien haut, bien clair, en cherchant les yeux :

« Non, mon général ! »

J'ai menti ; j'étais ému ; j'aurais eu honte de ne pas l'être : tant d'impressions, de réflexions ébauchées, qui me secouaient tout entier !

Mais j'ai bien compris le « seriez-vous ému ? » du général. J'ai répondu non. J'ai dit vrai.

Nous allons à Troyes. On nous l'a dit. De Troyes, évidemment, nous filerons directement sur Mulhouse, pour occuper la ville conquise et la défendre. On nous l'a dit aussi.

Cette perspective me séduit : aller en Alsace, et y rester, ça a moins d'allure qu'y être entré, mais c'est chic tout de même.

Défilé en ville : trottoirs grouillants, mouchoirs qu'on agite, sourires et fleurs. J'ai vu au passage les dames D… ; la mère, en robe noire très simple, m'a regardé longuement, avec une tristesse qu'elle ne cherchait pas à dissimuler. Tristesse aussi dans les yeux de la plus jeune des deux filles ; son fiancé est au régiment que je rejoins. J'ai une lettre pour lui dans la poche de ma capote. Une autre lettre aussi, qu'elle m'a remise au moment de mon départ, pour moi, toute pleine de recommandations puériles et charmantes.

Une erreur de route nous vaut quelques kilomètres de plus, pas cadencé. La cadence devient molle ; les plus vieux réservistes, dodus encore, suent à grosses gouttes, sans ronchonner.

Nous avons aperçu des blessés, à la porte d'une grande bâtisse grise. Ils nous ont montré, à bout de bras, des casques à pointe et de petits calots ronds, bordure rouge et fond kaki. Nous aussi, nous y allons, les amis !

Une jeune Châlonnaise, blonde et rebondie, me sourit de toutes ses dents. Jolie tête d'oiseau. Bonnes joues roses et sympathiques – grand bien me fasse le sourire : je vais à la guerre ; j'y serai demain. Le train, ligne noire de fourgons béants, avec quelques wagons de première. L'embarquement est tumultueux ; le jeune commandant énergique et brun pousse son cheval à travers les groupes, en vociférant. Le peuple murmure. Pourquoi diable a-t-il donné l'ordre d'arracher les petits drapeaux tricolores dont la foule innombrable ondulait tout à l'heure sur le bataillon en marche ?

Départ lent, le soir venu. Couchant lourd, monstrueux nuages pourpres et or fauve. Cahin-caha, le convoi roule dans la nuit. Notre vieux capitaine de la 27 extirpe, du fond de ses souliers blindés, des chaussettes jaunes toutes neuves. On s'étire, on grogne, on ronfle. Un aiguilleur, en aiguillant, nous crie où nous allons : « Troyes ? Ah ! ben ouiche ! vous roulez sur Verdun ! »

Croyez donc ce qu'on vous dit. Cela est la première « tinette ». Wagon morose des voyages de nuit. Les visages apparaissent blafards et défaits, sous la lumière indécise qui filtre à travers l'écran bleu. De loin en loin, dans la nuit, une ombre vague, en haut du remblai, à peine entrevue sur le ciel sans clarté : c'est un garde-voie qui monte la faction. De grands pinceaux blancs évoluent avec majesté dans la nuit, fouillant les ténèbres.

Des murs, quelques réverbères falots : c'est Verdun. Nous continuons encore cinq ou six kilomètres. Une heure du matin : nous sommes à Charny. Dans le tumulte, en face des portes des fourgons qui soufflent une haleine lourde, les sections se reconstituent ; et l'on se met en marche, lentement, pesamment…

Mercredi 26 août.

Au petit jour, nous traversons Bras. Devant les maisons paysannes, des tas de fumier s'étalent, énormes, exhalant une buée légère. Des bandes de poules caquettent. Les gens dorment encore.

Nous marchons, marchons. Je sens chez les hommes une curiosité un peu anxieuse.

Nous croisons, file interminable, un régiment d'artillerie de campagne. Les servants, les conducteurs, tous dorment, assommés de fatigue, renversés sur les caissons, bouche ouverte, ou le nez dans la crinière de leur cheval. Elles aussi, elles dorment, les pauvres bêtes, naseaux bas, une patte pliée.

Nous passons ; les lourds souliers à clous sonnent sur la route : les artilleurs ne nous entendent pas, ils dorment. Il faut taper sur la croupe des chevaux pour qu'ils se dérangent et nous laissent passer.

En traversant la Meuse, tout à l'heure, nous avons entrevu d'immenses troupeaux de bœufs. Ils sont parqués, par centaines, dans des prés au bord de l'eau. L'herbe est rase. Les bêtes sont couchées sur la terre brune, l'échine déjetée, toute la panse d'un côté. Et tout ça meugle, mufle tendu, en variations illimitées. Des bouviers en pantalon rouge les gardent, placidement.

Vachérauville : c'est le plein jour. Nous avons fait halte dans un terrain en friche, au flanc d'un coteau. Je suis éreinté et abruti par cette nuit malsaine dans une boîte close.

Nous sommes là un millier. Les hommes couchés derrière les faisceaux, somnolant, renonçant à savoir. Le chef de détachement lui-même semble ignorer où nous allons. C'est un bon vieux à lunettes, que je vois très bien au coin de son feu, les pieds dans des pantoufles et tisonnant en fumant une grosse pipe. Je suis surpris chaque fois que je le revois à cheval. On aurait dû avoir pitié de lui et ne pas lui coller mille hommes sur le dos.

L'encombrant I…, promu médecin auxiliaire, voltige et bourdonne : « Qu'est-ce que c'est que cette eau ? Elle n'est pas bonne, cette eau. Typhoïde, typhoïde… D'où venez-vous, jeune homme ? Avez-vous des cartouches ? – Donnez-lui à boire, à ce cheval ! Il est malade, ce chasseur. Vous êtes malade, mon ami ? Si ! Si ! Vous êtes malade. Faites voir votre langue. Il faut le faire évacuer… Si ! Si ! Pas malade ? Non ? Pas malade ?… Dommage ! Dommage ! On lui aurait pris ses éperons ! »

Une voix pleurarde : « Le chef ! Le chef ! » C'est une vieille qui arrive, bonnet de travers, mains au ciel : « Seigneur ! Quelle perte ! Ils ont pris l'auvent de mon pouits pour faire du feu ! Qui est-ce qui me "récompensera" ? » Perte, dommage, indemnité. Nous en rebattent-ils les oreilles, ces paysans de la Meuse !

Midi : au bas de la pente, sur la route, des voitures passent, de grands chariots à quatre roues que traîne un cheval maigre et galeux. Des paniers d'osier, des ballots, de cages à lapin s'y entassent pêle-mêle. Par-dessus, des matelas, des oreillers, des édredons d'un rouge passé, en monceaux. Des femmes sont assises en haut, le dos étroit et minable, les mains jointes et pendantes, les yeux vagues. Leur visage ne dit pas si elles souffrent. Elles semblent engourdies dans une songerie animale et sans fin. Par-ci par-là, dans ce bric-à-brac lamentable, des têtes de mioches émergent, cheveux jaunes et mêlés, museaux morveux. Derrière le chariot, quelques vaches suivent, tirant du cou sur leur longe et meuglant. Un gars dégingandé, larges mains et vastes pieds, fouet au poing, les pousse à grands coups de pied dans les jarrets.

Tout à coup, des cris, un tintamarre de culasses qu'on manœuvre. Je me retourne, et vois une trentaine de bonshommes qui se déploient en tirailleurs, face à la crête. Notre vieux capitaine, rouge comme un coq, ses petits yeux affolés girouettant, braille dans le haut de la voix : « Attention ! Attention ! Feu à répétition !… Sur l'ennemi qui arrive… à 800 mètres… » Qu'est-ce qu'il y a ? Sommes-nous surpris ? Je regarde : rien, absolument rien. Je vois J… qui parle à l'oreille du capitaine, dont le visage prend tout de suite une expression drôle de doux crétin. Il bafouille quelques mots : « Cessez le feu ! Autant ! Autant pour moi ! » J… redescend en se tordant, et du doigt il nous montre des rangées de javelles alignées à la crête.

Sur la route, s'acheminant vers le village, des isolés passent, groupés par petits paquets. Autour d'eux, des parlotes éclosent. Les nouveaux arrivés questionnent avec une avidité jamais rassasiée : « Alors, il y avait une mitrailleuse dans le clocher ? Ils vous ont tiré dessus à quel moment ? Est-ce vrai que presque tous les blessés sont touchés aux pieds ou aux jambes ? » J'aborde un rassemblement ; au centre, deux rescapés : l'un silencieux et triste, l'autre pérorant avec de grands gestes ; il porte au front une plaie légère, où le sang a séché en croûte ; et il exhibe une balle fichée dans un bourrelet de sa capote, comme une aiguille piquant un pli dans une étoffe.

Il y en a donc toujours de ces égarés, de ces fuyards ? Ils passent sans fin, traînant la jambe, visages blêmes de fiévreux, cheveux longs et barbe sale. Et puis, voici encore des chariots pleins de femmes et de gosses, des chariots où des blessés s'entassent, les uns assis et se cramponnant des deux mains aux ridelles, les autres couchés sur une litière de paille sanglante. Des caissons de munitions tanguent avec un fracas de ferraille secouée ; des groupes de fantassins poussiéreux marchent sur les flancs, dans l'herbe rabougrie des bas-côtés. Et cela coule interminablement, vers le creux du vallon où le village se blottit, venant du haut de la côte que la route escalade. Est-ce panique ? Non sans doute. Alors, pourquoi cette impression pénible dont je ne puis me défendre ?

Un officier d'état-major est venu. Le chef de détachement, à la seule vue des grenades, est devenu vert d'émotion.

Il faut retraverser la Meuse. Je m'y attendais : derrière tous ces gens qui passaient, je sentais peser une menace.

Longue étape, sur une route monotone, sans arbres. Ciel terne, chargé de pluie. Il fait lourd. Nous revoyons Bras et Charny. Puis, Marre, Chattancourt, des villages qui se ressemblent, maisons basses, bleu lavé, jaune terreux, couleurs sans lumière et sans gaîté. Et toujours les monceaux de fumier croupissent au seuil des portes, étalés jusqu'au milieu de la route.

Esnes ressemble à Marre et à Chattancourt. Nous nous y installons, en popote, chez une bergère jeunette qui a une face de poupée sans dents et des jambes sans mollets. Dans le fond obscur de la pièce, j'entrevois un étrange personnage, chevalier à rouflaquettes et à longs cils, qui dorlote un mioche au maillot. Il s'éclipse comme une ombre lorsqu'il nous voit.

Par la fenêtre ouverte, je regarde un soldat en manches de chemise, avant-bras nus, qui égorge un mouton couché pattes liées sur une porte. Chaque soubresaut d'agonie de la bête me fait mal, et je me rappelle le temps où, dans un échaudoir de boucherie, je plongeais ma jambe cassée dans un seau plein de sang tiède, jailli à flots du cou béant d'un bœuf abattu.

Le soir vient, gris et triste ; – et voilà qu'une pluie fine se met à tomber, noyant toutes choses dans une poussière d'eau. Je pense à mes hommes restés sur le pré derrière leurs faisceaux.

Et je sors, plaquant les convives, pour essayer de mettre à l'abri ma section. C'est facile ; il n'y a presque pas de soldats dans le village. J'ai trouvé une grange pleine de foin, et je reviens vers le pré, content de moi : « Debout, les amis ! Prenez vos équipements, vos sacs, tout votre "barda". Il y a un toit et du foin par là ! » – Dans la nuit, sous la pluie qui commence à fouetter, je précède un cortège d'ombres muettes. Hélas ! ça n'est pas long : dans le village, je bute sur le chef de détachement, toujours malade d'inquiétude, errant le long des maisons sans autre but que celui de promener sa frousse. Invectives furieuses de timide qui se monte. Allons ! demi-tour : les ombres retournent au marécage, muettes toujours ; on entend le flic-floc des pieds lourds dans les flaques. Pauvres bougres ! – En revenant, j'ai rencontré quelques soldats qui montaient vers le cimetière, dont les tombes s'éparpillent autour de la petite église. Ils portaient, sur une civière, un corps roulé dans un drap : je me suis rappelé avoir entendu dire qu'un chasseur venait d'être tué par une balle perdue.

Je suis entré, au fond d'une cour, dans un ignoble galetas. Sommeil entrecoupé. La porte bat toute la nuit. Chaque fois que j'ouvre les yeux, j'aperçois, à la lueur d'une lampe fumeuse, des yeux caves sous des visières de képis. À côté de moi, dans une alcôve pareille à la mienne, un malade, torturé par une crise aiguë de rhumatismes, geint et crie.

L'aube enfin ! Je m'habille en hâte, heureux d'échapper à l'atmosphère pesante de ce taudis. J'ai besoin de respirer, de me dilater un peu la poitrine. Et je me sauve, loin de ce lit où j'ai transpiré quelques heures, de ces draps huileux dont je sens encore la moiteur sur ma peau, de ces relents de fromage, de petit-lait et d'étable à cochons. Il pleut toujours. J'aperçois de loin, sur le pré, les faisceaux grêles, les paquets de sacs : il n'y a plus un homme dehors. Bravo !

Eh ! mais… Est-ce que tu n'es pas lieutenant ? Est-ce qu'il n'y a pas faute ? – Si parbleu ! Attention, mes amis, ça va barder !

Jeudi 27 août.

Longue étape, longue et hésitante. Ce n'est pas à vrai dire une étape, mais la marche errante de gens qui ont perdu leur chemin. Haucourt, puis Malancourt, puis Béthincourt. La route est une rivière de boue. Chaque pas soulève une gerbe d'eau jaune. Petit à petit, ma capote devient lourde. J'ai beau enfoncer le cou dans mes épaules : la pluie arrive à s'insinuer et des gouttières froides coulent le long de ma peau. Le sac plaque contre mes reins. Je reste debout, à chaque halte, n'osant même pas soulever un bras par crainte d'amorcer de nouvelles gouttières.

Il se trouve que nous sommes à Gercourt, et que Gercourt est l'étape désignée. Un trou bleu dans les nuages, des gouttes de pluie brillantes de soleil, les dernières. Les couleurs des uniformes s'avivent ; les boutons de cuivre sautent aux yeux.

C'est la grand'halte. Je tends mon dos à la chaleur qui grandit, en mâchant du singe filandreux et du pain élastique. Au-dessus des sections au repos, une buée d'eau qui s'évapore, monte et flotte.

« Tous les officiers sur la route ! » – Il doit se passer quelque chose. En effet, le capitaine adjoint au colonel vient faire les affectations. C'est un grand brun, agité et content de lui. Le seul ton qu'il prend pour vous dire bonjour proclame sa supériorité. Il procède tambour battant : douze files, une par compagnie. Pour nous aussi, ça va vite : quelques questions qui nous tombent sur le nez, en cascade ; – à peine le temps de répondre ; c'est fait. Je dois rejoindre, au passage du régiment, la 7e compagnie.

Il arrive, mon régiment ! Nos réservistes courent à toutes jambes vers la route encaissée. Et c'est un beau charivari, bonjours qu'on s'envoie de loin, exclamations de joie qui se croisent des rangs qui défilent aux groupes massés sur le talus. Il y a de l'anxiété dans presque tous ces yeux qui regardent ceux qui se sont battus. Quelques hommes, déjà, retournent aux faisceaux abandonnés, le front baissé, les bras ballants. – Je me suis glissé à ma place, avec mon groupe, derrière la 7e qui passe. Tout en marchant, les mêmes questions se précipitent : « Et Robert ? – Il est blessé. Une balle dans l'épaule. Pas grave. – Et Jean ? – Il est mort. » C'est le frère des deux soldats, le blessé et le mort, qui répond. Il jette ces mots d'une voix essoufflée, en courant pour rejoindre sa place dans le rang.

Une halte, colonne de bataillon, dans une prairie desséchée. J'en profite pour me présenter à mon capitaine : aspect balourd, buste épais sur de longues jambes un peu grêles. Le regard vif et intelligent corrige l'impression de pesanteur et de vulgarité que j'ai eue au premier abord : « Alors, jeune homme, vous allez faire votre apprentissage ? Bonne école, vous verrez ça ; bonne école. » Les petits yeux se plissent et veulent rire. Il se pourrait bien que mon capitaine eût du goût pour l'ironie. Je prends note. Il y a aussi un sous-lieutenant à ma compagnie, un St-Maixentais, jeune et solide ; – beaucoup d'allant : une moustache flambante trop touffue pour le visage rougeaud et poupin, de grosses épaules, de gros poignets, de gros mollets. Il me tend la main et m'offre tout de suite une goutte de schnick, histoire de mieux faire connaissance. « Attends un peu, vieux, tu vas voir comment on se débrouille ! » – Il fait signe à une espèce de singe, qui semble là aux aguets, lui montre le village tout proche, Cuisy, et le lâche d'un geste, comme un chien de chasse à qui son maître crie : « Apporte ! » Il lui a tout de même remis une coupure de vingt francs.

Cinq minutes plus tard, le régiment tout entier dévale dans un chemin à pic, encaissé entre les deux hauts talus buissonneux. Les pierres roulent sous les pieds ; on se cramponne, on se rattrape aux branches. Mon sabre devient un alpenstock.

Dès que nous entrons dans le pays, nous sommes dans la boue et le purin. Beaucoup de granges, très peu de maisons. 86 habitants. Il faut que nous logions là 3000. Nous y arrivons, parce que c'est la guerre.

Il fait nuit. Je sais que nous devons « popoter » avec les officiers de la 8ᵉ. Mais où ? Personne ne me l'a dit. Je me rappelle ce principe de la vie en campagne : « Compte d'abord sur toi. » Et dans la boue, dans le fumier, je me mets à la recherche de la popote.

Je l'ai trouvée dans une cuisine obscure. Au fond, la flamme jaune d'une bougie fait danser les ombres sur les murs. Un cuisinier, bras nus et pattes noires, manipule de la viande crue comme il ferait un pétrin. Un autre, pipe aux dents, écume le pot-au-feu en crachant dans les cendres. Il lève vers moi un étrange visage de faune lippu ; il a des yeux clairs, stupides et lents ; la barbe qui commence à pousser hérisse son menton de poils rares, raides comme des soies. C'est lui qui m'accueille et me renseigne, d'une voix traînante et pâteuse ; il semble qu'il ait du macaroni plein la bouche.

L'un après l'autre, les officiers entrent : il y a le capitaine et le St-Maixentais, et puis un élève de Saint-Cyr[1], frais galonné, visage osseux, nez puissant et bon enfant, qui vient d'arriver avec moi du dépôt. Le capitaine de la 8ᵉ est un petit homme bien fait, barbe blonde carrée soigneusement peignée, sourire un peu fade qui montre toutes les dents, voix douce aux inflexions molles : un lieutenant, grand type loula, face blême et glabre, dont le nez sans étais tombe dans sa cuiller et dont les yeux n'éclairent point le visage d'eunuque ; il raconte froidement de plates cochonneries ; – un sous-lieutenant, long et mince, brun, visage très jeune, intelligent et naïf.

Le dîner se traîne, plutôt morne. Les deux capitaines racontent des anecdotes du Maroc, ou des histoires toutes faites (de bien bonnes) ramassées dans les camps.

1. Robert Porchon.

La promenade dans la boue recommence : je me rends compte qu'il faut profiter d'un séjour dans un village habité pour essayer au moins de coucher dans un lit. J'arrive à me glisser entre deux toiles rugueuses, à côté d'un bonhomme d'une cinquantaine d'années, qui transpire dur et sent fort. Je dors tout de même, et comme une brute.

Vendredi 28 août.

4 heures du matin. Nous nous hissons en haut du chemin pierreux. Une brume légère flotte encore. Le régiment tout entier se rassemble auprès du village, dans un verger enclos de haies vives. Et là, un commandant à monocle nous lit d'une voix sèche une proclamation vibrante : oraison funèbre du colonel (il est peut-être mort, on ne sait pas), exhortations véhémentes ; – vers de Déroulède par là-dessus. Son laïus m'a laissé froid. Bien plus simple et plus émouvante la présentation des armes par les soldats, tous les officiers saluant de l'épée.

Nous creusons, sur une crête où le vent souffle, de profondes tranchées pour tireurs debout. Je respire en goulu, heureux seulement d'être au soleil, de me sentir allègre, pendant que mes hommes tapent du pic et lancent par-dessus le parapet ébauché des pelletées de cailloux. Nous dominons de là-haut un immense vallon arrondi : au bas de la pente, des bois sombres avec les grandes enclaves lumineuses des moissons mûres. À droite, une route qui fait un coude brusque entre deux files d'arbres : devant nous, une autre route perpendiculaire à la première, ligne brutale coupant la richesse bigarrée des champs. Là-bas, dans le creux, un village blanc sous les feuilles, Dannevoux. Et tout au fond, par-delà la Meuse qu'on ne voit pas, une chaîne de collines bleues.

Jusqu'au soir, on creuse avec entrain. Pendant plusieurs heures, nous avons entendu un grondement grave et continu : canonnade violente mais lointaine.

Déjeuner sur le bord de la route ; nous déchiquetons des doigts et des dents une volaille carbonisée, en buvant du vin épais à même le goulot des bidons. Je couche comme la veille avec mon bonhomme ; mais cette nuit-là j'entends des borborygmes, et je suis réveillé à chaque volte de son gros corps.

Samedi 29.

Sous un soleil blanc et fixe, les hommes, chemise ouverte et gouttes de sueur sur la peau, achèvent de creuser leurs tranchées. Par-dessus le grondement des batteries éloignées, nous distinguons, assourdies encore et ouatées, les détonations des batteries plus proches. Je perçois, en tendant l'oreille, des sifflements légers, qui se brisent en une explosion miaulante ; ce sont des shrapnells qui éclatent. Sur la gauche, au-dessus des bois impénétrables, des essaims de gros flocons blancs éclosent, lentement dissipés dans l'air calme.

Nous cantonnons encore ce soir-là, mais en cantonnement d'alerte, car les obus allemands éclatent maintenant à un kilomètre à peine du village ; les vitres tremblent aux poussées invisibles et formidables des explosions.

Dimanche 30.

Bois de Septsarges : des taillis vigoureux, tressant les ronces et poussant les rejets sous la protection des hautes futaies. Grandes taches de lumière sur la mousse, rayons vivants à travers l'ombre chaude ; âcre odeur de fermentation, exacerbée par le soleil, et qui oppresse. Il tape, le soleil ! Je suis accoté contre un arbre, et me déplace à mesure que l'ombre tourne.

Pessin, le sous-lieutenant de la 8e, est vautré à côté de moi. Il écrit au crayon une longue lettre à sa jeune femme et il me parle d'elle, de sa petite fille qui a cinq mois. Je l'écoute de toute ma volonté, mais je n'entends pas toujours ce qu'il me dit : sa voix me parvient comme un ronron monotone, que je perçois encore, scandé par les battements du sang à mes tempes et au bout de mes doigts. Je m'endors.

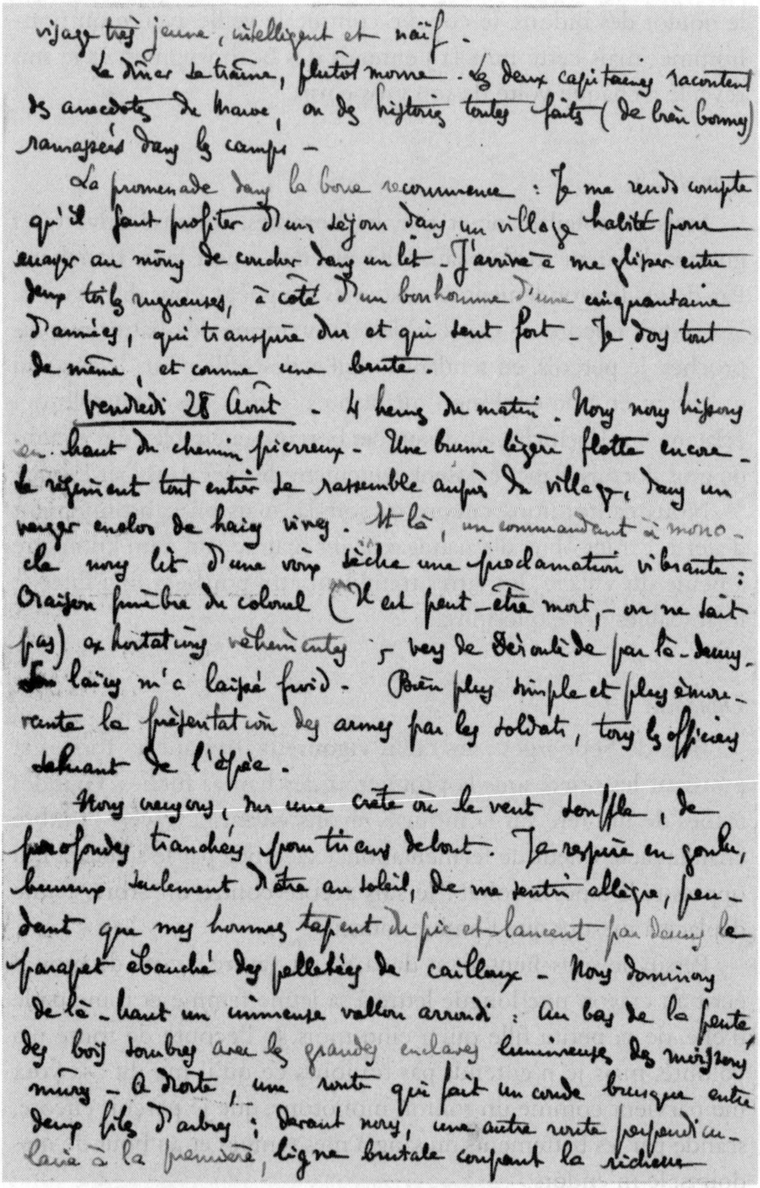
visage très jeune, intelligent et naïf.

Le dîner se traîne, plutôt morne. Les deux capitaines racontent des anecdotes de Maroc, ou des histoires toutes faites (de bien bonnes) ramassées dans les camps.

La promenade dans la boue recommence : je me rends compte qu'il faut profiter d'un séjour dans un village habité pour essayer au moins de coucher dans un lit. J'arrive à me glisser entre deux toiles rugueuses, à côté d'un bonhomme d'une cinquantaine d'années, qui transpire dur et qui sent fort. Je dors tout de même, et comme une brute.

Vendredi 28 Août. 4 heures du matin. Nous nous hissons en haut du chemin pierreux. Une brume légère flotte encore. Le régiment tout entier se rassemble auprès du village, dans un verger enclos de haies vives. Et là, un commandant à monocle nous lit d'une voix sèche une proclamation vibrante : Oraison funèbre du colonel (il est peut-être mort, on ne sait pas) exhortations véhémentes, vers de Déroulède par là-dessus. Tout cela m'a laissé froid. Bien plus simple et plus émouvante la présentation des armes par les soldats, tous les officiers saluant de l'épée.

Nous creusons, sur une crête où le vent souffle, de profondes tranchées pour tireurs debout. Je respire en goulu, heureux seulement d'être au soleil, de me sentir allègre, pendant que mes hommes tapent du pic et lancent par dessus le parapet ébauché des pelletées de cailloux. Nous dominons de là-haut un immense vallon arrondi : au bas de la pente des bois sombres avec les grandes enclaves lumineuses des moissons mûres. À droite, une route qui fait un coude brusque entre deux files d'arbres ; devant nous, une autre route perpendiculaire à la première, ligne brutale coupant la richesse

Deux feuillets du journal de Maurice Genevoix recopiés et envoyés à Paul Dupuy.

4/ bigarrée des champs. Là-bas, dans le creux, un village blanc sous des feuilles, Dannevoux. Et tout au fond, par-delà la Meuse qu'on ne voit pas, une chaîne de collines blanches.

Jusqu'au soir, on creuse avec entrain. Pendant plusieurs heures, nous avons entendu un grondement grave et continu : canonnade violente mais lointaine. Déjeuner sur le bord de la route ; nous déchiquetons des doigts et des dents une volaille carbonisée, en buvant du vin épais à même le goulot des bidons. Je couche comme la veille avec mon bonhomme ; mais cette nuit-là j'entends des borborygmes, et je suis réveillé à chaque volte de son gros corps.

Samedi 29. Sous un soleil blanc et fixe, les hommes, chemise ouverte et gouttes de sueur sur la peau, achèvent de creuser leurs tranchées. Par-dessus le grondement des batteries lointaines, nous distinguons, assourdies encore et ouatées, les détonations de batteries plus proches. Je perçois, en tendant l'oreille, des sifflements légers, qui se brisent en une explosion miaulante ; ce sont des shrapnells qui éclatent. Sur la gauche, au-dessus des bois impénétrables, des essaims de gros flocons blancs éclosent, lentement dissipés dans l'air calme.

Nous cantonnons encore ce soir-là, mais en cantonnement d'alerte, car les obus allemands éclatent maintenant à un kilomètre à peine du village ; les vitres tremblent aux poussées invisibles et formidables des explosions.

Dimanche 30. Bois de Septsarges : des taillis vigoureux, tressant leurs ronces et poussant leurs rejets sous la protection des hautes futaies. Grandes taches de lumière sur la mousse, rayons vivants à travers l'ombre chaude ; âcre odeur de fermentation, exacerbée par le soleil, et qui oppresse. Il tape, le soleil ! Je suis accoté contre un arbre, et me

Une détonation énorme me réveille en sursaut. Trois autres ébranlent l'air, à la file : et j'entends par-dessus ma tête le vol des obus, frôlement léger, glissement rapide que l'on suit de l'oreille, très loin, très loin, jusqu'à entendre l'éclatement, à peine : « Ce sont des canons de 120 », me dit Pessin.

Il n'a pas fini qu'une ribambelle de détonations plus sèches, plus cassantes, me fait tourner la tête à gauche. L'une n'attend pas l'autre ; elles se précipitent, se poussent les unes les autres on dirait, se mêlent, se chevauchent, distinctes pourtant et franchement détachées, malgré la rumeur immense du sous-bois où l'écho résonne interminablement : une batterie de 75 expédie un travail pressé.

Au soir, la canonnade devient innombrable. Les obus croisent leurs courses sifflantes ; les petits tendent une trajectoire rigide, rageusement ; les gros passent presque lentement, en glissant avec un bruit doux. Machinalement, je lève les yeux pour les voir. Tous les hommes qui viennent d'arriver ont ce geste.

Lorsque nous quittons les bois, des marmites allemandes éclatent sur notre gauche, assez près pour qu'on entende, après le fracas de l'explosion, la grêle des éclats tapant dans les arbres.

Cantonnement d'alerte comme la veille, et dernière nuit avec le gros homme : hélas !

Lundi 31.

Nous repartons pour les bois de Septsarges. La journée débute comme celle de la veille. Gadoue me rase : sensation qui, déjà, me semble étrange : deux sacs sous les fesses, un arbre dans le dos. Je le paie avec du tabac fin ; il m'embrasserait. La sieste recommence, rampante avec l'ombre.

Vers 2 heures, du nouveau : nous remontons au N.-E. le long des bois, traînaillons longtemps en tous sens, pour arriver enfin au point fixé, des tranchées faites par le génie, avec des abattis en avant. Nous les occupons. J'ai une « guitoune » de feuilles un peu en arrière.

Dans notre promenade errante, peu s'en faut que nous ne recevions des chaudrons : une dizaine, à la file, éclatent à moins de trente mètres.

Je passe la nuit dans la guitoune. Les branches dont le sol est jonché m'entrent dans les flancs. Mon équipement ne se tasse pas, et mon sac, sous ma tête, me semble dur : je n'ai pas encore l'habitude.

Mardi 1er septembre.

Nous restons dans les tranchées. Les cuisiniers vont faire en arrière la soupe et le jus ; mais bientôt, c'est l'accoutumée bousculade finale : la bataille crépite en avant de nous. Le capitaine fait dire que la première ligne doit être enfoncée, qu'il faut redoubler de vigilance. Et Porchon, mon St-Cyrien, envoie par ordre une patrouille sur la gauche. Presque aussitôt des claquements de Lebel, et la patrouille, affolée, dégringole : elle a vu des Boches, et tiré. Mes hommes s'agitent, s'ébrouent ; il y a de l'inquiétude dans l'air.

Soudain, un sifflement rapide qui grandit, grandit… et voilà deux shrapnells qui éclatent, presque sur ma tranchée. Je me suis baissé ; j'ai remarqué surtout l'expression angoissée d'un de mes hommes. Cette vision me reste. Elle fixe mon impression.

Encore mon agent de liaison, qui arrive en courant : « Le capitaine m'envoie vous prévenir qu'il n'y a plus rien devant nous ; nous sommes face aux Allemands ! » Est-ce vrai ? Nous avons vu passer des blessés, des fuyards. Un caporal de la 27, blême et suant, visage à l'envers, me crie que Daille Lefèbvre a une balle dans le ventre. Un grand diable, la cuisse traversée, meugle comme un veau. Il butte des deux pieds et pèse de tout le poids de sa carcasse sur ceux qui le soutiennent. Beaux camarades, et courageux ! Sournoisement, ils plaquent leur blessé à dix mètres de ma tranchée, et s'esquivent, allégés. Je fais porter l'homme, qui meugle toujours, au poste de secours du bataillon.

La nouvelle me parvient, je ne sais comment, que le 67e se replie, par la gauche en principe. C'est exact : il nous remplace dans nos tranchées, et nous nous portons sur de nouvelles positions, à cinq cents mètres en arrière.

Ligne de section par quatre dans le bois, près d'une clairière. Les chaudrons dégringolent : un réserviste, grand, blond roux, au premier qui explose, se retourne brusquement, me crie qu'il est blessé. Il est blafard et il tremble violemment : c'est une branchette qui l'a piqué, comme il se baissait.

Un second chaudron, et c'est la ruée fantastique de Figues, serrant son poignet ensanglanté. Un troisième : le caporal Tison reçoit dans la joue le bout d'un canon de fusil. Il est estomaqué un moment, puis, ses esprits revenus, il sacre jusqu'à extinction. La séance continue.

La nuit. Plaintes des blessés au loin. Un cheval mutilé hennit. Gémissement étrange et poignant : je crois que c'est un oiseau de nuit qui hulule.

Je fais le quart jusqu'à onze heures, perclus de froid. J'ai réveillé Porchon depuis une demi-heure à peine, je ne suis pas encore endormi, lorsque vient l'ordre de départ : nous retournons aux tranchées de Cuisy.

Mercredi 2 septembre.

Il est deux heures quand on arrive. On s'installe, avec une impression de sécurité et de force. Ont-ils passé la Meuse en force ? Peut-être, mais de là-haut, nous pouvons les attendre. Un mitrailleur est venu, il y a quatre jours, avec un télémètre ; et je lui ai demandé des distances exactes. S'ils viennent, je commanderai les feux qu'il faudra, et nous les descendrons sans qu'ils puissent même grimper jusqu'à nous. En attendant, dormons. Les étoiles sont limpides et fixes ; l'air fraîchit à l'approche du jour. Je me pelotonne dans ma capote, tout au fond de la tranchée, sur une couche mince de luzerne sèche, et je somnole un peu, – sommeil coupé de réveils gelés.

Mes hommes, en se secouant autour de moi, achèvent de m'éveiller. Je me frotte les yeux, m'étire les bras, et saute sur mes pieds. Le soleil donne déjà et couvre les champs d'une marée de clarté douce. Je reconnais mon vallon, avec les points de repère échelonnés jusqu'à l'extrême limite du tir possible.

Beaucoup d'aéros, les nôtres lumineux et légers, les Boches, sombres et ternes, mais élégants et semblables à de grands rapaces au vol sûr.

Des patrouilles de dragons gris se hasardent dans les seigles. Quelques coups de feu, partis de notre droite, les arrêtent. Devant nous, des uhlans en vedette à la lisière d'un bois, cheval et cavalier immobiles. De temps en temps seulement, la bête chasse les mouches en balayant ses flancs de sa queue.

À la jumelle, je vois sur un chemin deux blessés qui se traînent, deux Français. Un des uhlans les a aperçus. Il a mis pied à terre, et il s'avance vers eux. Je suis la scène de toute mon attention : le voici qui les aborde, qui leur parle. Et tous les trois se mettent en marche (l'Allemand entre les deux Français, les soutenant, les exhortant sans doute de la voix) vers un gros buisson voisin de la route. Et là, précautionneusement, le grand cavalier gris aide les nôtres à s'étendre. Il est courbé vers eux ; il ne se relève pas : je suis sûr qu'il les panse.

À deux heures, les obus recommencent à siffler sur nous. Il y a encore une batterie sur la crête en arrière ; c'est elle qui ouvre le feu. Elle tire depuis dix minutes peut-être lorsqu'un obus allemand vient éclater à vingt mètres en avant de notre tranchée. J'ai levé la tête, automatiquement, à la seconde qui a suivi l'explosion ; et voilà qu'une chose invisible passe en ronflant tout près de mon nez : c'est un éclat. Un homme, près de moi, a dit en riant : « Tiens ! les frelons… » Bon ! À la prochaine marmite, j'attendrai pour me relever que l'essaim soit passé.

Je n'attends pas longtemps : en voici quatre à la fois, et puis trois, et puis six. Ça dure une heure à peu près. Nous sommes tous collés au fond de la tranchée, le corps en boule, le sac sur la tête. Entre chaque rafale, mes deux voisins de droite creusent fébrilement une niche dans la paroi. Ils s'y fourrent comme un lapin dans un terrier ; je ne vois plus que les clous de leurs semelles.

Une fumée noire, cuivrée, qui pique la gorge et fait mal aux poumons, nous enveloppe de ténèbres fantastiques. Elle n'a pas eu le temps de se dissiper que déjà siffle une nouvelle rafale. On l'entend venir, irrésistible ; je perçois le choc mat du premier obus sur la terre, avant d'être assourdi par la salve des explosions.

Pendant une courte accalmie, le bruit d'une course pesante et précipitée me fait tourner la tête : c'est un de mes hommes qui a bondi hors de la tranchée, là-bas à gauche, et qui se rue vers la droite, sac au dos et fusil à la main, dans un chahut invraisemblable, baïonnette cliquetante, gamelle trépidante, cartouches grelottantes. Son bidon lui tape dans la croupe à grands coups ; il me regarde au passage avec des yeux dilatés, et puis s'en va tomber comme un bolide sur des camarades qui font carapace avec le sac, et qui le reçoivent sur les reins avant d'avoir pu se garer. Avalanche de taloches ponctuées d'engueulades. Une rafale de six marmites les met d'accord. Elles ont encadré la tranchée, et l'une d'elles est tombée à cinq mètres en avant de moi : il m'a semblé que le mur de terre me poussait, et j'ai reçu en plein dans mon sac une pierre de quelques kilos, qui m'a collé le nez dans la glaise et abruti pour cinq minutes.

Le grand lieutenant de la 8e fait des siennes. Si une panique ne s'est pas produite dans le bataillon, ça n'est pas sa faute : il s'est sauvé avec une section entière en hurlant sauve qui peut. Coup de frein salutaire de mon capitaine, et douche froide sur le crâne de l'escogriffe, qui s'en souviendra.

Soleil couchant, très beau, très apaisant. La nuit s'annonce transparente et douce. Je me promène en avant de ma tranchée, dans un champ de luzerne, m'arrêtant au bord des entonnoirs énormes creusés par les obus, et ramassant de-ci de-là des morceaux d'acier déchiquetés, encore chauds, ou des fusées de cuivre, presque intactes, où se lisent des abréviations et des chiffres. Et puis je rentre « chez moi », et je m'étends par terre, pour dormir.

Jeudi 3 septembre.

Mon agent de liaison est venu m'éveiller. Il fait nuit encore. Je regarde ma montre à la lueur d'une allumette : deux heures seulement. J'ai tout de suite l'impression que nous allons attaquer. Sur une pierre en saillie, un cuisinier a posé mon quart empli de jus. Je le bois d'un trait : c'est glacé, mais ça met d'aplomb.

Où allons-nous ? Vers Septsarges ? Je le crois un moment, mais nous laissons la route à droite et marchons sur Montfaucon. Déjà, tout le village nous apparaît, escaladant la colline au sommet de laquelle il plante son clocher. Je vois maintenant à l'œil nu la croix rouge du drapeau blanc qui flotte sur l'hôpital. Nous arrivons presque au pied du mamelon, puis tournons à gauche, face au sud-ouest. Je ne verrai pas Montfaucon.

Pour cause d'ailleurs. Plusieurs régiments (toute la division je crois) doivent se rassembler dans un ravin, à quelques centaines de mètres du village ; et le rassemblement ne se fait pas vite. On attend toujours les troupes qui n'arriveront pas. Ma compagnie, d'arrière-garde, s'est arrêtée sur le bord de la route. Il fait grand jour. Jusqu'à quand allons-nous rester là ? C'était pourtant hier qu'on nous bombardait, à Cuisy !

Une détonation lointaine, que je reconnais : artillerie lourde allemande. Est-ce pour nous ? Au sifflement, je me rends compte tout de suite que l'obus vient en plein dans notre direction. Je regarde Montfaucon, et je vois, près de l'église, une gerbe de flamme et de fumée qui jaillit ; deux secondes, et la détonation nous arrive, brutale et lourde. C'est le signal : sifflements, éclatements, fracas de toits qui s'effondrent, de murs qui s'écroulent. Je sens trembler le sol sous mes pieds et passer sur ma peau le souffle des explosions. Je ne sais plus où je suis, et je regarde, avec une tristesse hébétée, ces panaches de fumée noire, de fumée rouge, de fumée jaune, qui surgissent partout, se rapprochent, se mêlent, jusqu'à former un nuage immense, funèbre et sanglant, qui plane sur le village mort.

Des voitures de blessés passent ; il y en a qui agonisent. Des blessés à pied maintenant, qui se traînent, à moitié couchés sur leurs béquilles, ou s'appuyant de tout leur poids sur deux bâtons. Il y a un aumônier avec eux ; il plaisante, il rit, pour essayer de leur donner confiance et courage.

Un couple de vieux, pitoyables : l'homme a sur le dos une hotte énorme et pleine à crever, la femme porte au bout de chaque bras deux grandes corbeilles d'osier que recouvre une serviette ; ils vont vite, les yeux pleins de détresse et d'épouvante, et se retournent, se retournent encore, vers leur maison qu'ils n'avaient pas voulu quitter, et qui n'est plus maintenant, peut-être, qu'un tas de décombres noirs et fumants.

À travers les prés, un grand berger dégingandé, aux jambes si longues qu'il marche les jarrets pliés, pousse devant lui en vociférant une dizaine de vaches noires et blanches. Il traîne à la remorque des pieds énormes ; on voit à peine, sous sa casquette, une tête de crétin grosse comme les deux poings.

La colonne est assez loin, maintenant, pour que nous puissions partir à notre tour. J'aperçois, loin devant nous, sur la route, les deux vieux de tout à l'heure, la femme toute mince et diminuée entre ses deux paniers, et la hotte de l'homme sous laquelle tricotent deux jambes minuscules. Derrière nous, toujours, les obus tonnent sur Montfaucon.

Nous marchons, chassés en avant par une poussée inouïe, dont j'éprouve seulement alors la sensation nette. Nous sommes courageux et nous voulons bien faire ; mais où sont nos canons qui feraient taire ceux-là ? Nous sommes bousculés, nous cédons. Et tout doucement une impression naît en moi, s'affirmant, se faisant maîtresse jusqu'à m'accabler : je nous sens petits en face de cette force.

Hier, je voyais de nos tranchées de Cuisy les automobiles allemandes rouler sur les routes, par les plaines où l'on venait de se battre. Leurs brancardiers ramassaient leurs blessés ; et, dans un bouquet d'arbres, près de Dannevoux, montait la fumée d'un bûcher où brûlaient leurs morts. Leurs aéros planaient sur nos positions, repérant les points où allaient tomber leurs obus. Les cavaliers en vedette observaient, inlassables, et les reconnaissances se hasardaient à travers les avoines et les seigles.

Ce matin, je pense à toutes ces choses, et je comprends quelle organisation met en œuvre cette force.

Je me rappelle aussi que j'ai vu, hier encore, un bataillon allemand rassemblé entre deux bois, à trois kilomètres à peine de nos lignes. Les hommes avaient mis bas leurs capotes, et tranquillement creusaient des tranchées pendant que fumaient les feux des cuisines en plein air : et je me demandais avec un étonnement grandissant pourquoi nos 75 tant vantés ne lançaient pas une vingtaine d'obus au milieu de ce tas de Boches.

Nous marchons sur une route poudreuse, la gorge sèche, les pieds douloureux. Nous traversons Malincourt, que je connais déjà, puis Avocourt, – et nous arrivons dans la forêt de Hesse. Des chevaux crevés au revers des fossés, grands yeux vitreux et pattes raides. Un cheval blanc qui agonise soulève lentement la tête et nous regarde passer. Un sergent le tue raide, à bout portant, d'une balle en plein front. La tête retombe, lourde, et les flancs tressaillent d'un dernier soubresaut. La chaleur croît toujours ; les traînards jalonnent la route, affalés sur l'herbe, dans la bande d'ombre qui court le long des bois. Il y en a qui se coulent hors des rangs, s'asseyent avec flegme, extirpent de leur musette un morceau de boule et un bifteack racorni, puis se mettent à manger placidement.

Parois. Les abattoirs du corps d'armée étaient là ; le sang qui a coulé en mares devant les granges et qui sèche au soleil emplit l'atmosphère d'une puanteur fade, à quoi se mêle une violente odeur d'iodoforme.

Grand'halte près de Brabant, au fond d'une cuvette sans air où l'on transpire comme dans une étuve. Je n'ai plus de salive, j'ai la fièvre. Je ne peux même pas avaler une bouchée. Je ne peux pas dormir non plus.

Lorsque nous arrivons à Brocourt, des lueurs dansent devant mes yeux, mes oreilles bourdonnent. Je me laisse dégringoler sur un tas de gerbes, les membres rompus, le crâne vide comme un grelot et pesant comme du plomb. Je me décide à consulter.

La visite. L'aide-major, un grand gaillard à poils noirs, mâchoire saillante et volontaire, larges yeux qui révèlent une pensée toujours en travail, examine les malades sous le porche de l'église. Il distribue des poudres blanches, des comprimés de toutes les couleurs, des pilules d'opium, badigeonne de teinture d'iode les poitrines nues, incise avec un bistouri des ampoules engorgées de sang ou de pus. Deux hommes amènent un être chétif, qui se tortille entre leurs bras, bave par les coins de la bouche et pousse des cris rauques ; un épileptique en pleine crise.

Je comprends que j'ai besoin surtout de sommeil ; j'accepte tout de même, comme les autres, des comprimés blancs et des pilules d'opium. Mais je demanderai tout à l'heure l'autorisation de coucher dans une grange, au lieu de bivouaquer hors du village.

J'ai la chance, ce soir-là, de rencontrer Bouvyer. Nous parlons des camarades, de l'École, de tout. Ça me réchauffe et me retape un peu. Quelques heures de sommeil dans le foin me valent un réveil presque gai. Je suis provisoirement remonté.

Vendredi 4 septembre.

Nouvelle étape au soleil. La chaleur a peut-être grandi depuis hier. Jubécourt. Ville-sur-Cousances. Il y a là des gendarmes, des forestiers ; on croise des autos à fanion, des autobus de ravitaillement : ça sent l'arrière en plein. Est-ce que vraiment cette course serait une déroute ? Nous ne sommes pas talonnés.

Je cherche à entrevoir au moins le pourquoi de ces étapes bride abattue, de cette randonnée haletante vers Bar-le-Duc.

Bien entendu, les tinettes se font jour, diverses et baroques. Celle-ci triomphe : nous allons à Paris pour y maintenir l'ordre.

Jubécourt, Ippécourt. Nous faisons la grand'halte en sortant de Fleury-sur-Aire. Des dizaines d'hommes arrivent avec d'immenses quartiers de fromage plat, coulant, qui ressemble au brie. D'autres sont cuirassés de bidons, qui arrondissent autour d'eux une ceinture énorme. Les musettes craquent.

L'herbe, dans le pré où nous sommes, est drue et vivace. J'en vois qui se déchaussent et marchent pieds nus dans cette fraîcheur verte. Presque tous, nous avons étendu au soleil nos capotes mouillées de sueur. Les chemises claires, les doublures des vêtements tirent à elles la lumière. Les couleurs papillotent, fatiguent les yeux.

Je me lave jusqu'à la ceinture dans l'eau froide et transparente de l'Aire. Deux ou trois se sont mis nus, et font une pleine eau. Parmi eux, je remarque un nageur musclé, à peau brune, qui évolue avec une souplesse vigoureuse, tire lentement des brasses allongées, qui le poussent en quelques secondes d'un bord à l'autre du large bassin où la rivière s'étale.

Au long de la rive, échelonnés, les hommes barbotent, s'ébrouent. Ils lavent des chaussettes, des mouchoirs, penchés vers l'eau ; le drap de leurs pantalons se tend sur leurs fesses. Une pellicule bleuâtre, peu à peu accrue, flotte à la surface et s'irise au soleil.

Déjeuner gai, à l'ombre des saules qui trempent leurs basses branches dans le courant. Près de nous, un lieutenant se tient debout au milieu d'un groupe, moustaches hargneuses, bras nus, l'échancrure de sa chemise montrant une poitrine velue comme le poitrail d'un sanglier. Il abrutit les autres de sa faconde et de la violence de sa voix, éraillée mais formidable. J'entends ceci : « Il y a deux moyens de les avoir : enfoncer le centre, ou déborder sur les ailes ! »

Nubécourt. L'étape ne m'a pas éreinté autant que celle d'hier. J'évoque la nuit proche, que je passerai dans un lit, avec B., le St-Maixentais, pour voisin. Pauvre de moi ! L'animal fait appel à mon bon cœur, et à ce qu'il veut bien appeler ma connaissance de la vie : « Il doit ménager la pudeur de la matrone qui l'héberge, et qui souffrirait, bien sûr, si je restais toute la nuit dans le lit voisin du sien, de son lit où B. ne la laissera pas coucher seule. » Je jette un coup d'œil oblique sur l'objet : c'est pansu, dégoulinant ; ça n'a pas de dents et la peau est rouge vinasse. Un autre regard vers B. : il a le sourire modeste du gigolo en bonne fortune. Il me dégoûte. Je le quitte sur un bonjour froid.

Popote dans une cuisine qui ressemble à toutes celles que j'ai vues, demi-ténèbres et lueurs jaunes de bougies. Le cuisinier à grosses lèvres nous sert ce soir-là une ignoble piquette gâtée, qui laisse au palais un goût d'encre.

Je cherche longtemps un lit. Mais tous mes efforts, unis à ceux d'une fillette à poitrine plate et à bon cœur, n'aboutissent qu'à m'enlever une heure de sommeil. J'échoue dans une grange, sur la paille.

Samedi 5 septembre.

Porchon m'annonce en riant que l'homme au vin a refilé sa marchandise en la vendant plus cher que nous la lui avions payée. Beauzée-sur-Aire. Sommaisne. C'est là, pendant une halte horaire, que je vois les premiers « Bulletins des armées ». Des canards, en famille, se promènent sur l'Aisne, une toute petite rivière qui passe en plein village.

Rembercourt-aux-Pots, – belle grande église romane, un peu lourde, un peu trop riche d'ornements qui empâtent les lignes.

Des arbres au bord de la route ; chaque fois qu'on passe dans l'ombre des feuilles, je tiens mon képi à la main et j'ai envie de m'arrêter. Des gendarmes et des forestiers, des autos à fanion toujours : ça n'est plus le front décidément. Un tortillard, avec une gare minuscule. C'est par cette ligne sans doute que nous passerons la nuit, en route vers Paris. Il n'est plus bruit que de cela.

Condé-en-Barrois. Une longue file d'autobus, venant du village, nous aveugle de poussière opaque. Nous nous arrêtons, pour la grand'halte, dans un chaume où les formes s'altèrent dans la vibration intense de l'atmosphère. Un pauvre diable vient se présenter au capitaine ; il est ceinturé de bidons et de musettes qui laissent voir des goulots de bouteilles et de canettes de bière. Dans chaque main, une paire de poulets battant des ailes et gloussant. Comme il tient entre les dents la ficelle d'un paquet, il ne peut pas arriver à s'expliquer. Tout le bas du visage est masqué ; on ne voit que le nez et les yeux, des yeux inquiets et larmoyants. Allégé, il nous raconte d'une voix lamentable qu'il s'est fait prendre dans le village au moment où il accumulait les provisions, mais qu'il a tout payé, qu'il est honnête homme, qu'il ne volerait pas une épingle, qu'il n'a pas de chance. Les mots de pillage et de conseil de guerre lui tombent sur le crâne comme un coup de massue. On le condamne à porter ses victuailles au poste de secours. Et il s'en va, geignant, disparu sous l'amoncellement des bouteilles, des volailles, des paquets et des bidons.

Je me suis reposé deux heures, avec Pessin, chez un marchand de bicyclettes. La chambre était bouleversée ; des ballots s'empilaient dans un coin, l'armoire vide béait. Est-ce que ces gens s'en allaient par prudence, ou leur avait-on donné l'ordre d'évacuer ?

Même bouleversement dans la maison où nous dînons. Plus parlant encore peut-être parce que cette maison est plus spacieuse et plus riche. Plus rien dans le buffet ; des murs nus ; la table semble perdue dans la solitude froide du parquet ciré.

C'est la ripaille, dans ce gros village qui n'a pas vu de troupes encore. Jusqu'ici, nous n'avons traversé que de pauvres hameaux épuisés, nettoyés à fond par la nuée. On a acheté pour les hommes des moutons. Ils s'empiffrent. Il y a longtemps qu'ils n'ont bu de vin. Ils en ont, et en abusent ; du cidre aussi, et de la bière.

Quand nous repartons, en pleine nuit, vers dix heures, la colonne ondule et flotte, avec de grands à-coups. Il fait très sombre. Derrière moi, j'entends vaguement le pas d'un cheval. Et sur ce cheval, il y a le capitaine de la 8e, qui dort sur sa selle. Il ne se réveille que pour interpeller avec vigueur des hommes que les libations copieuses de l'après-midi obligent maintenant à des arrêts brusques et fréquents. Un d'eux riposte avec une vigueur égale, proteste qu'il est inhumain d'empêcher de pisser un homme qui en a envie, et disparaît dans les rangs avant que son partenaire ait eu le temps de l'identifier.

Nous revenons sur nos pas, sans nous arrêter à la gare du tortillard. N'allons-nous donc pas embarquer à Bar-le-Duc ? Le désordre continuera donc à régner dans Paris ?

Nous voici à Rembercourt, marchant silencieusement entre les maisons noires. Nous laissons sur notre gauche la route de Sommaisne, et coupons à travers champs, vers des bois vaguement profilés sur le ciel plus clair.

Dimanche 6 septembre.

Une heure et demie du matin. Sacs à terre, fusils dessus, en lignes de sections par quatre, à la lisière d'un petit bois maigre, des bouleaux sur un sol pierreux. Il fait froid. Je vais placer en avant un poste d'écoute, et reviens m'asseoir près de mes hommes. Immobilité grelottante ; les minutes sont longues. L'aube blanchit. Je ne vois autour de moi que des visages pâlis et fatigués. Quatre heures – : une dizaine de coups de feu, sur la droite, me font sursauter au moment où je m'assoupis. Je regarde, et vois quelques uhlans qui s'enfuient au galop, hors d'un boqueteau voisin où ils ont dû passer la nuit.

Le jour grandit, clair et léger. Mon camarade de lit de Nubécourt débouche son inépuisable bidon, et nous buvons, à jeun, une goutte d'eau-de-vie sans bouquet, de l'alcool pur.

Enfin, le capitaine nous réunit et, en quelques mots, nous renseigne sur la situation : « Un corps d'armée allemand, dit-il, marche vers le sud-ouest, ayant pour flanc-garde une brigade qui suit la vallée de l'Aire. Le 5e corps français va buter le corps allemand en avant, et nous allons, tout à l'heure, prendre la brigade de flanc. » Pour la première fois, je vais « donner » sérieusement.

Face à l'Aire, Sommaisne derrière nous, on creuse des tranchées avec des pelles-pioches portatives. Les hommes savent qu'on va se battre ; ils activent. En avant et à gauche, vers Pretz-en-Argonne, un bataillon nous couvre. Je vois à la jumelle, sur le toit d'une maison, deux observateurs immobiles. Les tranchées s'ébauchent ; on y est abrité à genoux. Ça suffit.

Vers neuf heures, le bombardement commence. Les marmites sifflent sans trêve, éclatent sur Pretz, crèvent les toits et abattent des pans de murs. Nous ne sommes pas repérés, nous sommes tranquilles. Mais nous sentons la bataille toute proche, violente et acharnée.

Onze heures : c'est notre tour. Déploiement en tirailleurs tout de suite. Je ne réfléchis pas ; je n'éprouve rien. Seulement, je ne sens plus la fatigue fiévreuse des dernières heures. J'entends la fusillade tout près, des éclatements d'obus encore lointains. Je regarde, avec une curiosité presque détachée, les lignes de tirailleurs bleues et rouges, qui avancent, avancent, comme collées au sol. Autour de moi, les avoines s'inclinent à peine sous la poussée d'un vent tiède et léger. Je me répète, avec une espèce de fierté : « J'y suis, j'y suis ! » Et je m'étonne de voir les choses telles que je les vois d'ordinaire, d'entendre des coups de fusil qui ne sont que des coups de fusil. Il me semble, pourtant, que mon corps n'est plus le même, que je devrais éprouver des sensations autres, à travers d'autres organes. « Couchez-vous ! » Quelques-unes viennent de chanter au-dessus de nous. Le crépitement de la fusillade couvre leur petite voix aiguë ; mais je me rends compte que derrière nous leur chanson se prolonge en s'effilant, jusqu'à n'être plus rien.

Nous commençons à progresser. Ça marche, vraiment, d'une façon admirable, avec la même régularité, la même aisance qu'au champ de manœuvres. Et peu à peu monte en moi une allégresse qui m'enlève à moi-même : je me sens vivre dans tous ces hommes qu'un geste de moi pousse en avant, face aux balles qui volent vers nous, cherchant les poitrines, les fronts, la chair vivante. On se couche, on se lève d'un saut ; on court, on court de toute la vitesse de ses jambes droit aux Boches invisibles qu'on veut voir pour les frapper plus sûrement, pour les chasser tant qu'on aura des forces, jusqu'au bout de ces champs où leurs hordes pullulent.

Nous sommes en plein sous le feu. Les balles ne chantent plus ; elles passent raides, avec un sifflement bref et colère. Elles ne s'amusent plus ; elles travaillent. Clac ! Clac ! En voici deux qui viennent de taper à ma gauche, sèchement. Ce bruit me surprend et m'émeut : elles semblent moins dangereuses et mauvaises lorsqu'elles sifflent. Clac ! Clac ! Des cailloux jaillissent, des mottes de terre sèche, des flocons de poussière ; nous sommes vus, et visés. En avant ! Je cours le premier, cherchant un pli de terrain, le talus, un fossé où abriter mes hommes, après le bord ou simplement la lisière de champ qui les fera moins visibles aux Boches. Un geste du bras déclenche la ligne par moitié, j'entends le martèlement des pas, le froissement des épis que fauche leur course. Pendant qu'ils courent, les camarades restés sur la ligne tirent rapidement, sans fièvre. Et puis, lorsque je lève mon képi, à leur tour ils partent et galopent, tandis qu'autour de moi les Lebel crachent leur magasin.

Un cri étouffé à ma gauche ; j'ai le temps de voir l'homme, renversé sur le dos, lancer deux fois ses jambes en avant ; une seconde, tout son corps se raidit ; puis une détente, et ce n'est plus qu'une chose inerte, de la chair morte que le soleil décomposera demain.

En avant ! L'immobilité nous coûterait plus de morts que l'assaut furieux. En avant ! Les hommes tombent nombreux, arrêtés net en pleine ruée, les uns jetés à terre de toute leur masse, sans un mot, les autres portant les mains, en réflexe, à la place touchée ; ils disent : « Ça y est ! » ou « J'y suis ! » Souvent un seul mot énergique et français. Presque tous, même ceux dont la blessure est légère, pâlissent et changent de visage. Il me semble qu'une seule pensée vit en eux : s'en aller, s'en aller vite, n'importe où pourvu que les balles ne sifflent plus. Presque tous aussi me font l'effet de petits enfants, des enfants qu'on voudrait consoler, endormir et protéger. J'ai envie de leur crier, à ceux de là-bas : « Ne les touchez pas ! Vous n'avez pas le droit. Ils ne sont plus des soldats ; ils ne vous feront plus de mal. » Et je parle à ceux qui passent : « Allons, mon vieux, du courage. À trente mètres à droite, tu vois, derrière cette petite crête, il n'y a plus de danger… Oui, ton pied te fait mal, il enfle ; je sais bien. Mais on te soignera tout à l'heure. N'aie pas peur. » L'homme, un caporal, s'éloigne à quatre pattes, s'arrête, se retourne avec des yeux de bête traquée, et reprend sa marche de crabe, gauche et tourmentée.

Enfin ! Je les vois ! Oh ! à peine. Ils se dissimulent derrière des gerbes qu'ils poussent devant eux ; mais à présent, je sais où ils sont, et les balles qu'on tirera autour de moi trouveront leur but.

La marche en avant reprend, continue et sans flottement. J'ai confiance, je sens que ça va. C'est à ce moment qu'arrive un caporal fourrier, essoufflé, le visage couvert de sueur : « Mon lieutenant ! – Qu'est-ce qu'il y a ? – Le commandant m'envoie vous dire que vous êtes trop avancés. Le mouvement s'est fait trop vite. Il faut s'arrêter et attendre les ordres. »

J'amène ma section derrière une ondulation légère du terrain, dans un pli vaguement indiqué, mais où les balles, quand même, frappent moins. Nous sommes là, couchés, attendant ces ordres qui s'obstinent à ne pas venir. Partout, au-dessus de nous, devant nous, à droite, à gauche, ça siffle, miaule, ronfle, claque. À quelques pas de moi, les balles d'une mitrailleuse assourdissante arrivent dans la terre, obstinées, régulières et pressées. La poussière se soulève, les cailloux sautent. Et je suis pris d'une tentation irraisonnée et véhémente de m'approcher de cette rafale mortelle, jusqu'à toucher cet invisible faisceau d'innombrables et minuscules lingots de métal, dont chacun peut tuer.

Les minutes se traînent, longues, énervantes. Je me soulève un peu, pour essayer de voir ce qui se passe : à gauche, la ligne ténue des tirailleurs se prolonge sans fin. Tous les hommes restent aplatis contre leurs sacs debout, et tirent. Derrière un champ d'épis seulement, il y en a une vingtaine qui se lèvent pour viser. Je vois distinctement le recul de leur arme, et le mouvement de leur épaule droite que le départ du coup rejette en arrière. Petit à petit, je reconnais : voici la section Porchon, et Porchon lui-même, fumant une cigarette. Voici la section du St-Maixentais, disloquée un peu. Et puis loin, les tirailleurs de la 8e. Derrière eux, un petit homme se promène debout, tranquille et nonchalant. Quel est ce téméraire ? À la jumelle, je distingue une barbe dorée, la fumée bleue d'une pipe ; c'est le capitaine. On m'avait déjà dit son attitude au feu.

Les ordres, mon Dieu, les ordres ! Qu'est-ce qu'il y a ? Pourquoi nous laisse-t-on là ? Je me lève, décidément. Il faut que je sache ce que font les Boches, où ils sont à présent. Je monte la pente douce, sautant d'un tas de gerbes à l'autre ; jusqu'à voir par-dessus la crête : là-bas, à 4 ou 500 mètres, il y a des uniformes gris verdâtre, dont la teinte se confond avec celle des champs. Il me faut toute mon attention pour les discerner. Mais, par deux fois, j'en ai vu qui couraient une seconde. Presque sur leur ligne, mais loin à droite, un groupe d'uniformes français autour d'une mitrailleuse qui pétarade triple vitesse. Je vais placer mes hommes ici ; ça n'est pas loin, et au moins ils tireront.

Comme je redescends un sifflement d'obus m'entre dans l'oreille : il tombe vers la 8e, dont la ligne se rompt en un court instant puis se renoue presque aussitôt. Un autre sifflement, un autre : c'est le bombardement. Tout dégringole dans nos lignes.

Oh !… Dix hommes ont dit cela ensemble. Une marmite vient d'éclater juste dans la section du St-Maixentais. Et lui, je l'ai vu, nettement vu, recevoir l'obus en plein corps. Son képi a volé, un pan de capote, un bras. Il y a, par terre, une masse informe blanche et rouge, un corps presque nu, écrabouillé. Les hommes, sans chef, s'éparpillent. Mais il me semble… Est-ce que notre gauche ne se replie pas ? Cela gagne vers nous, très vite. Je vois des soldats qui courent vers Sommaisne, sous les obus. Chaque marmite en tombant fait un grand vide autour d'elle, dispersant les hommes, comme on disperse, en soufflant, la poussière. La 8e maintenant. Si le capitaine était là, il la ramènerait. Il m'a semblé, tout à l'heure, que je le voyais porter une main à son visage. Notre section de gauche suit ; personne n'est là, non plus, pour la maintenir. La section voisine maintenant. Et soudain, brutalement, nous sommes pris dans la houle : voici des visages inconnus, des hommes d'autres compagnies, qui se mêlent aux nôtres et les affolent. Un grand capitaine maigre, celui de la 5e, me crie que le commandant a donné l'ordre de battre en retraite, que nous n'avons pas été soutenus à temps, que nous sommes seuls et perdus si nous restons. C'est l'abandon de la partie.

De toutes mes forces, j'essaie de maintenir l'ordre et le calme, d'enrayer la panique. Je marche les bras étendus, posément, répétant : « Ne courez pas ! Ne courez pas ! Suivez-moi ! » Et je cherche les défilements, pour épargner le plus d'hommes possible. J'en ai un qui reçoit une balle derrière le crâne, au moment où il va franchir une clôture en fil de fer ; il tombe sur le fil, et reste là, cassé en deux, les pieds à terre, la tête et les bras pendant de l'autre côté.

Les obus nous suivent, marmites et shrapnells. Trois fois je me suis trouvé en pleine gerbe d'un shrapnell, les balles de plomb criblant la terre autour de moi, fêlant des têtes, trouant des pieds ou crevant des gamelles. On marche, dans le vacarme et la fumée, apercevant de temps en temps, par une trouée, le village, la rivière sous les arbres. Et toujours, par centaines, les obus nous accompagnent. Je me souviens que je suis passé à côté d'un de mes sergents, que deux hommes portaient sur leurs fusils ; il m'a montré sa chemise déchiquetée, toute rouge, et son flanc lacéré par un éclat d'obus ; les côtes apparaissaient dans la chair à vif.

Je marche, je marche, épuisé maintenant et trébuchant. Je bois, d'une longue gorgée, un peu d'eau restée au fond de mon bidon. Je n'ai rien mangé depuis la veille. En arrivant au ruisseau, les hommes se ruent à la berge et goulûment se mettent à boire, accroupis vers l'eau bourbeuse et lapant comme des chiens.

Il doit être sept heures ; le soleil décline, dans un rayonnement d'or fauve. Le ciel, sur nos têtes, est d'une émeraude transparente et pâle. La terre devient noire, les couleurs s'éteignent. – Nous quittons Sommaisne ; c'est la nuit. Des ombres de fuyards, en longues théories. – Nous nous arrêtons près de Rembercourt. Alors, je m'allonge sur la terre nue, appelant le sommeil. Et dans le temps qu'il met à venir, j'entends le roulement, sur les routes, des voitures pleines de blessés ; et là-bas, vers Sommaisne, les chocs sourds des crosses dans les portes, et les hurlements animés des Teutons qui font ripaille.

Lundi 7 septembre.

L'humidité du matin m'éveille. Mes vêtements sont trempés, et des gouttes d'eau brillent sur le mica de mon liseur. Rembercourt est devant nous, un peu sur la gauche. La grande église écrase le village de sa masse ; nous la voyons de flanc, dans toute sa longueur. À gauche, une petite route qui disparaît entre deux talus.

C'est par cette route que je vois, vers dix heures, revenir mon capitaine et Porchon, avec une poignée d'hommes. Ils se sont trouvés coupés du reste du régiment et ont passé la nuit dans un bois, en avant des lignes françaises. Je reconnais de loin le capitaine à sa « pique », une lance de uhlan qu'il a depuis Gibercy, et dont il ne se sépare jamais. Je vais au-devant de lui, pour lui rendre compte. Je m'aperçois tout de suite que ça ne va pas. Il me regarde d'un air mauvais.

« Mon capitaine, je suis là avec ma section. Le régiment est rassemblé là-haut, dans ce champ.

— Pourquoi n'étiez-vous pas avec votre compagnie ?

— Mais, mon capitaine, ce qui reste de la compagnie est là avec moi.

— Ça n'est pas vrai. La compagnie est où je suis. Vos pertes ?

— Seize hommes, mon capitaine. »

Il arrondit les yeux, feignant l'étonnement. Quelques secondes de silence, puis : « Vous avez de la chance. Au fait, vous n'avez pas été engagé ! » – Je suis parti sans rien dire, et c'est assurément un des efforts contre moi-même qui m'ont le plus coûté. Ma sensibilité, à vif en ce lendemain de bataille, a été cruellement souffletée. Je garderai toujours, âcre et tenace, le souvenir de cette minute ; je veux le garder, car je ne sais pas m'élever jusqu'à l'indifférence dédaigneuse en face de l'injustice, lorsque l'injustice est un procédé d'insulte.

Comme auprès de Cuisy, on creuse des tranchées. Les y attendrons-nous, cette fois ? Nous n'avons pas devant nous le large vallon de Dannevoux ; mais dans les cinq cents mètres qui nous séparent de Rembercourt, beaucoup d'entre eux tomberont s'ils avancent par là.

On continue à se battre vers Beauzée. Sans cesse, par petits groupes, des blessés apparaissent à la dernière crête, et lentement s'en viennent vers nous. Ceux qui ont un bras en écharpe marchent plus vite ; d'autres s'appuient sur un bâton coupé dans une haie ; beaucoup s'arrêtent, puis se traînent quelques mètres, puis s'arrêtent encore.

Je suis allé, l'après-midi, au village. Il était plein de soldats qui fouillaient les maisons, surtout les cuisines, les poulaillers et les caves. J'ai vu des hommes couchés devant les futailles, la bouche ouverte sous le jet de vin qui coulait. On ne pouvait les mettre debout qu'à coups de pied dans les flancs. Un chasseur blessé au bras gauche tapait avec la crosse de son fusil, de toute la force de son bras valide, dans une porte voûtée derrière laquelle il sentait les bouteilles ; des artilleurs sont arrivés et lui ont prêté l'aide de leurs mousquetons ; mais il a fallu les Lebel de trois fantassins pour avoir raison de la porte massive. Fantassins, artilleurs et chasseurs ont disparu sous la voûte.

Le docteur m'a raconté qu'une forte patrouille d'infanterie, lancée aux trousses des pillards, avait rencontré, comme ils revenaient du village, quelques lascars attelés aux brancards d'une charrette à bras pleine de butin. L'adjudant-chef de patrouille a arrêté la bande, qui s'est enfuie après menaces, par crainte des suites. La charrette attendait sur la route, brancards vides, et l'adjudant se grattait la tête. Il paraît que la patrouille et son chef se sont endormis, ce soir-là, le ventre plein.

À partir de trois heures, l'artillerie lourde allemande bombarde Rembercourt. À cinq heures, le feu prend à l'église. Le rouge de l'incendie se fait plus ardent à mesure que les ténèbres augmentent. À la nuit noire, l'église est un immense brasier. Les poutres de la charpente dessinent la toiture en traits de feu appuyés et en hachures incandescentes ; le clocher n'est plus qu'une braise énorme au cœur de laquelle on aperçoit, toutes noires, les cloches mortes.

La charpente ne s'effondre pas d'un seul coup, mais par larges morceaux. On voit les poutres s'infléchir, céder peu à peu, rester suspendues quelques instants au-dessus de la fournaise, puis y dégringoler avec un bruit étouffé ; et chaque fois jaillit, très haut, une gerbe d'étincelles claires dont le rougeoiement, comme un écho, flotte longtemps encore sur le ciel sombre.

Je suis resté des heures les yeux attachés à cet incendie, le cœur serré, douloureux. Mes hommes endormis sur la terre jalonnaient de leurs corps inertes la ligne des tranchées. Et je ne pouvais me décider à m'étendre et à dormir, comme eux.

Mardi 8 septembre.

Le capitaine m'a fait réveiller, je ne sais combien de fois, pour me donner des ordres oiseux, en réalité parce qu'il ne pouvait dormir. Il était enfoui, avec sa liaison, dans un gros buisson, au-dessous de la route. À chaque réveil, je regardais l'église en flammes.

Ce matin, les ruines fument encore. La carcasse de pierre se dresse toute noire sur le ciel limpide.

Les hommes ont le sommeil lourd. Au bord de la tranchée, il y a des plumes blanches, noires, rousses, des touffes de poils gris, des bouteilles vides. Je les fais secouer par les sergents : on entend, vers des bois à notre gauche, une fusillade qui par instants se fait violente. Derrière nous, une batterie de 120 tonne sans discontinuer. Et sur Rembercourt, à longs intervalles, des marmites éclatent en rafales, par six à la fois. Elles n'arrêtent pas les maraudeurs, qui poussent vers le village, chacun pour son compte, des reconnaissances fructueuses. J'en aperçois quelques-uns qui secouent les pommiers et les pruniers d'un verger ; ils emplissent leurs musettes, se couchent contre un talus quand le sifflement des obus amorce l'arrivée, puis, tranquillement, reprennent leur besogne. Dès onze heures, il y a des ivrognes à la section voisine dont j'ai, provisoirement, la responsabilité. Un grand à barbe drue, dont les joues s'enluminent de teintes fulgurantes, reconnaît avec sérénité qu'il est « saoul à ne pas sortir dans la rue ». Il m'envoie des salves de postillons, par un large trou béant dans sa denture, comme un créneau dans un blindage de mitrailleuse. Et pendant qu'il m'assomme de son radotage de poivrot, son acolyte, un tout petit blond aux joues couvertes de poils jaunes et légers pareils au duvet d'un poussin, me sourit avec indulgence, en dodelinant doucement de la tête.

On m'a offert, ce matin-là, des prunes à l'eau-de-vie, des reines-claudes énormes empilées dans un flacon étroit, des cerises agglutinées dans un sirop épais, des haricots verts et des petits pois en bouteille, et aussi des dragées roses rangées avec art sous un papier dentelle, dans une boîte bleu pâle dont le couvercle étalait, en lettres d'or cousues, le prénom de Pamphile.

À midi, nous sortons des tranchées. Et lentement, formés à larges intervalles, nous marchons vers la route qui va de Rembercourt à la Vaux-Marie. Au long de la route d'Érize-la-Petite des trous d'obus énormes crèvent les champs. La campagne est chauve, et terne malgré toute la lumière du ciel. Des chevaux crevés, ventre ouvert, pattes coupées, pourrissent en bas du talus, dans le fossé. Il y en a six, collés les uns aux autres, qui font un tas énorme de charogne, dont la puanteur horrible stagne au fond du ravin. Beaucoup de caissons fracassés, les roues en miettes, ferrures tordues.

Route de la Vaux-Marie : nous attendons; couchés en tirailleurs dans le fossé, prêts à soutenir les nôtres qui se battent en avant. Lorsque je me lève, je vois une grande plaine désolée, bouleversée par les obus, semée de cadavres aux vêtements déchirés, la face tournée vers le ciel ou collée dans la terre, et le fusil tombé à côté d'eux. La route monte, à droite, vers les bords de la cuvette, d'une blancheur crue qui fait mal aux yeux. Loin devant nous, des sections, en colonne d'escouade par un, restent immobiles, terrées, à peine visibles. Elles sont en plein sous les coups de l'artillerie allemande. Les lourdes marmites, par douzaines, achèvent de ravager les champs incultes et pelés. Elles arrivent en sifflant, toutes ensemble ; elles approchent, elles vont tomber sur nous. Et les corps se recroquevillent, les dos s'arrondissent, les têtes disparaissent sous les sacs, tous les muscles se contractent dans l'attente angoissée des explosions instantanément évoquées, du vol ronflant des énormes frelons d'acier. Mais je vois, tandis que le sifflement grandit encore vers nous, des panaches de fumée noire s'écheveler à la crête ; et presque aussitôt, le fracas des éclatements nous assourdit. Chaque fois qu'un obus tombe dans les rangs, c'est un éparpillement de gens qui courent en tous sens ; et lorsque la fumée s'est dissipée, on voit par terre, étendues, faisant taches sombres sur le jaune sale des chaumes, de vagues formes immobiles. Un commandant de chasseurs, à bicyclette, grimpe la côte en poussant de toutes ses jambes sur les pédales. Il va droit vers la ligne où les bords de la cuvette touchent le ciel, et que couronnent, sans cesse renaissants, les sinistres panaches noirs. Il diminue à nos yeux, se profile une seconde à la crête, silhouette minuscule et nette, et soudain disparaît, en plongeant. Un quart d'heure se passe, et le voici réapparaître, puis dévaler la pente à toute allure. Il parle à notre commandant ; je crois comprendre qu'on n'a plus besoin de nous. En tout cas, on nous ramène à hauteur de Rembercourt, sur la droite du village ; et nous nous collons à un talus à pic, envahi d'herbes folles, le long du verger où j'ai vu, ce matin, des maraudeurs. La canonnade emplit l'espace de vacarme. Les obus éclatent par centaines, criblant la plaine, défonçant la route où nous étions tout à l'heure, faisant jaillir les tuiles des toits et sauter les madriers des charpentes. Nous avons quelques rafales pour nous, de six marmites chacune, généreusement. Les dernières éclatent si près que notre commandant, resté assis contre le talus, m'a semblé poussé brusquement, comme par un coup de poing dans le dos. Les arbres du verger ont oscillé d'une telle force qu'une grêle de prunes et de pommes est tombée sur nous.

Nous n'avons pas été vus ; mais l'ennemi connaît si bien la contrée qu'il devine les défilements où nous pouvons blottir nos réserves et les bombarde, par précaution. Les marmites ne nous ont encore tué personne. Mais qu'une seule, passant au ras du talus, le franchisse et tombe derrière nous, dix hommes au moins seraient touchés. Heureusement, nous partons avant d'avoir « trinqué ». À la seconde qui suit un arrivage, mon agent de liaison bondit hors du village où est le capitaine. Je le vois courir vers nous en faisant de grands gestes de bras. Lorsqu'il n'est plus qu'à quelques mètres, il me crie à pleine voix : « La première, en avant ! » Alors, levant mon sabre, je répète l'ordre : « En avant ! Tous derrière moi ! » Et je saute sur la route. Je n'ai pas fait trois pas que je les entends venir, en sifflant. Juste le temps de bousculer vers le talus les hommes qui l'ont déjà quitté ; je viens de m'y coller moi-même, quand elles explosent, les six à la fois. Un morceau de la route a sauté : des nuées de cailloux et de pierre, pêle-mêle avec les éclats et qui retombent en pluie. Ça pue le soufre, et je suffoque, les fesses par terre, dans du noir opaque. Je crois que nous venons de l'échapper belle.

Nous allons avoir quelques secondes d'accalmie. C'est le moment de bien courir : et nous dévalons la pente à toutes jambes ; puis, soufflant et l'allure plus calme, abrités un peu maintenant par le village, nous gravissons le mouvement de terrain en arrière duquel je sais que nous serons tranquilles.

Il en tombe d'autres, là-bas, où nous étions. Mes hommes se regardent, me regardent, et rigolent. À présent, ils parlent, et ils disent : « Ah ! Les salauds ! »

C'est aussi le mot de mon agent de liaison, quand il me revoit. Tout à l'heure, sur la route, il n'a même pas eu le temps de « se planquer ». Les bretelles de son sac ont été cassées par l'explosion, et il s'est retrouvé dans le fossé, sans une égratignure, tandis que le sac pendait aux basses branches d'un prunier.

Le jour décline ; nous retournons à nos tranchées. J'ai rencontré, assis dans un fossé, deux sous-lieutenants de cavalerie, officiers de réserve à la manque, un hussard, un chasseur, qui sont de je ne sais plus quelle liaison. Je les ai connus au dépôt, rois des brasseries cotées où le hussard trempait sa moustache blonde dans la mousse des demis, en face du chasseur qui, d'une main molle aux doigts bagués, inclinait nonchalamment sur son verre le goulot d'un quart de Vittel. À présent, la moustache blonde s'abandonne, en saule pleureur ; les bagues sont plus sales, les mains terreuses ; et les tuniques trop ajustées remontent au-dessus des hanches, en faisant de petits plis ridicules. « Bonjour ! Ça va ?

— Pas très, la guerre me dégoûte, dit le chasseur.

— Pas du tout, j'en ai plein le dos, dit le hussard.

— Du diable si je reste là longtemps.

— Malade à crever ! Je vais me faire évacuer. »

Je m'en doutais bien un peu, mes amis. Mais vrai, vous avez du culot. Il fait nuit ; nous avons encore oublié de manger. Un écheveau de singe, un peu d'eau tiède dans le bidon, et qui a un goût de fer-blanc. « Encore un que les Prussiens n'auront pas », disait ma grand-mère.

Mercredi 9 septembre.

Pas de sommeil. J'ai toujours dans les oreilles la stridence des éclats d'obus coupant l'air, et dans les narines l'odeur âcre et suffocante des explosifs. Il n'est pas minuit que je reçois l'ordre du départ. J'émerge des bottes d'avoine et de seigle sous lesquelles je m'étais enfoui. Des barbes d'épis se sont glissées par le col et les manches, et me piquent la peau, un peu partout. La nuit est si noire qu'on bute dans les sillons et dans les mottes de terre. On passe près des 120 qui tiraient derrière nous ; j'entends les voix des artilleurs. Mais je distingue à peine les lourdes pièces endormies. Distributions au passage, sans autre lumière que celle d'une lanterne de campement, qui éclaire à peine, et que pourtant on dissimule. La faible lueur jaune met des coulées brunes sur les énormes quartiers de viande saignante, amoncelés dans l'herbe poussiéreuse qui borde la route.

Marche à travers champs, marche de somnambule, machinale, jambes en coton et tête lourde. Ça dure longtemps, des heures, il me semble. Nous tournons toujours à gauche : au petit jour, nous serons revenus à notre point de départ. Mais les ténèbres peu à peu deviennent moins denses ; et voici que je reconnais la route de la Vaux-Marie, les caissons défoncés, les chevaux morts.

Tiens ! Les canons allemands tirent de bonne heure ce matin. Devant nous, des shrapnells éclatent, cinglants et rageurs ; la ligne des flocons barre la plaine. Il faut passer pourtant : notre première section se déclenche ; souple et mince, elle rampe à travers champs, vers une haie que le capitaine lui a donnée comme objectif. Des coups de fusil crépitent à gauche, des balles chantent ; elles doivent taper vers la section en marche. Les shrapnells se groupent au-dessus d'elle. La ligne onduleuse se fait immobile, tassée dans un vague pli du terrain, comme une énorme chenille morte.

J'ai compris que nous allons prendre les avant-postes, et j'attends mon tour de partir. Le commandant, le capitaine, tout devant nous, couchés derrière une petite haie, observant. Et le capitaine, qui voit des hommes là-bas, sous les obus, ne se décide pas à nous lancer, nous autres. Alors arrive, courant, le commandant de chasseurs que j'ai vu hier pédaler sur la route. Les joues cramoisies, les yeux ronds, il bredouille quelques mots furieux, parmi lesquels je saisis au passage celui de « lâches ». Mon capitaine se retourne vers moi, me dit : « Allez ! » Ça me fait plaisir. Je suis dans cet état étrange qui fut le mien, pour la première fois, à Sommaisne. Mes jambes se meuvent toutes seules, je me laisse marcher, sans réflexion, seulement avec la conscience de cette allégresse toute-puissante qui me ravit à moi-même et fait que je me regarde agir. En cinq minutes, nous sommes à la haie d'épines que nous devions atteindre. Nous nous déployons en tirailleurs devant elle, presque dessous ; et les hommes, le plus vite qu'ils peuvent, creusent la terre avec leurs petits outils, coupant les racines avec le tranchant des pelles-bêches.

Au bout d'une heure, nous avons une tranchée étroite et profonde. Derrière nous, à gauche, Rembercourt; sur la droite, un peu en avant, la gare minuscule de la Vaux-Marie.

Il fait toujours chaud, chaleur énervante et malsaine. Des nuages flottent, qui peu à peu grossissent, d'un noir terne qui va s'éclaircissant vers les bords frangés de blanc léger et lumineux. Par instants, des souffles lents passent sur nous, effluves tièdes qui charrient une puanteur fade, pénétrante, intolérable. Je m'aperçois que nous respirons dans un charnier. Il y a des cadavres autour de nous partout. Un surtout, épouvantable, et duquel j'ai peine à détacher mes yeux : il est couché près d'un trou d'obus; la tête est décollée du tronc; et par une plaie énorme qui bée au ventre, les entrailles ont glissé à terre; elles sont noires. Près de lui, un sergent serre encore dans sa main la crosse de son fusil; le canon, le mécanisme doivent avoir sauté au loin. L'homme a les deux jambes allongées, et pourtant un de ses pieds dépasse l'autre; la jambe est broyée. Tant d'autres ! Il faut continuer à les voir, à respirer cet air fétide, jusqu'à la nuit. Et jusqu'à la nuit je fume, je fume, pour vaincre l'odeur épouvantable, l'odeur des pauvres morts perdus par les champs, abandonnés par les leurs qui n'ont pas eu même le temps de jeter sur eux quelques miettes de terre, pour qu'on ne les vît point pourrir.

Toute la journée, des aéros nous survolent. Des obus tombent aussi. Mais le capitaine a eu l'œil pour repérer la bonne place : les gros noirs nous encadrent sans qu'aucun arrive sur nous. À peine quelques shrapnells, cinglant de très haut, inoffensifs, ou des frelons à bout de vol, qui bourdonnent mollement.

Qu'est-ce que fait donc cet aéro boche ? Voilà des heures qu'il plane sur nous; il dessine de grands orbes, s'éloigne un peu quand nos obus le serrent de trop près, et puis revient jusqu'à ce qu'apparaissent nettement à nos yeux les croix noires peintes sous de grandes ailes de vautour. Il ne s'en va qu'au soir, piquant droit vers les nuages lourds qui s'accumulent sur l'horizon.

Le soleil croule dans ces masses énormes, qui tout de suite se colorent d'une teinte sanglante, chargée, pauvre de lumière et comme stagnante. Cette fin de jour est morne et tragique. L'approche de la nuit pèse sur mes reins ; et dans l'obscurité qui gagne, la puanteur des cadavres s'exacerbe et s'étale.

Je suis assis au fond de la tranchée, les mains croisées sur mes genoux pliés : et j'entends derrière moi, devant moi, par toute la plaine, le choc clair des pioches contre les cailloux, le froissement des pelles qui lancent la terre, et les murmures de voix étouffées ; parfois, quelqu'un qu'on ne voit pas tousse et crache. La nuit nous enveloppe ; ils ne nous voient pas, nous pouvons enterrer nos morts.

Je reconnais la voix d'un de mes sergents, qui m'appelle dans l'ombre : « Mon lieutenant ? Vous êtes là ? » Je réponds : « Par ici. » En tâtonnant, il me met quelque chose dans la main.

« Voilà. C'est tout ce que nous avons trouvé. »

Au fond de la tranchée, je frotte une allumette ; et dans le court instant qu'elle brûle, j'entrevois un portefeuille usé, un porte-monnaie de cuir, une plaque d'identité attachée à un cordon noir. Une autre allumette : il y a dans le portefeuille la photographie d'une femme qui tient un bébé sur ses genoux. J'ai pu lire le nom gravé en lettres frustes sur la médaille de zinc. Le sergent me dit :

« Celui-là n'en avait point. Nous avons cherché à son poignet, à son cou ; – vous savez, celui qui avait la tête arrachée ; j'ai mis mes mains là-dedans. Je n'ai rien trouvé. Le porte-monnaie est à lui. »

Encore une allumette : il y a quelques pièces d'argent, quelques sous, dans ce porte-monnaie ; et puis un bout de papier sale et froissé. Un reste de lueur. Je lis : Gamin Charles, Employé de chemin de fer. Classe 1904. Soissons. L'allumette s'éteint. Comme cette nuit est noire !

Je serre la main du sergent. Elle est moite, fiévreuse, et ses doigts tremblent : « Bonsoir ! Allez dormir, allez. »

Il est parti ; je reste seul éveillé au milieu des hommes qui dorment. Dormir comme eux… ne plus penser, m'engourdir. Dans ma main, le petit paquet de reliques pèse, pèse… « Gamin Charles,

Employé de chemin de fer »… Les visages qui souriaient sur la photographie s'immobilisent sous mes paupières fermées, grandissent, s'animent, jusqu'à m'halluciner. Les pauvres gens ! Les pauvres gens !

Le « Caïman [1] *»*

Souvenirs de Maurice Genevoix,
de l'Académie française

J'allais écrire : « *Lorsqu'il est mort*… » Mais tout de suite les souvenirs m'ont saisi, d'un afflux si vivant que j'ai eu le sentiment de mentir. Aujourd'hui comme hier, comme il y a quarante ans, c'est un autre sentiment qui persiste : celui d'une autre continuité sans dates, égale, sauve de toute rupture, et qui durera autant que nous. Jamais, naguère, je ne songeais à l'âge qu'il avait ; ou, s'il m'arrivait d'y songer, c'était par une vue de l'esprit, aussitôt négligée, elle aussi jugée mensongère, dérisoire. La pensée des séparations humaines y eût sans doute pris plus de part, si je n'eusse été prémuni par quelques certitudes profondes, dont l'épreuve même m'a montré la justesse : maintenant, oui, plus que jamais, je suis sûr que ma mémoire ne leurre point mon amitié, ma gratitude ni ma vénération, si tous les souvenirs qu'elle évoque se confondent invinciblement avec celui de notre jeunesse, dans sa chaleur, son avidité, ses élans, sa générosité ; sans doute, aussi, dans quelques-unes de ses illusions. Mais ces illusions-là, nous ne voulons point les renier. Et c'est peut-être d'elles que nous lui saurions gré davantage.

Il y aura bientôt quarante ans qu'il m'a parlé pour la première fois. C'était chez lui, je veux dire à l'École, pendant les épreuves orales du concours. Je passais dans le hall d'entrée, devant la cage

1. Participation de Maurice Genevoix à la plaquette « Souvenirs de ses anciens élèves » parue en 1951 en hommage à Paul Dupuy.

vitrée de Louvois. Lui, venu de la cour aux Ernest, grimpait déjà l'escalier de la Direction : deux marches par deux marches, ou trois. Car cet homme, alors plus que quinquagénaire, au visage déjà creux, trompeusement émacié, avait reçu en partage une vitalité magnifique, une vigueur musculaire et une résistance nerveuse confondantes. Presque un tiers de siècle plus tard, une marche de plusieurs lieues n'était point pour l'effrayer. Et je vois encore de quel pas, pendant l'occupation allemande, de quel pas et de quel souffle ce vieillard de quatre-vingt-cinq ans escaladait les durs escarpements du Rouergue.

J'avais, ce matin de 1910, quelque question à lui poser. Mais une timidité m'avait retenu au passage. Il se retourna, m'aperçut – de ce clair regard bleu qui semblait souvent distrait, mais auquel rien n'échappait –, suspendit son élan et redescendit vers moi comme s'il m'eût dans l'instant deviné. C'était bien cela en effet : dès ce lointain jour-là, je ne pouvais plus en douter. L'intelligence, l'intuition, le sens des êtres dans leur individualité libre – avec tout ce que cela comporte d'intérêt et de respect –, autant de dons innés que l'expérience et l'amour de ses tâches n'avaient cessé de développer et d'affirmer.

Pour moi, le sentiment aigu d'être ainsi deviné et compris, s'il eût alors été suscité par une clairvoyance indiscrète, indifférente ou maladroite, n'eût point manqué de s'accompagner d'un réflexe assez ombrageux. Il n'en fut rien, bien au contraire. Car il se confondit avec celui du respect que j'ai dit, du souci de ne pas attenter à l'intégrité d'une personne. Il ne s'agit point là de nuances, d'éléments après coup discriminés, mais d'une chose vive, chaleureuse, immédiatement et à plein ressentie.

Le poids des ans, avec leur lot d'épreuves, m'a laissé mesurer depuis à quel point de tels hommes sont rares. Il m'a persuadé du même coup de leur prééminence secrète, même et peut-être surtout quand l'apparence ne la signale point. Que naisse alors une amitié et qu'elle aille s'affermissant, c'est d'eux qu'elle tient sa qualité, la nature de ses bienfaits, de la confiance humaine et de l'enrichissement qu'on lui doit.

Tandis que je trace ces lignes, sa personne m'est comme jamais présente : ce regard rêveur et aigu, l'accent égal de cette voix, sa lenteur bien articulée, et ses vivacités soudaines. Quelle nature, quel tempérament, s'ils sont riches, ne proposent ces apparents contrastes ? Le même sourire s'éclaire à la fois d'ironie et d'indulgence, quand la lucidité du jugement n'y glace point la chaleur du cœur. Comme je voudrais, sentant cette présence même, n'écrire ici que des choses vraies, avec les mots les plus simples qui soient ! Et témoigner ainsi pour tant de jeunes hommes qui lui furent et demeurent redevables des plus précieux enseignements humains !

Nulle contrainte qui se fît pesante, qui s'étayât jamais d'un règlement ; mais d'une autorité naturelle, affectueuse, et qui trouvait ses seules sanctions dans l'estime ou dans le mépris ; car il n'était point sceptique, sa droiture même et sa noblesse allaient quelquefois jusque-là.

Il avait horreur des choses laides, des âmes basses, mais ne refusait point la pitié, l'indignation ni le combat. L'injustice le révoltait, comme le mensonge, comme le pharisaïsme. Ce n'est point mon propos de raconter ici ses luttes, ses *engagements* d'homme fier et libre. Le mot connaît une fortune neuve. Mais la chose existait avant nos engagés de l'heure, si les critères ont peut-être changé. Des hommes comme Paul Dupuy n'avaient pas eu besoin d'attendre qu'on découvrît pour eux la générosité humaine, le désintéressement, la pureté.

Par ailleurs, une curiosité vigilante, jamais lasse, soucieuse de toute récolte. Et ainsi une culture immense, sans sclérose, allègrement nourrie et portée, toute pénétrée qu'elle resta toujours de cette curiosité active, inclinée vers l'événement, vers l'homme mêlé à l'événement : c'est retrouver encore ce goût passionné de la vie, cet optimisme profond, invincible, que les affreuses faillites dont trembla ce dernier demi-siècle, ni la lie qu'en souleva l'ébranlement, ne purent réduire ni décourager.

À cause de leur richesse et de leur liberté mêmes, ses choix, ses préférences ont pu sembler d'un dilettante. Mais ceux auxquels il s'était tenu, dans la cohue des choses et des hommes, leur aloi était de telle sorte qu'ils n'ont pas trompé plus que lui ceux qu'ils ont à sa suite orientés. Devant une toile de Van Gogh ou une estampe d'Hokusai, sur les trottoirs d'une rue de Paris, dans la cour d'un hôtel du Marais ou du quartier Saint-Germain-des-Prés, c'était une joie de l'écouter, évoquant un souvenir, un épisode, un visage, jetant un trait, proposant quelque rapport neuf : tout cela personnel, juste, aigu, toujours dans le train de la vie, comme suscité inépuisablement par une chaleur vive et secrète, traversé par le frémissement d'un enthousiasme miraculeux. Les faux-semblants de l'art, les parades de la foire sociale ne le trouvèrent jamais dupe. Il excellait à déceler les bluffs, les snobismes, les réputations usurpées. Ses jugements et son goût, alliant de pair finesse et sûreté, n'avaient jamais à se guinder pour prendre force et vertu d'exemple.

Mais tout cela, je ne le sens que trop, n'est rien dire qui ne soit fruste, péniblement sommaire et glacé. Ce qui compte, c'est le souci qu'il eut de nous, la façon dont il nous a aimés, dont il a tremblé pour nous au temps des années 14, la peine qu'il eut de ceux qui tombèrent, le lien qu'il a maintenu entre les survivants. Songeant à tous ces dons que j'ai tenté gauchement d'évoquer, à tant d'hommes qu'il avait connus, tant d'événements à quoi il fut mêlé, j'ai regretté maintes fois qu'il ne nous eût point donné les mémoires qu'il eût pu écrire. Qu'il m'arrivât de le lui dire, il souriait et parlait d'autre chose. Ce n'était point dédain, ni lassitude, mais sagesse.

Il avait sauvegardé ses refuges, dont il savait qu'ils ne le trahiraient ni ne le décevraient jamais : l'instinct de la beauté, de la santé, de la droiture et de la propreté morales ; les siens, quelques amis, les souvenirs d'une vie longue et pleine d'œuvres, le sentiment d'une longue postérité vivante. Nous aussi, nous tenons de lui. Nous sommes et demeurons de lui. Ce qui ne passe point nous reste, que nous essaierons de transmettre.

Œuvres de Maurice Genevoix (suite).

AUX ÉDITIONS DU SEUIL

Un jour, 1976.
Loreleï, 1978.
Trente mille jours, 1980.

AUX ÉDITIONS HACHETTE

Sous Verdun, août-octobre 1914, 1916.
Les Compagnons de l'Aubépin, 1938.

AUX ÉDITIONS LES ÉTINCELLES

H.O.E., 1931.

AUX ÉDITIONS BIAS

Mon ami l'écureuil, 1959.

AUX ÉDITIONS CASTERMAN

Les Deux Lutins, 1961.

AUX ÉDITIONS WESMAEL-CHARLIER

Jeux de glaces, 1961.

AUX ÉDITIONS JULLIARD

La Perpétuité, 1974.

À LA BIBLIOTHÈQUE DES ARTS

Caillard, 1965.

CET OUVRAGE A ÉTÉ ACHEVÉ D'IMPRIMER
PAR L'IMPRIMERIE FLOCH À MAYENNE
EN OCTOBRE 2013 POUR LE COMPTE
DES ÉDITIONS DE LA TABLE RONDE

Dépôt légal : novembre 2013
N° d'édition : 252255
N° d'impression : 85741

Imprimé en France